武汉理工大学经济学院出版基金资助

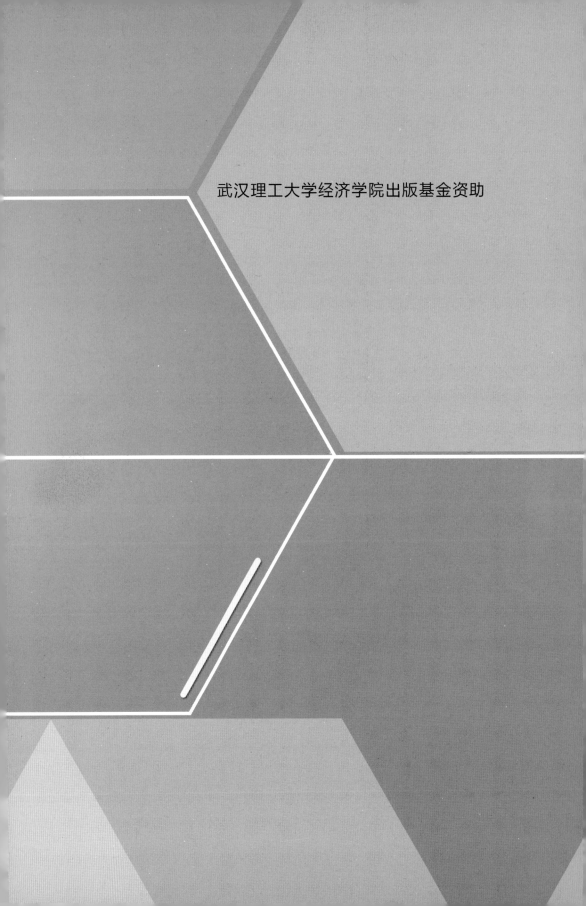

现代物流业发展战略研究

——以湖北为例

XIANDAI WULIUYE FAZHAN
ZHANLUE YANJIU

陶良虎 杜涛 张翼 周文

人民出版社

目　录

前　言

随着市场经济快速发展和信息技术日新月异，物流业已由过去传统的末端行业上升为引导生产、促进消费的现代战略性先导产业；物流业的理论内涵也随之发生了广泛而又深刻的变化。我们认为现代物流业是以现代运输业为重点，以信息技术为支撑，以现代制造业和现代商业为基础，集系统化、信息化、标准化为一体的综合性服务产业。

进入 21 世纪以来，国内外现代物流业的发展环境发生了重大变化。从国际环境来看，经济全球化与跨国公司的发展，推动全球贸易与投资向更高层次和更广领域展开，带来了商品与国际资本在全球范围内大规模地快速流动与配置，信息技术革命推动了现代物流业全球化、信息化和低碳化发展，尤其是后金融危机时代，全球经济竞争更趋激烈，对现代物流业发展的服务成本和质量提出更高要求。从国内环境来看，我国现代物流业起步较晚，但总体规模和发展速度十分迅猛，尤其是"十一五"以来我国现代物流业服务水平和发展环境得到了显著改善，特别是全球金融危机以来，国家为全面应对金融危机对实体经济冲击，进一步扩大内需和改善民生，将现代物流业纳入全国十大振兴产业中来，编制了《物流业调整和振兴规划》及实施细则，"十二五"期间，新型工业化和城镇化继续深入推进将对我国现代物流业发展方式的转变提出更加迫切的要求。从湖北省内环境来看，省委、省政府历来高度重视物流业的发展，省委第九次党代会就明确提出了"把湖北建成中部乃至全国重要的现代物流基地和综合交通运输枢纽"战略目标，当前，随着中部崛起战略有序推进、"两型社会"及"两圈一带"建设的全面展开，湖北现代物流业发展态势良好，特别是国家内需战略调整、高铁时代效应凸显以及自主创新意识强化等一系列战略政策变革更为湖北现代物流业发展提供了前所未有的机遇和挑战。因此，在当前全国大力推动科学发展、加快经济发展方式转变的时代背景下，全面深入地加强对湖北现代物流业发展战略研究，具有极其重要的理论和现实意义，为"十二五"期间，湖北现代物流发展提供理论指导，有利于加快经济发展方式转变和产业结构调整，推动湖北经济社会又好又快发展。

本书立足于湖北现代物流业发展态势和奋斗目标，以区域经济学、产业经济学以及发展经济学相关理论为基础，采取比较分析、定性与定量分析、归纳与演绎相结合的方法，全面系统地研究了湖北现代物流业发展战略的相关问题。全书共分六章，其研究的逻辑结构和主要内容如下：

首先是研究基础的构建。第一章通过比较分析现代物流业与传统物流业在管理理念和实践运作上的明显差异，总结了现代物流业五大基本特征，七大基本职能和发展的主要影响因素，对现代物流学的主要理论和研究动态进行了介绍，从而为全书研究奠定了理论基础；第二章总结了当今世界现代物流业发展的趋势、经验以及对我国的启示，然后对我国的长三角、珠三角等主要经济区域的现代物流业发展特点进行了分析。

其次是对湖北省物流业的梳理。第三章在对"十一五"期间湖北现代物流业的发展态势和主要问题进行梳理的基础上，全面分析了湖北现代物流业未来发展的优势与劣势、机遇与挑战，一方面作为"九省通衢"的湖北拥有市场规模、区位交通、产业基础、制度文化以及科技人才等传统优势，同时又存在物流理念落后、管理不合理和企业实力偏弱等劣势；另一方面随着国家发展战略调整和经济社会发展方式转变，新时期湖北发展现代物流业不仅面临着一系列政策优势叠加机遇，同时还面临着国内外物流企业竞争等严峻挑战。

最后是发展战略的制定。第四章构建了湖北现代物流业发展的整体战略思路，主要内容包括确定发展目标、战略构想、空间布局以及七大物流发展重点；第五章对湖北现代物流企业的发展现状进行了分析，提出未来发展的重点和战略措施，将武汉中远、汇通和九州通作为物流企业发展的典型案例进行了分析；第六章综合评价了湖北现代物流园区的建设现状，全面论述了其总体功能并提出了具体的发展措施，将武汉市阳逻物流园区、天河临空经济区和东西湖保税物流中心作为湖北现代物流园区发展的典型案例进行了分析。

附录部分通过对国家和主要城市发展现代物流业的法规政策汇编，尤其是对其土地、财税、金融、产业以及组织保障等方面政策介绍，为研究湖北现代物流业发展提供政策参考。

本书为目前首部全面系统研究湖北现代物流业发展战略的著作，研究重点侧重于发展思路、战略和政策措施，针对性和可操作性强，具体有三大特点：一是在提出湖北现代物流发展战略构想和对策建议中，融入了绿色低碳物流和逆向物流等新理论成果，并结合武汉城市圈"两型社会"发展战略的要求，提出了湖北绿色物流发展路径与保障措施；二是在全面总结湖北传统区位、交通、产业等优势的基础上，结合"十二五"规划建议的主要精神，全面梳理了经济发展方式转变、中部崛起和"两圈一带"战略、国家自主创新和服务外包示范区等一系列新优势，并对这些新优势给湖北现代物流业发展带来重大影响进行了系统分析；三是提出了湖北物流业分层发展的新构想，即以武汉物流业的发展为湖北物流业发展的核心层，以武汉城市圈物流业的发展为重点突破层，以中部地区物流业的发展为拓展层，层层推进、逐个突破，逐步达到辐射全国，走向国际的最终战略目标。

在本书撰写过程中，书稿体系设计曾经几易，历经三载，最终成形。其间，作者研究并参考了不少学界前辈和同行们研究的理论成果，在此表示真诚的感谢。本书出版过程中，得到了人民出版社的大力支持和武汉理工大学经济学院学科建设专项资助，在此深表谢意！本书所载资料、数据力求全面、权威和准确，但由于理论水平有限，加之湖北现代物流业发展中许多理论和实践问题尚处于探索之中，难免存在许多不足，敬请专家和读者斧正。

作　者

2011 年 11 月于汉口万松园

第一章 现代物流业基本理论与研究动态

第一节 现代物流业概念

一、物流概念的产生

物流是一种既古老又平常的现象。自从人类社会有了商品交换，随之就产生了包括运输、仓储、装卸、搬运等一系列物流活动，但是将物流作为一门科学，却只有几十年的历史。

对"物流"这一名词由谁最早提出，国内外文献与理论研究存在不同看法。主要有两种观点：一种观点认为物流概念是因为经济原因而产生的，如美国经济学家阿奇·萧（Arch W. Shaw）在1915年哈佛大学出版的《市场流通中的若干问题》一书中最早提出了物流（Physical Distribution）概念；另一种观点认为物流概念是因为军事原因而产生的，并且第一次在军事中明确地解释物流这个概念的年代是1905年。如1905年美国少校琼西·贝克称"那个与军备的移动与供应相关的战争的艺术的分支就叫'物流'"。对于以上两种观点，人们更加倾向于物流军事产生论，即在1905年就有人明确地提出并解释了物流概念。物流理论和方法在二战中得到了发展和完善。

物流是一个发展中的概念，其定义并不是永恒不变的。目前比较有代表性的物流定义就有数十种。根据我国国家质量技术监督局对物流的定义，物流主要是指物品从供应地向接收地的实体流动过程。根据实际需要，将运输、储存、装卸搬运、包装、流通加工、配送和信息处理等基本功能实施有机的结合。

一般而言，物流中的"物"泛指一切物质实体，有物资、物体、物品的含义；而物流中的"流"泛指一切运动形态，有移动、运动、流动的含义，特别是把静止也作为一种形态。物流是物质资料从供给者到需求者的物理性运动和时间转换，主要是创造时间价值、场所价值、占用价值或一定加工价值的经济活动。当然，物流的涵义也有广义和狭义之分。从广义上来看，物流主要是实物的物理流通过程，包括生产领域里的物质流通、流通领域里的物质或商品的流通，是指物质资料从供应来源地经过生产和销售到最终消费的整个过程的一切物流活动。从狭义上来看，物流仅指商品销售中的物流活动和生产企业内部的物流活动，即企业为制造产品而对各项物流功能的诉求，以及商品被生产出来以后，经过销售进入最终消费的物流活动。

二、现代物流与传统物流

"现代物流"是相对于"传统物流"而言的，并且是在传统物流不断发展的基础上形成的。传统物流主要是指商品在空间上的位置移动和时间上的延长持续，以解决商品生产和消费的时空差异。然而，随着世界经济和科学技术的突发猛进，传统物流已经远远不能适应现代经济发展的新要求，物流服务的领域必须不断拓展。因此，现代物流主要是指运用先进的现代信息技术和网络技术，通过先进的供应链管理方法，综合组织物流中的各环节，把制造、运输、仓储和销售等环节有机统一起来，使物流资源得到最优化利用，用户得到最大满足。现代物流主要包括运输合理化、仓储自动化、包装标准化、装卸机械化、加工配送一体化和信息处理网络化等内容。

现代物流与传统物流相比较，有本质上的区别。这种区别尤其体现在管理理念和实际运作上。在管理理念上，现代物流注重物流目标系统化，强调整体系统优化，不追求单个物流活动的最优化；而传统物流是单一环节管理理念，仅仅是对生产或销售企业业务的局部支持。在实际运作上，现代物流以客户为中心，提供个性化服务，强调物流增值服务；而传统物流以货物为中心，只是提供简单的位移服务。同时，这种区别还表现在现代物流是主动服务，传统物流是被动服务；现代物流实施信息管理，传统物流实行人工控制；现代物流实施标准化服务，传统物流无统一服务标准；现代物流构建全球服务网络，传统物流侧重点到点或线到线服务等。

三、现代物流的基本特征

按照产业特点来衡量，物流产业是一个涉及包装业、运输业、配送业、仓储业、物理咨询服务业、物流研究和物流装备制造业的综合性产业，具有明显的产业特征：

1. 网络化。物流服务是在一个更加开放的大系统、大网络中运作，并趋于使用统一的技术标准和技术装备。计算机及网络技术的突飞猛进提高了物流运营的效率，物流和交通及信息技术进步紧密结合，物流企业可以参与社会再生产中企业从原材料供应、生产到销售全过程的各类物流服务。

2. 专业化。物流业是一个新兴产业，通过对各种物流要素的优化组合和合理配置，最大限度地发挥各种物流要素的作用，实现物流活动效率的提高和物流总成本的降低。它具有特殊的技术基础：如机械电子技术、精密加工技术、交通运输技术、立体库技术、网络化配送技术、物流标识与跟踪定位技术等；是通过集成化的物流服务网络快速、准时、低成本地向客户提供保值增值服务的产业。物流这个重要的新兴产业，可以最终决定商品生产和流通的速度、效率、成本和效益，最终影响到普通消费者消费需求的实际形式、消费质量及档次。在市场经济的运行中，物流的内涵不断被赋予新的内容，成为信息流、商流和资金流的物资基础。

3. 信息化。物流信息化是指物流企业对物流过程中产生的全部或部分信息进行采集、汇总、分类、跟踪等一系列处理活动，以实现对各个环节中物资流动的控制，降低成本、提高效率的管理活动。在物流业飞速发展的今天，物资在流通领域的各种信息，包括每种物资到达每个地点的时间和数量、离开每个地点的时间和数量、在途时间和数量、生产量和需求量等，对企业整个生产过程的控制和管理将起到至关重要的作用。可口可乐公司的物流主管在这方面提出了更加具体的设想：可口可乐的经理们在美国亚特兰大总部的微机前就可以了解法国一个 20 盎司可乐铝罐的运转情况。

4.标准化。物流标准化是指将物流作为一个大的系统，制定内部设施、机械装备、物流信息标准，形成全国标准以及同国际标准接轨的体系。我国的物流业发展得比较晚，尽管近年来我国的标准化工作取得了一定进展，但是由于各种不同类型的物流企业不断进入市场，且各个企业的背景不同，以及对物流的认识不同，产品也呈现不同的特点，因此我国尚未形成基本统一的服务标准。与此同时，我国物流市场尚处于一个无序竞争的态势，各公司追求服务产品质量的改进、增加服务特色，进入新的细分市场，服务产品尚未完全成熟，在货物的仓储、装卸和运输等过程缺乏设备的统一规划、信息标准化落后、采用国际标准的比例低下，这些都成为我国物流标准化进程中的一大阻碍，因此，加快推进我国现代物流业标准化仍然是我国物流业科学发展的重要任务。

5.法制化。目前，尚没有一套完整的法律或规则对于物流服务的提供者和顾客之间的权利、责任和义务进行规范，物流服务行业在促进这类规则或法规出台的努力不够。物流服务是一种包罗万象的综合性服务。一方面，每个独立环节要由不同的法律和规则来约束，例如，运输部分由适用的运输法规来调整，其他许多非运输部分，如积载、监管和增值服务，要由与合同有关的民法或普通法来调整，而非物流界的标准规则；另一方面，由于不同国家有不同的普通法规则，而且货物运输中还要考虑到各国的风俗习惯，因此，不同国家之间以及不同港口间的物流业务往来也需要专门的法律法规来进行管理，以约束各贸易方的行为。只有加强物流行业的法规建设，体现现代物流的法制性，才能为物流业的发展创造公平竞争、规范有序的市场环境。

第二节 现代物流业基本职能

物流的基本职能是指物流活动应该具有的基本能力以及通过对物流活动最佳的有效组合，形成物流的总体功能，以达到物流的最终经济目的。从这种意义上讲，现代物流的基本职能具体包括包装、装卸与搬运、运输、储存与保管、流通加工、配送以及与上述职能相关的信息处理与服务等。物流系统优化实际上就是根据实际需要，在实施中将上述基本功能有机结合起来，高效、快捷地实现生产、流通和消费领域中所涉及的各种物质实体由供给的一方向需求的一方的物理性转移的过程。

一、运输职能

运输职能主要是实现物质实体的供应方向需求方的空间移动，克服供需之间的空间距离，创造商品的空间效用。运输是物流的中心环节，被称为国民经济的动脉和现代物流产业的支柱。运输提供产品转移和产品的临时储存两大功能。无论产品是哪种形式，是材料、零部件、装配件、在制品，还是制成品，也不管是在制造过程中将被转移到下一阶段，还是更接近最终顾客，运输都是必不可少的。运输的主要功能就是使产品在空间中移动。对产品进行临时储存是一个不太寻常的运输功能，有时需将运输车辆临时作为储存设施。然而，如果转移中的产品需要储存，但在短时间内又将重新转移的话，那么，该产品在仓库卸下来和再装上去的成本也许会超过储存在运输工具中每天支付的费用。因此，需要对装卸成本、储存能力限制等因素进行综合考虑。

二、仓储职能

仓库是现代物流实现其仓储功能的工具和载体，储存与保管是现代仓库最基本的传统功能。库容量是仓库的基本参数之一，保管过程中应保证物品不丢失、不损坏、要有完善的保管制度，合理使用搬运机具，有正确的操作方法，根据所储存货物的特性，仓库里应配有相应的设备，以保持储存物品的完好性。

仓库应当具备调节供需衔接的功能。从产品的生产和消费两方面来看，不同类型的产品有不同的产销规律，生产节奏和消费节奏不可能完全一致。有的产品是生产和消费均衡同步的，有的产品生产节奏与消费节奏不对称，生产是均衡的，消费是不均衡的，或者生产是有间隔的，而消费是均衡的。这就需要需要仓储加以调节，协调生产和消费之间的关系。

仓库作为货物运输过程中的囤积处所，具备调节货物运输能力的功能。不同运输工具的运量相差很大，其中船舶的运量大，海运船一般是万吨以上，内河船也以百吨或千吨来计，其次是火车，每节车皮能装30吨~60吨，一列火车的运量多达数千吨，而汽车的运量最小。三者之间进行货物的转运，运输能力是很不匹配的，这时候主要就依靠仓库或货场对其进行调节和衔接的。

现代仓库除了保管储存，还向流通仓库的方向发展，这时，仓库就具备了配送和流通加工的功能。其中一部分仓库作为流通、销售、零部件供应的中心，在物流系统中起着货物供应组织协调的作用，这一部分被称为物流中心。物流中心不仅具备储存保管货物的设施，而且增加了分拣、捆包、配送、信息处理、流通加工等设置，既扩大了仓库的经营范围，促进了仓库合理化，提高了物资综合利用率，又方便了消费者，提高了服务质量。

三、装卸搬运职能

装卸搬运是指在同一地域范围内为改变物质的存放状态和空间位置而进行的活动，包括对输送设备的装入、装上和取出、卸下作业，也有对固定设备（如保管货架等）的出库、入库作业。一般来说，装卸侧重于原地的物质移动，如装车、卸车等。而搬运则侧重于有一定距离的活动，如从卸车地到垛位之间的短距离运输。装卸搬运是输送和储存物资过程中必要的物流活动，它与运输产生空间效用、储存产生时间效用不同，其本身并不产生明确的价值。但是在物流的主要环节，如运输和存储等是靠装卸搬运活动联接起来的。运输的起点有"装"的作业，终点有"卸"的作业；仓储的开始有入库的作业，最后由出库作业结束。物流活动的其他各个节点的转换也要通过装卸搬运联接起来。

四、包装职能

包装最重要的功能在于保护商品在物流作业中不受损伤。在商品处于移动、储存等物流作业时，一方面要承受堆积在它上面的货物的重量，另一方面会受到货物装卸时的冲击，受到运输过程中的震动、颠簸以及冲击，所以外包装必须具备一定抗冲击、承载能力。此外，对于特殊商品，还必须采取密封、防潮、防湿、避光等措施。在物流系统的设计中，还必须对货损的外界自然环境因素，例如温度、湿度以及其他因素的影响作出估计，事先决定如何使包装的货物不受环境影响，包装的货物保护功能包括：防止商品破损；防止商品发生化学变化；防止腐朽、霉变、鼠咬、虫蛀；防止异物混入、污物污染；防止丢失、散失的作用。

另外，商品在流通领域存在购进、运输、储存、销售等环节，要进行数量的交接、搬运、堆码和零售等工作，若无适当的包装，势必增加困难。包装还具有信息传递功能，如制造商、商品名称、容器类型、个数、通用的商品代码等信息。新颖别致的包装设计与造型，以及具有独特风格的美术装饰，是一种商品广告宣传的特殊"语言"。

五、流通加工职能

在流通过程中辅助性的加工活动称为流通加工，是指商品从生产者向消费者流通的过程中，通过增加产品的附加值以方便消费、促进销售而进行简单的组装、剪切、贴标签等作业。流通和加工分属不同范畴，具体来说，加工是改变物质的形状和性质，而流通则是改变物质的空间状态与时间状态。流通加工主要是为了弥补生产过程加工能力的不足，使其产品能够满足顾客或本企业的需要，衔接产供双方，将加工在物流过程中完成，成为流通过程中的一个组成部分。流通加工是生产加工在流通领域中的延伸，一般情况下，流通加工不改变物质的化学性质，只是使其物理状态发生变化。

六、配送职能

配送是现代物流的一个最重要的职能，配送问题的研究主要包括配送方式的合理选择、不同物品配送模式的研究以及围绕配送中心建设相关的配送中心地址的确定和相关配送作业和管理等。

配送是从物流据点至用户的一种送货形式，配送环节处于支线运输，灵活性、适应性和服务性都较强，能将支线运输与小搬运统一起来，使运输过程得以优化和完善。采取配送方式，可以将各种商品配齐集中起来向用户发货和将多个用户小批量商品集中在一起进行发货等方式，以提高物流经济效益。通过配送，生产企业可以集中库存，降低成本，用户只需要向配送中心订购，就能达到多处采购的目的，减少订货等一系列费用开支。

七、信息处理职能

物流信息和运输、仓储、配送等各个环节都有密切的关系，在物流活动中起着神经系统的作用。对物流中的各项活动进行预测、动态分析时，应当及时计算出物流费用、了解生产情况、分析市场动态，掌握各项信息。只有及时把握各种信息，才能使物流通畅化、定量化。建立一个有效的物流信息系统对于物流企业来说是必要的、不可缺少的。在企业竞争日益激烈的今天，为确保物流竞争力，在企业内部拥有一个集销售信息、物流信息、生产供应信息相结合的信息系统势在必行。物流信息已向系统化发展，信息流和物流分离是其发展的一个特征。网络的快速发展为现代化物流信息系统提供了强有力电子计算机技术保障，物流企业充分利用其信息量大、处理速度快等优点，已普遍采用电子计算机网络系统来管理物流信息。

第三节　现代物流业发展的影响因素

现代物流发展离不开一定的经济社会历史条件和相关因素，下列因素对于现代物流业发展产生重要影响。

一、资源因素

现代物流体系是一个包括社会人才、市场、技术、资本要素有机组合而成的大系统，其发展依赖于这些要素的不断丰富。

传统产业的经济效益来源于先进的经营理念、科学的管理制度，而信息产业则更注重人的发明创造。作为现代物流产业的发展趋势是集现代信息技术和物流为一体的企业，是现代经济和传统经济两者经营管理兼容的企业，要在经营理念、运行机制、管理模式上不断创新则需要不断培养相关人才。

对于现代物流企业而言，对市场进行严谨调研、分析、把握十分重要。尤其在市场经济条件下，建立起适应国情和适应当地经济环境与人文环境的企业运营模型、商业模型、业务模型，以此为基础建立起收入模型和现金流量模型非常重要。这些模型是综合考虑企业的综合经营管理能力，现代物流技术水平与应用的前提下，对企业经营是否把握住了市场，是否与市场经济接轨的有效检验。

物流技术及其装备担负着物流作业的各项任务，涉及和影响物流活动的每一环节，是构成物流系统的重要组成要素。现代物流各项功能依赖各种物流技术和装备才得以实现，企业生产经营、国民经济运转，乃至经济全球化、一体化的发展，都依赖于以现代物流技术和装备为中坚力量的现代物流系统的运营。物流软技术和物流硬技术互为依托而共同保证物流系统的有效运营。物流软技术能合理地运用和充分地发挥硬技术的效能和潜力，进而获得物流系统的最佳效果、效益和效用。

现代物流产业必须向规模化经营发展，才能有更高的经济效益和社会效应。所以发展现代物流产业需要大量的资本投入，依托资本市场、金融市场、产权市场，运用资本运营的手段实现高速发展。

二、成本因素

物流管理是对原材料、半成品、成品等物料在流动的全过程所进行的计划、实施、控制等活动，包括包装、装卸搬运、运输、储存、流通加工、物流信息等环节的管理。物流管理的任务就是使这些环节更加合理化、高效化，管理低成本化。物流成本控制策略就是通过对物流过程的全局考虑、提高对顾客的服务水平、加强物流运营的控制和管理、加强物流信息系统建设、提高物流设备的使用效率、加强物流联合或者物流对外委托、开展物流租赁，从而实现物流管理运营的低成本化，达到现代物流的集约化发展要求。

三、服务因素

物流的核心是服务。物流服务水平不同，物流的形式必将随之发生变化，企业要决定恰当的物流服务水平，并由此建立相应的物流服务系统。物流的服务水平在降低成本方面起着重要的作用，而降低物流成本必须在一定服务方式的前提下考虑，从这个意义上说，物流服务水平是降低物流成本的依据。另外，物流服务起着连接厂家、批发商和零售商的纽带作用，是社会经济正常运转的必要保证，是社会生产和再生产，以及流通与消费得以进行的功能行为。

四、系统因素

物流系统是指在企业活动中的各种物流功能，随着采购、生产、销售活动而发生，使物流效率提高的系统。但是，物流的各项活动（运输、保管、搬运、包装、流通加工）之间存在"效益悖反"，即对同一资源的两个方面处于相互矛盾的关系之中，想要较多地达到其中一个方面的目的，必然使另一方面的目的受到损失。因而研究总体效益，使物流系统化，变得十分重要，物流系统要调整各个分系统之间的矛盾，把它们有机地联系起来使之成为一个整体，以最小的物流成本实现最佳的部门效益。

对于物流系统的要求，最根本的就是准确、快速、效率及个性化。其中准确与快速是物流企业生存之本，只有在满足快速、准确的前提下，才能发展个性化服务，才能提高企业运作效率。这其中牵涉的问题有库存预测、储备预测、备货优化和装运优化等等。物流系统的敏捷程度一方面依靠物流系统的业务优化，另一方面也依赖于信息技术的发展，特别是自动识别技术、电子数据交换、无线网络技术、商业智能技术等。物流系统的业务优化要靠信息技术的发展来支持，许多新的业务手段只有相应的信息技术得到发展后才成为可能，而信息技术也不可能脱离真实的物流系统运作流程，闭门造车形成产品。否则，最终的不是失败的信息系统就是失败的物流系统造成物流低效乃至失效。

五、生态因素

现代物流在运输过程中存在交通运输工具的大量能耗和对大气的污染；大量的流通导致道路需求面积增加，而道路修建是对生态平衡的一种破坏；

输送的商品也可能对环境造成损害。在保管过程中，为养护商品而使用的一些化学方法会造成环境污染；一些易燃、易爆物品、化学危险品，由于保管不当，爆炸或泄露也对周边环境会造成破坏。在流通加工中，加工过程会产生废气、废水和废物。包装中使用不易降解的材料，如白色塑料，以及过度包装或重复包装，造成的资源浪费，都是无益于生态经济效益的。还有在装卸过程中，由于装卸不当商品损坏，造成的资源浪费和废弃，废弃物还有可能对环境造成污染，如化学商品的液体泄露，会造成水体、土地污染。因此，生态因素在现代物流发展中是十分重要的，绿色物流是可持续发展的一个重要环节，它与绿色生产和绿色消费共同组成了节约资源，保护环境的绿色经济循环系统。

第四节 现代物流学基本理论

一、商物分离说

商物分离是物流科学赖以存在的先决条件。所谓商物分离，是指流通中的两个组成部分——商业流通和实物流通从过去的统一概念和统一运动之中分离出来，各自按照自己的规律和渠道独立运动。[①]

社会经济活动是由生产、消费和流通三者相结合组成的，随着社会高度的专业化分工，生产领域和消费领域之间的间隔逐渐增大，这就需要流通领域加以联络，消除间隔，保证经济活动的顺利进行。社会的进步使流通从生产中分离后，现代化大生产的专业化分工向一切经济领域蔓延。在流通领域，流通职能的细分比专业化流通分工更为重要。流通统一体中有不同的运动形式，马克思将其分为"实际流通"和"所有权转让"，认为"商品的实际流通，在空间和时间上，都不是由货币来实现的。货币只是实现商品的价格，从而把商品所有权转让给买主，转让给提供交换手段的人。货币使之流

---

① 王之泰：《新编现代物流学》，首都经济贸易大学出版社 2005 年版，第 47 页。

通的不是商品，而是商品所有权证书。"① 马克思虽然没有用"物流"、"商流"的词汇来表达流通统一体能够实现分离的两个部分，但是实际上他已经区分出作为"实际流通"的物流和作为"所有权转让"的商流。

二战后，这两种形式出现了更明显的分离，从不同的流通形式逐渐演变成两个不同的运动过程。这就是"商物分离"。"商"指"商流"，即商业性经济交易，转让的是商品所有权，主要通过货币来实现；"物"指"物流"，即实际流通，是商品实体的流通。

在经济全球化的趋势下，国际分工越来越深入，商业交易可以在全球范围内寻优，甚至可以采用电子商务的形式进行虚拟的运作，在这种情况下，商流过程与物流过程的分离，在网络经济时代越发彻底。由于专门的、专业的从事物流工作的物流服务商（第三方物流）的出现，这种分工从一般的过程分工变成了责任人的分工。这种商流运作和物流运作责任人的分离，是现代商物分离的一个标志。商物分离实际是流通过程中的专业分工、职能分工，是社会再生产的产物。物流正是在商物分离基础上，对物流进行独立考察而形成的系统科学。

但是值得注意的是，在现代科技高速发展的今天，商物分离也并不是绝对的，优势可以通过分工获得，也可以通过趋同获得，在已经实现了分工和分离的领域，在新形势、新条件下可以重新整合为一体。在流通领域中，"一体化"、"系统化"趋势越来越明显，发展呈多样化而绝非单一的"分离"。事实上，目前已经有很多国家的学者都提出了商流和物流的一体化问题。在欧洲国家，物流的概念本身就包含了企业的营销活动，商流是分属物流的一个分支。在物流中的配送领域，配送已成为公认的商物合一的概念。在企业管理方面，也更多地进行综合的战略管理，而非分离其功能。

二、"黑大陆"和"物流冰山"说

著名的管理学家彼得·德鲁克在《经济的黑色大陆》一文中说过："流通是经济领域里的黑暗大陆。"在那一时代流通领域中的物流活动的模糊性

---

① 《马克思恩格斯全集》第 46 卷，人民出版社 1972 年版，第 142—143 页。

较为突出，是流通领域中人们认识不清的领域，因此，对他所说的流通概念，现在更多的认为是针对物流而言的。"黑大陆"学说主要是指尚未认识、尚未了解、尚未开发的领域。在当时，物流领域未知的东西还很多，理论和实践皆不成熟，"黑大陆"说是对当时物流本身的正确评价。这一说法对于推动物流领域的研究起到了启迪和动员作用。

针对物流费用，日本早稻田大学西泽修教授提出了"物流冰山"说。他指出人们对物流费用的总体内容并没有掌握，现行的财务会计制度和会计核算方法都不可能掌握物流费用的实际情况①。一般来说，企业对外支付的物流费用占很小一部分，真正的大头是企业内部各种物流费用。他把这种情况比作"物流冰山"，认为在提到物流费用时我们看到的不过是露出海面的冰山一角——物流的一小部分，而沉在海水下面的冰山主体是我们看不到的黑色区域。我们现在所认识到的物流成本，并非实际的物流成本，而只是其中的一小部分，这就使我们忽视了物流在企业运行中的重要作用。"物流冰山"说之所以能成立，主要是由于物流成本的计算范围太大，物流各环节中成本计算对象不明确，以及管理过程中费用是否计入物流成本等问题导致的。因此我们说物流费用只是露出水面的冰山一角。

通过对物流成本的具体分析，西泽修教授论证了德鲁克的"黑大陆"说。事实证明，我们对物流领域的各个方面掌握得也不是很清楚。黑大陆和冰山下的部分正是物流领域亟待开发的领域，也是物流科学发展的潜力所在。

三、"第三利润源"说

"第三利润源"说来自日本学者西泽修的著作，主要是针对物流潜力及效益的系统性描述。人们认为，虽然对物流这块"黑大陆"的认识不清，但它绝不是不毛之地，而是充满生机，一片富饶之地。人类历史上曾经有过两个大量提供利润的领域：资源领域和人力领域。在生产力相对落后、产品处于供不应求的历史阶段，通过对廉价原材料、燃料的掠夺或获得，然后依靠

---

① ［日］西泽修：《物流成本》，白桃书房1999年版。

科技进步、扩大生产能力、增加产品数量、降低成本，综合利用乃至大量人工合成资源而获取高额利润，创造企业剩余价值，即"第一利润源"。当第一利润达到一定限度，产品处于供大于求的状态时，便采取扩大销售的方式，寻找新的利润源。人力资源领域最初是依靠廉价劳动力，然后随着科学技术的进步，劳动生产率的提高，人们开始节约劳动力，降低劳动耗用，或采用机械化、自动化方式降低成本，增加利润，即成为"第二利润源"。在前两个利润源潜力越来越小，利润压缩的情况下，物流领域开始受到重视，于是出现了"第三利润源"说。从生产力的角度出发，"第一利润源"关注的是劳动对象，"第二利润源"侧重于劳动者，"第三利润源"的挖掘目标则是综合考量生产要素中劳动工具的潜力以及劳动对象和劳动者潜力的开发，更为全面。①

对"第三利润源"的认识有两个前提条件：一是物流可以从流通中分化出来，本身有目标，有管理，能对其进行独立的总体研究；二是物流不是总体的成本构成因素，而是可以单独盈利，可以建立成为"利润中心"型的独立核算系统。

"第三利润源"理论反映了日本人对物流的理论认识与欧美人的不同。一般而言，美国人对物流的主体认识属于"服务中心"型，而欧洲的认识属于"成本中心"型。"服务中心"和"成本中心"主张总体效益或间接效益，而"第三利润源"的"利润中心"主张直接效益。它们之间有很大的差异。从广义上理解"第三利润源"，它不仅是一种直接谋利手段，而且对直接利润的延伸具有重要的战略意义。

四、物流效益悖反说

物流领域中普遍存在一种现象：物流的功能要素之间存在着交互损益的矛盾，此涨彼消、此盈彼亏。在物流系统中的某一个功能要素的优化升级和利益发生的同时，在系统中的另一个或另几个功能要素必然会存在利益的损

---

① 王之泰：《"第三个利润源泉"及其对我国经济发展的意义》，《中国经贸导刊》2001 年第 6 期。

失，反之也是如此。这就是著名的物流"效益悖反"，又称之为物流"二律悖反"，反映了物流领域内部之间的矛盾。例如在包装问题上，在产品销售市场和销售价格皆不变的前提下，包装费越低，利润越高。然而，商品一旦进入流通领域，节省的包装导致产品的防护效果降低，致使商品遭受损失，就会在储存、装卸、运输等方面要素产生恶劣影响，工作效益大减。显然，以其他方面的损失而获得包装活动的效益是很不可取的，在我国，因包装不善而造成流通领域的商品损失每年都会超过上百亿元。

在发现物流系统内存在"效益悖反"现象之后，物流科学认识到了物流功能要素的重要性，进而开始寻求克服物流各功能要素效益背反现象的方法。随着系统科学在其他领域的普及，人们开始用科学的思维方法来寻求物流的总体最优化，首先将物流细分为若干功能要素来认识，其次寻找出包装、运输、保管等功能要素之间的联系，并将它们作为一个整体来认识，进而有效解决"效益悖反"，追求总体的发展效果。① 不同国家、不同学者对这种思想的表述方法是不同的。例如，美国学者用"物流森林"来描述物流的整体观点，指出应当将物流作为一种整体"结构"来看待，而不能只见功能要素而不见结构，即不能只见树木不见森林。物流的总体效果是森林的效果，即使是和森林一样多的树木，如果各个孤立存在，也不能称之为森林，不能表现出物流的总体效果。

五、物流中心说

物流中心说主要特指物流成本中心说和物流服务中心说。物流成本中心说是指在整个企业战略中，物流作为企业成本的重要产生点，只对企业营销活动的成本产生影响，要解决物流成本过高的问题，主要是通过对物流的一系列活动进行管理从而降低成本，而不是为了搞合理化、现代化、支持保障其他活动。成本中心说指出了主要成本的产生点以及降低成本的关注点，但是成本中心说没有将物流放在企业发展战略的主角地位，而只是将改进物流的目标定为于降低成本。这必然会影响物流本身的战略发展。

---

① 桂寿平：《物流学基础理论》，华南理工大学出版社 2004 年版。

以欧美学者为代表的物流服务中心说认为为企业节约消耗、降低成本或增加利润并非物流活动最大的作用，企业对物流活动的管理应当注重提高服务水平，进而提高企业的市场竞争力，从而使企业能够在残酷的竞争中生存和发展。因此，他们用 Logistic 来描述物流，强调物流的服务保障功能，通过综合能力的增强压缩企业生产经营总成本，挖掘企业获利潜力，拓展企业的有效获利空间，形成战略发展能力。这是带有战略色彩的更高层次的提法。

六、供应链理论

Peter Kraljic 和 Roy D. Shapiro 于二十世纪八十年代最早提出了供应链的概念[1]，最初的供应链理论关注企业与外部环境之间（包括供应商、物流商以及销售商）的关系管理，寻求运输、库存同生产能力之间的匹配，目的在于获取由于经营成本下降或服务水平提升带来的竞争优势。二十世纪九十年代以来，面对产品寿命周期缩短、消费者需求更加个性化、多样化的趋势，供应链理论开始将链条上的所有企业视为统一的、不可分割的整体，注重供应链上各个环节——生产、供应、分销以及销售功能间的相互协调。我国对供应链管理的标准定义是：利用计算机网络技术全面规划供应链中的商流、物流、信息流、资金流等，并进行计划、组织、协调与控制[2]。可见，物流在一定程度上是供应链中的一部分，供应链实质上是围绕核心企业，通过对信息流、物流、资金流的控制，从采购原材料、零部件开始，到制成中间产品以及最终产品，最后由销售网络将供应商、制造商、分销商、零售商与最终用户连成一个整体的功能网络结构模式[3]。供应链管理就是将企业内部的物流管理扩展到企业外部，把企业内部以及供应链上的各个节点企业看成整体，通过信息技术和现代管理技术对物料流、信息流、资金流、技术流

---

① P.Kraljic, "Purchasing Must Become Supply Management", *Harvard Business Review*, 1983(6), pp. 110—115; R.D.Shapiro, "Get Leverage From Logistic", *Harvard Business Review*, 1984(3), pp. 119—127.

② 中华人民共和国国家标准物流术语，GB/18354—2001。

③ 马士华、林勇、陈志祥：《供应链管理》，机械工业出版社 2000 年版。

进行有效协调和控制，从而实现物流服务质量的提高和物流成本的降低。基于供应链的物流管理有赖于利用电子数据交换（EDI）、条码（CODE）与射频识别（RF）、电子订货系统（EOS）、全球卫星定位系统（GPS）、地理信息系统（GIS）等，在企业间建立一个动态化的网链结构，满足不断变化的市场需求的同时，使网链上各成员企业之间实现信息共享和物流活动的集成化，从而最大限度地减少货物库存、空运率，提高运输工具、仓储容量的使用效率。

第五节　现代物流理论研究动态

一、基于环保的绿色物流与逆向物流理论

绿色物流（Green Logistics）是建立在可持续发展、生态经济学、生态伦理学和循环经济等学科基础上的一门新学科[1]，是 20 世纪 90 年代中期才出现的一个新概念。对绿色物流概念目前尚没有统一认识，我国国家标准物流术语 GB/18354—2001 给出的定义是：在物流过程中抑制物流对环境造成危害的同时，实现对物流环境的净化，使物流资源得到充分利用[2]。然而在实际的物流活动中，绿色物流在关注企业物流活动对资源环境造成影响的同时，也关注物流活动中货物的质量和数量不受损害。因此，绿色物流的具体活动包括：其一，利用先进的保质保鲜技术对货物进行绿色存储和装运，科学选择运输工具和运输线路，既保护存货的数量和质量，也减少运输消耗以及消除运输中对环境的污染；其二，按照低耗材（Reduction）、可再用（Reuse）、可回收（Reclaim）、可循环（Recycle）的 4R 原则，对货物进行绿色包装，在加工中减少对货物的损耗和二次污染；其三，企业要注重收集、整理和学习与绿色物流相关的各种信息，并及时将这些信息运用于实际的物流活动[3]。

---

[1] 王长琼：《绿色物流》，化学工业出版社 2004 年版。

[2] 中华人民共和国国家标准物流术语，GB/18354—2001。

[3] 卢锐、许彩国：《中外物流理论的演变》，《财贸经济》2006 年第 3 期。

针对绿色物流中的循环利用问题，逆向物流理论得以提出和建立。日常的生活和生产物流一般表现为单向流程。为顺应可持续发展的需要，物流领域逐渐开始重视废弃物品和回收物品的作业流程，改变目前经济领域"资源—产品—废弃物排放"型的开环型物质单向流动模式，进而形成"资源—产品—再生资源"的闭环系统创造了条件。逆向物流则是闭环系统建立的重要组成，主要研究因产品缺损、过期或者运输差错所造成的从产品消费地到产品生产地的反向流动过程，其中包括对有缺陷或废旧产品进行修理，对废弃产品和危险物料进行科学处理，以及对包装和容器进行再利用问题。根据美国后勤管理协会对逆向物流的解释，我们可以认为逆向物流实质上是通过回收、修理、再制造、再利用等手段对已售出产品的回流过程进行专业化物流管理，其目的在于尽量恢复废弃产品或有缺陷产品的使用价值，最大可能地利用产品及其附属品的现有价值①。逆向物流活动有助于企业节约生产中的原材料或零部件的消耗，降低社会的废品处置成本，同时也有助于提高企业的客户满意度、树立企业的绿色形象。逆向物流活动的进行有赖于逆向物流网络的构建，具体包括产品回收站、再制造中心、废物处置中心数量的确定、位置的选择以及运输路线、运输方式的安排。根据不同行业和不同企业的具体情况，逆向物流网络设计和构建的方式有很多，概括起来有以下几种：一是完全脱离正向物流网络，而单独构建逆向物流网络；二是在正向物流网络基础上构建逆向物流网络，实现前后向物流网络的整合；三是基于确定模型的逆向物流网络规划；四是基于随机模型的逆向物流网络规划；五是根据市场需求确立逆向物流网络；六是根据回收需求规划逆向物流网络②。

二、基于系统优化的物流系统仿真理论

物流活动是由货物的包装、运输、仓储、流通加工、装卸搬运和配送等环节组成的一个功能系统。然而，各环节、各功能要素之间的矛盾和冲突是导致物流活动效率低下的主要原因，物流系统的优化过程就是要通过调整系

---

① 刘永清：《逆向物流系统研究评述》，《经济学动态》2009 年第 5 期。
② 刘永清：《逆向物流系统研究评述》，《经济学动态》2009 年第 5 期。

统内的各种资源配置来化解各功能要素间的冲突，最终使系统内部各环节资源得到高效利用。然而，物流系统优化是一个多重目标，受多种因素影响的复杂分析过程，此时，对系统模拟仿真技术的研究则有了用武之地。

系统仿真理论是首先根据实际情况将所研究的问题模型化，可以设计几种不同的计划方案，然后借助于计算机或其他物理效应设备对计划方案进行试验，专家结合经验知识对试验数据进行分析，从而确定在接近实际情况的条件下，技术性能或经济效益最好的方案。在物流管理中，可以通过系统仿真技术来观察各种设备的处理能力、运输工具的利用效率、运输线路的通畅情况以及物料流在系统中的运转周期等等，从而有助于提高物流系统设计的合理性和高效性。在生产物流活动中，有学者就提出建立了基于时间任务队列方法的物流仿真平台，利用仿真技术检验各种物流方案的性能，为重构生产物流提供有效的方案参考。对于车间物流系统中存在的问题，可以先对车间物流进行系统建模，再通过三维可视化仿真技术获得有关问题产生原因的仿真画面或仿真后得到的数据信息，从而有助于改进车间物流系统。物流系统仿真技术还可以模拟得出生产过程中的瓶颈资源或瓶颈工序，有助于企业科学制订生产计划从而按期完成订单任务。最后，系统仿真技术可以通过建立企业库存系统模型，动态地模拟货物入库、出库、库存以及各种设施、资金的使用情况等，为企业解决物流管理中的订货量和订货时机的选择，仓库的布局、选址和大小，运输、装卸设备的数量及配置以及货物的配送方案等问题提供了科学依据，从而有助于企业降低物流管理成本[①]。

三、基于产业融合的物流金融理论

随着现代物流业的发展，特别是第三方物流服务的发展，生产企业、物流企业与金融机构的联系日益紧密，物流金融作为一种高附加值的金融业务得以迅速发展，帮助解决供应链上的资金薄弱环节，促进了供应链上物流、信息流和资金流的有效整合。鉴于物流与金融两大服务行业的融合发展，对物流与金融交叉学科的研究也显得越来越重要。

---

① 李向文：《现代物流发展战略》，清华大学出版社 2010 年版，第 99 页。

物流金融主要是指金融机构为供应链上各节点企业提供融资、结算和保险等相关服务。在此过程中，企业以所进行交易的货物为担保，金融机构以企业的担保物为依托，对企业的商品采购、生产过程、销售活动等经营过程中的物流、资金流进行监控和管理，企业对金融机构所提供的授信服务进行偿还付费。

物流金融业务模式基本可以分为三大类：一是发生在采购环节的预付款融资业务模式，金融机构凭借物流企业对产品销售前景的预测帮助需要借款的企业将预付款支付给供应商，或者根据订单、采购合同来帮助需要借款的企业支付预付款，以促进借款企业的采购运作；二是在货物的制造、持有或销售周期，基于存货或仓单开展的质押融资；三是在交易回款周期，当下游企业因资金缺口拖欠上游企业货款时，物流企业可以与金融机构合作，以应收账款为担保物为需要借款的企业提供融资服务。其中，围绕存货质押融资业务可以衍生出许多物流金融产品，例如保兑仓、未来提货权质押融资、未来货权质押开证、进口全程货权质押授信业务等[1]。在各项业务开展的过程中，物流金融理论还关注供应链上处于资金约束下的企业物流运营决策行为，以及对物流金融中银行和物流企业的风险控制决策等问题。特别是风险控制问题，例如担保物在借贷风险中用于解决逆向选择或道德风险问题的作用，银行如何确定担保物的品种和数量，业务风险的评估和度量的方法，对风险控制的影响因素分析，还有如何建立业务中的风险预警机制以及违约后的处理方法等。

---

① 李毅学、汪寿阳、冯耕中：《一个新的学科方向——物流金融的实践发展与理论综述》，《系统工程理论与实践》2010 年第 1 期。

第二章　国内外现代物流业发展趋势

随着经济全球化和信息技术的普及，现代物流作为一种先进的组织方式和管理技术，被广泛认为是企业在降低物资消耗，提高劳动生产率以外的重要利润源泉，即"第三利润源"，并在国民经济和社会发展中发挥着重要作用。本章对发达国家现代物流业的发展趋势进行了简要概括，接着对我国几个具有代表性的区域物流发展特征进行梳理，最后总结了发达国家发展现代物流业的基本经验，以此为我国各地区探寻现代物流的科学发展方式提供借鉴。

第一节　世界现代物流业发展趋势

随着经济全球化步伐的加快，国际现代物流呈现出许多新趋势，主要表现在以下几个方面：

一、物流活动全球化

20 世纪 80 年代，世界经济掀起了跨国经营和产品本地化生产的浪潮，到 20 世纪 90 年代逐渐形成了经济全球化的大潮，产生了国际化采购、国际化生产、国际化销售的格局，与之相适应的是国际化物流的出现。没有顺畅的国际物流，国际贸易规模难以扩大，跨国生产和全球采购也不会实现。同样，在国际资本大流动、国际贸易大发展、国际化大生产、国际经济一体化的新经济格局中，也迫切需要国际物流向全球化方向经营。可以说，"国际经济一体化"将把物流带入"无国界"的局面。

二、物流资源整合化

国际经济的一体化，使得市场需求瞬息万变，竞争环境日益激烈，这就要求物流业务中的所有成员在整个流程所有环节的业务运作衔接更加紧密，对业务处理过程中的信息进行高度集成，缩短供应链长度，实现供应链的协同化运作，使供应链上的物流业务更流畅、产出率更高、响应速度更快，满足客户多方面的需求。然而，新兴的被世界物流界普遍认同的第三方物流，对整合社会所有的物流资源以达到最大效率的要求难以胜任，因此作为管理第三方物流服务的新模式——第四方物流（4PL，Fourth Party Logistics）便应运而生。第四方物流突破了单纯发展第三方物流的局限性，将第三方物流所拥有的物流服务资源与 IT 服务商所具备的实现物流信息化的技术资源、企业管理咨询公司所提供的有关物流管理的智力资源进行整合，真正做到低成本、高效率和实时运作地提供物流服务，实现物流活动相关资源最大化的整合。具体可见图 2—1 所示。

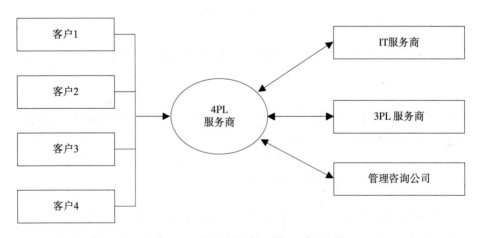

图 2—1　4PL 服务商集成服务简单流程图

三、物流过程绿色化

物流虽然加速了经济的发展，但是在一定程度上也给城市环境带来负面的影响。为此，世界各国的现代物流业发展都开始执行绿色物流（Green Logistics）的理念。绿色物流是指在物流运行过程中抑制或消除对环境可能造成的危害，净化物流环境、减少资源消耗，在充分利用物流资源的同时保护环境。绿色物流的实质就是在物流管理与作业中融合环保与可持续发展的理念。绿色物流满足可持续发展的需要，是应保护环境和有效利用资源要求而生的。其发展有赖于绿色技术的广泛应用，与绿色制造、绿色供应、绿色分销、绿色消费等绿色经济和绿色技术活动紧密衔接，在充分考虑自身效率的同时，与供应链上的其他关联者协同起来，构建降低资源消耗、减少污染排放、降低经营成本的绿色物流循环系统，如图 2—2 所示。绿色物流循环系统除了节约资源、降低成本等特点以外，还可以避免因遭遇国际绿色避垒而造成的更大成本投入和麻烦。

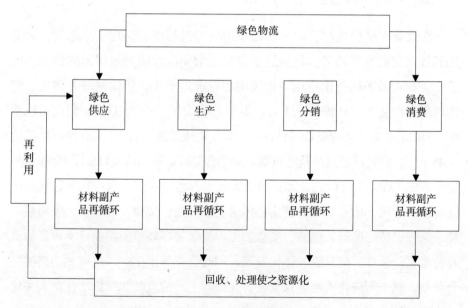

图 2—2　绿色物流图

四、物流服务增值化

现代物流服务早已超出了传统意义上的储存、运输和装卸，从接到客户订单开始，物流公司就已经参与和产品有关的全过程。德国物流顾问公司的高层发言人 Jugrenhess 先生曾经说过："对于现代物流企业来说，单独的运输业务已经无法构成企业牢固的基础。"物流企业"一方面必须提供新的附加业务，扩大业务范围；另一方面也必须不断推陈出新，为客户提供独家的、或者至少是特别的服务内容，即增值服务，以增加自己企业的竞争力"。最初，物流增值服务只是存在于竞争激烈的信件和包裹快递业务，而现在则在整个物流行业全面渗透，几乎所有和物流运输业有关的公司都在想方设法地提供增值服务。全球性的大运输公司和快递公司都竭力为顾客提供一站式服务，即产品从采购到制造、仓储入库、外包装、配给、发送和管理回返、修理以及再循环的全过程。从物流服务对相关利益者权益的关注趋势可以看出，现代物流正进一步向服务经济发展，物流服务的质量正在取代物流成本，成为客户选择物流企业的重要标准之一。①

五、物流运作信息化、标准化

物流业在从传统物流向现代物流的转型过程中，呈现了信息化、标准化和智能化的发展趋势。物流的信息化是指商品代码和数据库的建立、电子商务和物品条码技术应用、物流中心管理电子化、运输网络合理化、销售网络合理化等。各种信息平台、电子数据交换系统（EDI）、管理信息系统（MIS）、决策支持系统（DSS）、事务处理系统（TPS）、地理信息系统（GIS）、销售时点信息系统（POS）、智能交通运输系统（ITS）、全球卫星定位系统（GPS）等信息处理和条形码技术、射频标识技术在物流领域的广泛运用，实现了信息共享，使信息传递更加方便、快捷、准确，大大增强运输、保管、装卸搬运、包装、流通加工、配送等各环节的功能，实现了物流与商流、资金流、信息流一体化发展，同时也提升了生产、流通和消费的综合效益，利于实现物流跨越式发展。在国际上，信息技术与标准化两大关键技术的系统化发展，对现代物流的整合与优化起到了革命性的影响。同时，网络规划和优化理论与方法、自动化和智能化的关键技术的应用以及新型包装材料与技术的应用等科技进步在物流领域的应用，大大降低了物流成本，

---

① 蔺栋华、孙晔、张俊：《国际现代物流发展趋势及对我国的启示》，《烟台职业学院学报》2008 年第 2 期。

极大地推动了现代物流的发展。

在推进物流产业标准化建设过程中，欧洲各国采取的主要措施是：第一，对物流基础设施、装备方面制定基础性和通用性标准。如统一托盘标准、物品条形码标准、车辆承载标准以及安全标准等。采用这些标准可以确保物流活动顺利进行。第二，针对环境安全制定强制性标准，如清洁空气法、综合环境责任法等。第三，支持行业协会对物流服务制定相关行业标准，如欧洲物流协会制定物流标准用语、物流从业人员资格标准等。

六、物流组织集约化、协同化

现代物流的全球化运作使得企业扩大规模势在必行，而仅仅依靠内部扩张是难以实现这一目标的。国外物流企业通过集约化、协同化，实现外部扩张，逐渐成为现代化物流发展的一个鲜明趋势，其主要表现是：大力建设物流园区，物流企业的兼并与合用。

物流园区是不同类型的物流企业、物流设施在空间上集中布局，形成具有一定规模和综合服务功能的物流场所，能够通过市场信息、现代仓储、专业配送、多式联运以及交易活动的一体化，来便捷地为客户提供综合性服务。物流园区的建设一方面有利于提高物流企业间的竞争程度，促进物流企业的规模化发展；另一方面能够发挥它们的互补优势和整体优势。不同类型的物流企业间通过专业化分工与业务协作，既避免了重复投资，又有效地提高了物流服务的专业化水平，更进一步，可以通过实现产业运作的配套化和系统化来提高物流行业的资源利用效率，实现物流功能的集约化。

第二节　发达国家现代物流业发展经验及启示

一、美国：致力于提升物流企业的市场竞争力

美国政府一直在物流发展规划中起引领作用。1996 年出台的《美国运输部 1997 ~ 2002 年财政年度战略规划》，提出建设一个世界上最安全、方便和经济有效的物流运输系统。美国政府还在多边或双边国际论坛上商讨降

低关税及贸易自由化，使企业能够从全球化的角度来发展物流。美国政府的这些做法取了极大的成功。这些政策法规的推行，为确立美国物流在世界上的领先地位提供了保障。

美国物流企业注重把握发展趋势，以提升其物流服务的竞争能力：一是把握商业模式的发展趋势。从美国物流实践来看，客户可以选择功能性物流服务商，也可以通过第三方物流服务商来整合功能性服务商、提供一体化物流解决方案，专业性和综合性物流提供商，在竞争中发挥各自优势，可以满足各种用户的不同需求。二是把握物流理念的发展趋势。美国的第三方物流已从提供运输、仓储等功能性服务向提供咨询、信息和管理服务延伸，致力于为客户提供改进价值链的解决方案，与客户结成风险、利益共享的战略合作伙伴关系。三是把握物流技术的发展趋势。信息技术是现代物流发展的核心技术，要把物流信息系统的发展要摆到核心的位置。四是把握物流行业的竞争趋势，政府减少对物流行业的行政干预，建立自由竞争的市场环境，物流企业间通过并购与重组来实现经营的规模化。五是把握国际合作的发展趋势，扩大跨国公司的发展，增强国际市场的竞争力。

二、日本：政府规划推动物流业社会化协作

为了使现代物流业发展得更好，日本政府统筹规划现代国际物流业的发展。日本土地面积较小，国内自然资源和市场有限，但进出口贸易量极大，因此各级政府十分重视发展商品的国际物流，在大中城市对港口、公路、铁路枢纽等物流设施用地进行了统筹规划，形成了许多大大小小的物流集散地，并且集中了多家国际物流企业。例如，日本横滨港货物中心就集中了42家国际物流配送企业。政府对国际物流企业的集聚地进行统一规划、合理布局，有利于国际物流配送业的良性发展。

在科学合理规划的基础上，推动国际物流系统的社会化、组织化、网络化。日本国际物流业体现了高度的社会化协作，具体表现在日本大多数生产企业、流通企业大都通过服务外包的方式来处理物流业务，在为企业节省了大量成本的同时，也提高了第三方物流的专业化水平。日本的大型国际物流企业都十分注重货运网络建设，大型专业化国际物流企业凭借完善的国际物

流货运网络，在承担国际物流货运业务时，能够有效地控制和降低国际物流成本并满足客户不同方面的需要。①

先进的技术和管理手段为物流系统的社会化、组织化与网络化提供了必要的支撑。日本的物流基础设施比较完备，其完善的服务功能为发展国际物流业提供了良好的条件，同时日本的国际物流企业都希望通过不断提高物流服务的质量、降低物流服务的成本来增强企业的市场竞争力，因此十分注意研究和学习美国等国际物流发达国家的先进实用操作技术和科学管理模式，并将其迅速应用到本国的物流活动中。在日本，国际物流作业基本实现了机械化操作，信息技术的应用已十分普及，数码分拣系统在许多国际物流企业中得以应用，大大提高了工作效率和操作的精准度。

三、德国：政府重视物流业发展的基础性投入

德国政府对物流业的基础性投入，是其现代物流业得以迅速发展的基本保证。首先，联邦政府统筹规划物流园区的建设，然后州政府和市政府按照联邦政府的规划进行建设投入。德国几乎所有的运输基础设施均由政府投资建设，每年的交通基础设施建设投资额高达数百亿欧元。在加强交通运输基础设施建设的同时，政府还大力建设大型货运枢纽、物流基地、物流中心和公共配送中心等新型物流基础设施。通过信息网络的构建使得供应链上下游之间实现信息共享，以最大限度地提高各种运输方式的效率与协调配合性。其次，德国政府还十分重视物流职业教育与培训。许多高等院校都设置了物流管理专业，为工商管理及相关专业的学生开设物流学课程。物流从业人员均需接受正规的职业教育与培训。最后，推进物流产业的标准化进程，针对物流基础设施、装备制定基础性和通用性标准；针对安全和环境制定强制性标准；支持行业协会对各种物流作业和服务制定相关的行业标准。

政府对物流业的基础性投入使得物流企业的发展环境大大改善。德国的

---

① 李延松：《日本国际物流发展的成功经验及对我国物流业的启示》，《中国港口》2007年第6期。

第三物流市场已十分发达，大多数德国企业都通过外包的方式来处理其所需的物流活动；专业化的物流服务商为它们提供订单处理、仓储安排和供应链管理等综合物流服务。德国现代物流发展的特征主要表现在高度的规范化、有序化，以及在此前提下的社会化、网络化、标准化、多功能化与绿色化。在德国，货物无论是进出仓库、码头、配送中心，还是进出工厂、商店或建筑工地，都普遍实现了托盘标准化、集装箱标准化、运输工具标准化；德国的物流业市场已经成熟，其第一、二、三、四方物流业，已各自在市场中定位，物流业体现了高度的多功能化；在德国，物流在规划、设计、生产、消费过程中注重环保和资源利用，体现了物流发展的绿色化理念。

四、荷兰：以港口物流为中心开展多式联运

荷兰鹿特丹不仅有世界上第一大港，而且是重要的国际贸易中心和工业基地，是一个典型的港、城一体化的国际城市。荷兰政府为国际贸易提供了许多方便。如资金流动没有限制，开放市场，国外投资没有限制，特别是在港区内实行"比自由港还自由"的政策。这些因素使鹿特丹成为具有国际规模的世界贸易中心。现在大约有 3500 家国际贸易公司设立在鹿特丹市，包括大型跨国公司和一些中小型公司。鹿特丹还拥有一条包括炼油、石油化工、船舶修造、港口机械、食品等部门的临海沿河工业带。鹿特丹港为客户提供个性化运输和中转服务，与多式联运结合。鹿特丹港每天工作 24 小时，每周工作 7 天，每年工作 52 周，确保满足欧洲的各种需求。鹿特丹港实行"保税仓库区"制度，吸引外国厂商在保税仓库寄屯待沽转口货物，货主可在保税区内得到对货物进行再加工装配和分包等服务，寄屯期只付仓储费，进入荷兰销售的则要补交关税。在港口物流的基础上，荷兰的公路运输承担了与之相配合的功能。荷兰的长途公路货运量占欧洲公路运输总量的 40%，高速公路运输与欧洲的公路网连接，覆盖了从英国到黑海、从北欧到意大利的欧洲各主要市场。荷兰通过建设港口保税区、临港工业区以及贸易自由港，使港口日益成为国际物流系统中的核心，以港口为中心，实现港口与公路、铁路以及航空的对接，从而建立涵盖物流供应链所有环节的综合物流服务体系。

五、对我国的几点启示

（一）我国物流业尚需改进之处

虽然我国部分经济发达地区，如长三角和珠三角的现代物流业已发展得相对成熟，且开始与国际标准接轨，但其他地区的现代物流业发展还存在一些缺陷：

第一，实力较强的专业化物流企业少，服务水平低。我国大多数物流企业的服务质量不高，服务内容还只局限于货物代理、仓储、仓库管理、搬运和干线运输等方面，只能提供单项和分段的物流服务，无法提供完整的配套物流服务，而且物流企业的组织规模较小，缺乏必要的竞争实力，物流管理水平和服务质量有待进一步提高，因而造成物流产业整体上效率低，速度慢、损耗大。

第二，物流服务总成本偏高。发达国家在降低物流成本，提高周转速度以及实现产业化发展方面较我国有明显的优势。经济发达国家全社会物流总成本占 GDP 的比重一般为 10% 左右，而我国物流总成本较发达国家高出近十个百分点，工业企业资金流动年周转速度平均不到两次，批发、零售业的资金年周转速度不到三次，大大低于发达国家的周转速度。另外，由于缺乏合理的物流组织和系统规划，我国货物运输的空驶率也高于发达国家。

第三，物流企业标准化建设滞后。我国物流企业在推行标准方面缺乏必要的力度，在管理方面缺乏有关的标准和规章制度。例如，海运与铁路集装箱的标准存在差异，各种运输方式之间装备标准不统一，在一定程度上对我国海、铁联运规模的扩展、国际航运业务的拓展、港口作业效率的提高以及进出口贸易的发展产生了不利的影响。

第四，物流业管理体制和机制存在障碍，在计划经济条件下形成的习惯势力阻碍了物流产业向市场经济的转型。现代物流产业的发展包括基础设施建设、物流技术装备、产业政策扶持、投融资平台的构建、税收、贸易政策以及运输标准的制定和实施等多个方面，而这些问题的管理分属于不同的政府职能部门。由于目前仍然存在各个行业各自为战，行业之间、部门之间管理体系分割的现象较为严重，从而导致了各职能部门在对现代物流发展问题的认识和管理上缺乏协调统一的战略思想。

第五，物流服务体系建设滞后。物流的技术装备水平低，物流基础设施的配套性和兼容性较差。按照国土面积和人口数量计算的运输网络密度水平，德国为14680.4公里／万平方公里，美国为6869.3公里／万平方公里，而我国却仅为1344.48公里／万平方公里。在这方面，中国不仅落后于欧美发达国家，与印度等发展中国家相比也存在较大差距（印度为5403.9公里／万平方公里）。

（二）几点启示

1. 建立畅通、快速的对外物流系统，参加全球化竞争。在经济全球化发展的过程中，我国已经具备了一定的参与物流全球化、发展国际物流系统的基础，但是由于物流系统组织的落后造成了物流领域的效率低下，并且物流基础设施建设规模不大，尤其是物流系统的现代化水平较低，使得国内不同地区之间以及国内与国际之间的物流系统衔接上存在一定的障碍。这就需要对对外物流系统进行优化和重组，提高物流系统的信息化水平，构建跨区域和跨国界的物流信息共享平台；在物流企业网络化经营的基础上，加强制造企业与物流企业，以及物流企业之间的组织与协调；注重不同区域和不同类型物流体系间的配合与衔接，同时加强与国际物流体系相连接的建设，为国内物流企业参与国际物流活动创造条件。

2. 加强现代物流基础设施规划的科学性与建设力度。首先，科学整合现有物流基础设施的规模、布局和功能，加大对落后设施改造的力度，提高现有设施的有效使用率，加强其综合功能的建设。其次，加强新建物流基础设施与已有基础设施的功能整合和宏观协调，应从战略角度科学地制订物流发展的相关规划，理清不同规划之间的关系，使不同运输方式的节点、场站建设规划与工业及商贸流通行业的仓储设施规划能够有机衔接，从而避免重复建设、土地资源的浪费。再次，加大交通体系建设的投资规模，基于城市间物流配送体系，加强公路、铁路、水运、航空、管道和信息网络设施的建设力度。政府要增加对基础性、公益性设施的投入，构建投融资平台，扩大投融资渠道，鼓励企业投资经营性基础设施的建设。最后，通过实现各种运输方式的无缝对接，加快构建完善的综合交通运输网络，实现物流配送的多式联运。

3. 构建几个区域性的大型现代物流综合系统。为了实现不同地区物流资源的空间优化整合，有必要从提高全社会物流运作效率的角度出发，打破地区物流各自为政、条块分割的局面，构建区域性的大型现代物流综合系统。在全国范围内开展区域物流系统规划，分层次打造多个国家级的现代物流中心城市和节点地区。例如，以上海为中心的长三角物流圈，以广州为中心的珠三角物流圈，以北京、天津为中心的环渤海物流圈，以大连、沈阳为中心的东北物流圈，以及分别以中原城市群、武汉城市圈、长株潭城市群、皖江城市带为中心的中部物流圈，分别以成渝、北部湾为中心的西部物流圈等。

4. 加快各地区现代物流信息网络的建设。基于几大物流圈建立全国性的物流信息共享平台，在完善物流实物网的同时建立物流虚拟网，构建网上货物贸易和商品配送服务市场，加强在全国范围内搜集、处理物流信息的服务能力，缩短物流信息交换与物流作业的时间，形成以商品配送和电子商务为支撑的现代物流业；通过政府推动、市场运作的方式投资建设全国物流多媒体信息高速公路，将数字化技术和网络技术运用于物流活动的管理和运作中；通过 EDI 项目建设来构建全国交通通信服务专网系统，运用先进的数字编码、调制和时分多址技术，集成现代数字蜂窝移动通信、计算机网络和数字通信技术实现智能应用系统的互联；基于全程物流理念，建立完善综合交通管理体制，充分发挥海、陆、空立体交通网络的功能。

5. 将绿色物流的理念融入现代物流的规划和管理中。政府要加强对环境保护的宣传和知识普及工作，唤醒企业、公众和社会组织的环境危机意识，为绿色物流的实施营造良好的社会环境。推动工业企业改革由其内部机构完成物流环节的传统组织经营模式，鼓励企业实行物流外包，为第三方物流的发展创造更多的机会，从而提高物流资源的使用效率。物流企业应着眼于工业企业和社会的长远利益，将节约资源、减少废物、避免污染等目标融入提供物流服务的各项环节中，树立良好的企业形象，实现物流企业与工业企业的双赢发展。

6. 积极推动物流行业协会的建立，充分发挥其在物流服务中的组织协调和中介作用。在发达国家，行业协会的主要职能在于制定一套通用的物流行业标准，并为工业企业和第三方物流企业提供员工职业培训的服务。我国也可以借鉴这一经验，通过组织建立行业协会，来制定和推广物流行业标准，规范物流职业教育，并提供物流从业人员的职业资格鉴定和认证。各地政府和企业还可以通过组织物流展览会、研讨会来促进我国物流行业的国际交流与合作。

第三节　我国主要区域物流业发展的特点

我国现代物流业的发展与改革开放的进程大致上是同步的，尤其是近十多年来，物流业经历了由起步期向快速发展期的转变。伴随着交通基础设施、信息化水平以及政策环境的不断完善，物流的产业地位在我国得以确立，物流企业健康快速成长，物流聚集区域逐步形成，出现了平稳快速发展的强劲势头。许多地方政府积极筹划和发展现代物流产业，不同区域的物流发展水平不同并且各具特色。

一、长三角地区：物流产业链功能逐步完备

长三角地区是我国物流业最发达的区域，以上海为中心，在加强公路、铁路路网、港航设施、航空枢纽等综合交通体系建设的同时，进一步加强了将上海港建设成为国际航运中心的力度，大力发展现代航运服务体系，包括建设船员人才市场、发展航运研究和航运仲裁以及规范航运交易，积极推进航运金融服务和邮轮产业的发展，上海港与长三角其他港口城市加强分工合作，形成层次分明的航运服务体系。

与此同时，长三角地区的物流园区也得以迅速发展，如上海洋山保税港区、宁波梅山保税港区、张家港保税港区、苏州工业园综合保税区、上海空港综合保税区、西北综合保税物流园区等，实现了海陆空保税物流功能的全覆盖。上海外高桥物流园区跨国配送和国际采购业务中，区内国际中转值比重已达35%；上海浦东空港物流园区，以及杭州萧山国际机场都吸引了国际转运中心的项目投资，这说明长三角地区已具备了物流的集散中转功能。另外，外高桥物流中心基本形成了汽车、医药、钟表、酒类等十多个行业的

进出口商品基地和物流运营中心，实现了物流与产业的联动。在物流园区加速发展的背景下，长三角地区已逐步集聚和培育了大批具备运输、存储、包装、流通加工、配送、信息处理等物流服务功能的专业化或综合型物流企业，区域物流一体化进程的加快进一步提高了长三角物流产业链的服务水平和功能的完备性。①

二、珠三角地区：物流业国际化对接得到逐步加强

第一，港口是珠三角地区物流发展的重要战略资源，目前已形成了以广州、深圳、珠海、东莞等港口群为龙头、以粤东粤西沿海港口和佛山、肇庆内河港口协调发展的港口群。港口作为综合交通运输网络的关键节点，是珠三角地区与国内、国际市场对接的重要平台之一，是大量物流、商流和信息流的交汇地。珠三角的港口群已逐步形成分工合理的水运体系：香港作为国际航运中心，以开展国际集装箱中转业务为主；广州、深圳作为主枢纽港，广州以开展煤炭、石油、钢材等大宗货物以及内贸集装箱运输为主，深圳则以远洋集装箱运输为主；珠海、东莞、中山、虎门、江门和肇庆等中小港口则依靠毗邻港澳的优势，成为三大枢纽港的支线港②。

第二，广东省加工贸易的转型进一步推动了珠三角地区物流的国际化对接。其加工贸易由技术含量较低的简单加工装配逐步向高技术领域转换，跨国公司逐步将代表更高技术水平和更大价值含量的加工制造环节转移至广东，使之更深地嵌入到全球产业分工体系中。另一方面，随着技术含量的提高，加工贸易的配套产业也得以发展，加工贸易的产业链不断延长，使其对内陆地区产业的辐射和带动作用也逐步增强。因此，珠三角地区的物流不仅要服务于对内贸易，还要不断满足国际物流专业化、一体化和及时化的服务需求。由于其加工产品逐步向体积小、价值高的高技术产品转化，精细化物流率先在珠三角得以发展。

第三，广东的外向型经济发展方式，以及参与国际分工的不断深入，为

---

① 参见国家发展和改革委员会经济运行调节局：《中国现代物流发展报告（2010）》，中国物资出版社 2010 年版，第 106—109 页。

② 杜敏：《珠三角港口群发展现代物流业的 SWOT 分析》，《中国港口》2006 年第 1 期。

珠三角物流企业的国际化对接提供了机会，马士基、FedEx、UPS、TNT、DHL、EXCEL 等大批国际知名物流企业纷纷落户该地区，不仅为本地国有和民营的物流企业带来了先进的物流理念，也有效提升了珠三角地区物流服务的国际化水平。[①]

三、东北地区：物流业与制造业逐步实现联动发展

东北地区结合各地的优势产业推动物流业与制造业的联动发展，具体表现为：发展以沈阳、沈西工业走廊和东部汽车产业区为主要节点的装备制造业物流产业带；以沈阳南部、鞍山为中心的高新技术物流产业带；以抚顺、辽阳为核心的石油化工物流产业带；以本溪、鞍山为重点的钢铁物流产业带；以沈阳、辽阳、海城、营口为重点的轻工业物流产业带；在沈阳北部、抚顺西部、铁岭、辽阳、鞍山等地发展农产品加工物流产业带；大连和齐齐哈尔重点发展装备制造业的物流外包；长春、哈尔滨重点建设汽车物流中心；大庆则依托丰富的油气资源，重点打造石油化工物流体系。为促进两业联动发展，各地政府还建设了制造企业与物流企业的综合服务平台和信息平台，加强对与两业联动相关的人员培训；制定了两业联动的规范标准，强化了对产业发展的运行监测。

两业联动主要通过以下三条途径来实现：第一，以物流园区为载体推动物流业与制造业的联动发展，例如鞍山市就建设了东北钢铁物流大市场，提供钢铁加工配送服务，通过物流环节价值增值带动钢铁行业的发展。还有辽宁北方钢铁交易中心建成并投入使用，其经营项目包括了从原料、运输、贸易、生产、深加工到政府采购等诸多领域，另外，中船重工和鞍钢的板材加工配送中心也在加速建设中，这些都是通过物流园区的建设促进钢铁制造与物流业的联动发展。

第二，物流企业根据制造企业的需求来创新服务模式，例如辽宁中联物流公司就在沈北新区投资建设了沈北汽车物流园，主要由成品车配送中心、

---

① 参见国家发展和改革委员会经济运行调节局：《中国现代物流发展报告（2009）》，中国物资出版社 2009 年版，第 130—134 页。

存储中心、零部件生产制造中心、集装箱堆场等部分组成。与华晨宝马、华晨金杯、上海通用、东风日产、东风本田等多家汽车生产商进行合作，提供包装、运输、仓储、配送、多式联运及物流策划等服务，甚至还提供组装和加工服务，围绕汽车物流的价值链提供全方位服务。

第三，制造企业为提升竞争力也积极创新物流管理模式，例如沈阳机床有限责任公司成立了供应链管理部门，专门负责供应商资源和采购物流的整合，与关键供应商建立了战略共赢的合作体系。又如，华晨汽车集团针对零部件供应商分布范围广的问题，对零部件采购实行委托第三方管理和上线自管相结合的模式，供应商将零部件发给第三方物流公司，第三方物流公司按照汽车生产企业的生产计划组织分拣、配送到各生产线配送中心，再由企业内的物流部门送到各生产线。这一管理模式明显提高了物流的运作效率。①

四、长株潭城市群：区域物流一体化水平逐步提高

长株潭城市群按照区域物流一体化发展的要求，推进由交通基础设施平台、信息化平台和物流政策平台构成的物流支持体系建设。在物流交通基础设施建设方面，长株潭城市群已建成以长沙公路、港口主枢纽、黄花空港和株洲铁路枢纽为中心，以公路干线、铁路干线、湘江干流航线为骨架，建立多种运输方式协作的综合交通运输系统。在城市群信息化方面，长株潭三市突破行政区域限制，逐步降低三市固定电话和移动电话用户之间的通信费用，未来采用统一区号的大本地网，实现三市通信同费。另外，覆盖长株潭城市群的金融信息网络也已开通，城市群电子支付与结算的网络系统已投入运行，三市储蓄基本上实现通存通兑，票据实现同城清算，电子联行异地转账实现当日通，银行卡实现异地跨行联网通用，贷款信息实现联网查询和信息共享。在物流政策方面，湖南省对物流园区、物流节点和基础设施项目进行了空间布局规划，制定了物流发展的总体方向、阶段性目标和具体扶持政策以支持长株潭城市群物流的发展。

---

① 参见国家发展和改革委员会经济运行调节局：《中国现代物流发展报告（2010）》，中国物资出版社 2010 年版，第 137—140 页。

在长株潭城市群交通同网、能源同网、金融同网和信息同网的基础上，进一步实施统一规划和统一政策，城市群物流一体化发展的趋势逐渐明显，原有相对封闭的市级物流市场不断开放，垄断壁垒逐步清除，统一的物流大市场逐步形成，各制造企业也打破区域限制，积极与其它物流企业开展战略合作，城市群通过市场化手段整合物流资源，实现一体化运作。[①]

五、皖江城市带：依托优势产业发展专业化物流

皖江城市带内河航道总里程为 4440 公里，其中长江岸线资源 767.8 公里，包括马鞍山、芜湖、安庆三个国家级港口以及铜陵、池州和巢湖等重要港口。依托长江水道、沿江铁路和公路，以合肥和芜湖两个全国性物流节点为区域物流核心，以马鞍山、铜陵、池州和安庆等沿江港口为节点，通过江海联运，形成多层次的内河航运物流服务体系。以此为基础，皖江城市带主要依托优势产业或资源发展专业化行业物流：合肥充分发挥综合运输网络优势，以物流园区为载体，形成了以机械装备、家电为主的制造业物流；芜湖凭借拥有深水港的自然优势，发展成为煤炭、水泥、有色金属和钢材的中转地；马鞍山是全国重要的钢铁产业基础，重点发展原材料、钢铁、机械装备和汽车物流；铜陵是重要的有色金属产地，重点发展以金属、非金属矿和冶金产品集疏运港口物流；安庆则立足地方资源，发展煤炭物流和农副产品物流；滁州利用其处于合肥与南京之间的地理优势，发展商贸物流。

由于与江苏、浙江等经济发达地区接壤，皖江城市带也正在积极承接长三角地区的产业转移，已建成的高速公路框架网与长三角有六个接口，丰富的航运岸线资源使得其与长三角地区的联系更加紧密，在承接产业转移中，皖江城市带的现代物流业获得了更多的发展机会，但对其服务功能也提出了更高的要求，存在的问题也更加明显：一是物流服务水平还有待提高，皖江地区的物流企业规模偏小，综合服务能力有限，第三方物流的比例较低；二是区域物流一体化水平还不高，城市之间缺乏协调，没有明确的物流管理部

---

① 参见国家发展和改革委员会经济运行调节局：《中国现代物流发展报告（2009）》，中国物资出版社 2009 年版，第 164—168 页。

门，各部门容易出现条块分割，缺乏协调统一的产业政策支持，物流的信息系统建设滞后，企业物流网络尚未建成，第三方物流企业之间、企业与客户之间也缺乏合作。[①]

六、北部湾地区：物流发展面临诸多瓶颈

第一，北部湾地区物流需求的数量和层次都有待提高。由于该地区制造业发展仍相对落后，而外贸服务业发展迅速，因此，其物流需求主要源自外贸服务业，制造业物流的需求相对不足。但北部湾的外贸服务业主要源于与东盟各国的进出口商品贸易，其贸易以农产品和生活用品等低附加值产品为主，物流需求也只限于运输、仓储、代理等简单服务，因此，服务功能单一，物流需求层次低。

第二，物流基础设施的整体规划有待进一步协调。北部湾地区的物流基础设施建设仍相对薄弱，公路、铁路、港口和机场等不同运输方式之间的有效衔接和配套设施发展滞后，与周边省份的陆路通道、沿海港口的基础设施建设有待加强，港口集疏运体系有待完善。另外，部分物流基础设施存在定位不清、重复建设、缺乏协调的问题，物流需求不足导致了其利用率较低。

第三，由于北部湾地区物流产业起步较晚，区内物流企业管理的专业化程度和服务水平有待提高。虽然物流企业数量在不断增多，但大多数是经营能力较低的民营企业或个体经营户，企业规模普遍偏小、技术装备落后，物流信息平台有待健全，网络化经营能力尚未形成，专业化、规范化和高水平物流服务的供给能力不足。

最后，北部湾地区跨区域物流资源整合和协调管理水平不够高，各种物流设施和物流渠道资源的整合不充分，导致物流企业难以有效利用跨区域物流运输网络，造成各种物流资源分散、全程物流服务不足以及物流运作效率较低等问题。[②]

---

① 参见国家发展和改革委员会经济运行调节局：《中国现代物流发展报告（2010）》，中国物资出版社 2010 年版，第 165—167 页。

② 参见国家发展和改革委员会经济运行调节局：《中国现代物流发展报告（2010）》，中国物资出版社 2010 年版，第 196—199 页。

第三章　湖北现代物流业发展现状分析

第一节　湖北现代物流业发展态势与问题

湖北省位于我国中部，居长江中游的洞庭湖之北，东西长约 740 公里，南北宽约 470 公里，总面积 18.59 万平方公里，占国土陆地面积的 1.94%。从历史上看，湖北曾在全国商贸流通中发挥过重要作用，"货到汉口活"便是例证；改革开放以前，由于我国的计划经济体制一直处于高度集中的状态，物资的生产、运输、仓储、销售环节统一由国家控制，湖北商贸流通和自主性物流业发展有所延缓；进入 21 世纪以来，湖北开始从传统商贸流通向现代物流加速转变。在 2002 年湖北省第八次党代会上，湖北首次把发展现代物流业列入了全省现代化建设的四大奋斗目标，与优质农产品产业、现代制造产业、高新技术产业等重点发展产业摆在同等重要的位置。"十一五"时期湖北现代物流业的迅速发展也体现了其战略地位的提升以及未来巨大的发展潜力。

一、湖北物流市场的需求状况

随着湖北经济、对外贸易的迅速发展以及承接国内外产业转移的背景下，社会物流需求规模和层次均有了显著提升。2005 ~ 2010 年间，湖北社会货运量和货物周转量均实现了快速增长，货运量从 50316 多万吨增长至 97006 多万吨，货物周转量从 1689.86 亿吨公里增长至 3370.37 亿吨公里。从运输方式看，公路运输仍然是湖北地区最主要的货运方式，而水运所承担的运量也在明显增加（见表 3—1 和表 3—2）。

表 3—1：2005 ～ 2010 年湖北货运量状况

年份	货物量 （万吨）	铁路 （万吨）	公路 （万吨）	水运 （万吨）
2005	50316.82	8491	33481	7944
2006	52884.55	8990	35361	8242
2007	58523.47	9728.5	39568	9027
2008	75777.94	10202	52759	12681
2009	82714	9839	59563	13305
2010	97006.94	10145.6	71020	15832

资料来源：根据《湖北统计年鉴》（2011 年）相关数据整理。

表 3—2：2005 ～ 2010 年湖北货物周转量状况

年份	货物周转量 （亿吨公里）	铁路 （亿吨公里）	公路 （亿吨公里）	水运 （亿吨公里）
2005	1689.86	987.6	251.2	443.2
2006	1730	1021.4	266.1	437.9
2007	1902.17	1138.2	302.1	458
2008	2699.97	1096.9	789.4	810.46
2009	2808.46	1032.4	930.1	845.18
2010	3370.37	1144.6	1079.13	1145.52

资料来源：根据《湖北统计年鉴》（2011 年）相关数据整理。

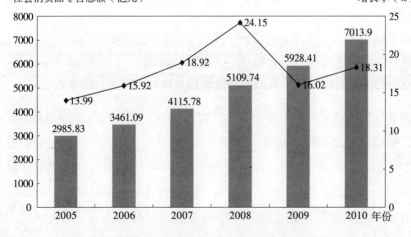

图 3—1：2005 ～ 2010 年湖北社会消费零售总额及增长率

资料来源：根据《湖北统计年鉴》（2011 年）相关数据整理。

在国家一系列拉动内需政策的带动下，湖北地区社会消费品零售业发展迅速，2005～2010年间，湖北社会消费品零售总额从2964.6亿元增长至5928.4亿元，年平均增长率为17.4%，如图3—1所示。湖北社会消费品零售业的快速发展为商贸及配送物流发展提供了良好的机遇，伴随着地区社会消费品需求总量及层次的进一步提升，湖北商贸物流及配送物流将迎来更加广阔的发展空间。

另外，武汉天河机场的货邮吞吐量一直呈上升趋势，从2006年的73770吨增长至2009年的101874.7吨，年平均增长12.63%。在与中部地区其他主要机场货邮吞吐量的比较中，也一直处于首位。航空物流作为高端物流服务，主要服务于电子、精密仪器和生物制药等高新技术产业，未来随着湖北高新技术产业的进一步发展以及地区产业结构的不断优化，地区航空物流的市场需求将进一步扩大。

表3—3：2006～2009年中部地区主要机场货邮吞吐量比较

机场	2006年		2007年		2008年		2009年	
	货邮吞吐量	增速（%）	货邮吞吐量	增速（%）	货邮吞吐量	增速（%）	货邮吞吐量	增速（%）
武汉	73770.0	15.2	89595.7	21.5	89852.8	0.4	101874.7	13.4
长沙	62571.3	19.5	68668.9	9.7	71151.9	3.7	86995.0	22.3
郑州	50824.2	13.7	65599.8	29.1	64655.3	-1.4	70533.0	9.1
太原	27889.0	-6.3	27909.3	0.1	31511.4	13	34495.7	9.5
南昌	23744.5	36.7	25456.6	7.2	23571.2	-7.3	24524.4	4.0
合肥	21455.4	10.7	21836.5	1.8	23844.0	9.2	28115.8	17.9

资料来源：根据中国民航总局2007～2010年民航机场生产统计公报相关数据整理。

湖北省物流需求规模的不断扩大推动了物流产业规模的持续提高，是促进地区物流业发展的根本动力。2006年至2010年，湖北全省社会物流总额由17586亿元增长至35275亿元，年均增长14.9%；物流业增加值从542亿元增加到1100亿元，年均增长15.2%，占全省GDP的比重保持在7%左右，占全省服务业增加值的比重达到17.5%左右（具体见表3—4）。可见，物流业逐渐成为湖北省服务业的重要支柱和国民经济新的增长点，正由起步阶段向快速发展阶段过渡。

表 3—4：湖北省 2006 ～ 2009 年物流发展指标

指标	单位	2006	2007	2008	2009	2010
社会物流总额	亿元	17586	21158	24813	27309	35275
物流业增加值	亿元	542	660	799	903	1100
物流业增加值占服务业比重	%	17.42	17.31	17.89	17.61	18.17
物流业增加值占 GDP 比重	%	7.15	7.07	7.05	6.97	6.89

资料来源：根据《中国物流发展报告（2010 ～ 2011）》和《湖北统计年鉴》（2011 年）相关数据计算得出。

二、湖北现代物流业的发展态势

"十一五"期间，我省积极引导培育物流企业发展，努力策划实施物流重点项目，区域物流功能显著增强，物流服务水平不断提高，全省现代物流业呈现出良好的发展态势。

（一）现代物流的理念得以推广应用

信息化与供应链管理等现代物流理念在物流领域逐步推广应用，物流服务水平不断提升，物流运行效率明显提高。武钢、神龙等大型制造业企业积极引入供应链管理理念，呈现出由相对独立的内部物流机构向第三方物流发展的趋势，采购、生产、销售和物品回收物流的一体化运作稳步推进。中百仓储进一步整合全省农产品供应链，积极发展区域性配送，超市净菜供应品种和供应量明显提高，已成为全省农产品物流的骨干企业。九州通集团积极运用现代物流管理技术和手段，已发展成为全国医药流通行业的第三名。山绿、肉联等冷链企业加大高低温冷库的现代化管理投入，为全省生鲜农产品提供了冷链物流服务。一大批现代物流企业建立了与企业相适应的信息网络，江通物流的银河货运网为我省及周边城市中小型物流企业提供了良好的货运信息服务。诚通、工贸、武商量贩等企业引入数字化高架立体仓、标准化托盘等，物流运行效益不断提高。

（二）现代物流的基础性建设不断加强

物流设施、标准、技术、人才等基础性工作积极推进，为湖北物流业的发展奠定了良好的基础。物流基础设施日益完善，区域型、国际化、物流化的铁路货运新格局初步形成。"十一五"期间，湖北逐步形成以武汉、宜昌、襄阳和恩施等机场为依托的航空物流网；以武汉新港、宜昌新港为枢纽，以长江、汉江干线码头等为主要节点的内河物流网；以京广、京九、武广、焦柳、汉渝、汉十—武合、汉渝—武九等为依托的铁路物流网；以京珠、沪蓉、闽乌高公路速及 107 国道、318 国道为依托的公路物流网。截至 2010 年底，湖北铁路运营里程达到 3300 公里，在全国率先进入高铁时代；全省高速公路通车总里程 3673 公里，居全国第六位，公路总里程达 20.6 万公里；水运通航里程约 8988 公里，港口吞吐能力约 2.4 亿吨，武汉新港已成为亿吨大港；油气管道 3063 公里。

武汉作为湖北物流业的核心区域，其新港建设全面提速，沌口、汉口、汉阳、青山、阳逻、左岭六大港区协调发展，武汉至上海洋山"江海直达"和武汉阳逻港至台湾台中港"汉台快运"已正式启动。从武汉出城的汉孝、和左、汉英、汉麻、汉洪、青郑、汉蔡等七条高速公路全部建成通车，绕城公路全线贯通，公路运输网络基本形成。天河机场二期投入使用，东海航空全货机投入运营，武汉成为中部地区唯一开通全货运定期国际航线的城市。

物流标准化工作积极推进，全力配合国家有关部门制定现代物流标准，着手引导重点物流企业和有条件的企业加快实行内部分类标准，托盘、集装箱和厢式货车运输等物流标准在中原、诚通、捷利、德邦等第三方物流企业中得到广泛应用。物流统计、人才培训和技术创新等工作也取得了明显成效，成立了武汉物流协会，武汉大学、武汉理工大学、华中科技大学等一批高等院校开设了物流专业，为"十二五"时期武汉市物流业发展奠定了良好基础。

（三）现代物流的市场主体迅速发展

"十一五"期间，湖北省物流行业通过改制国有企业、鼓励发展民营企业、吸引外资企业逐步形成了多种所有制、"大、中、小、特"多种类型物流企业共同发展的基本格局。一些传统运输、仓储企业实行功能整合和服务延伸，加快向现代物流企业转型，一些制造业企业逐渐剥离物流业务，加快向社会化物流转型，各类物流企业通过专业化服务和运作，形成多层次、多种服务模式的现代物流企业群体。一批物流骨干企业加速成长，目前全省各类物流企业已达7599家，其中，5A级3家，分别是武汉商贸国有控股集团、华中航运集团、九州通医药集团股份公司，4A级19家，3A级18家，2A级11家，物流企业数量和质量均有明显提高。通过各类物流企业的专业化服务和运作，全省初步形成以商贸、交通、仓储为主要物流服务功能，依托自身优势，发展特色业务和专业物流的态势。湖北物流市场也不断吸引国内外物流企业前来投资经营，有以DHL、锦海捷亚、普路通为代表的国际货代企业，有以TNT、德邦物流、盛辉物流为代表的第三方物流企业，还有以京东商城、苏宁电器、亚马逊为代表的仓储配送企业。

（四）物流园区和物流中心建设稳步推进

"十一五"期间，我省物流园区建设加快推进，仓储、配送设施现代化水平不断提高，一批区域性物流中心正在形成，物流布局日趋合理。全省已建、在建和规划中的物流园区共141个，其中，已运营33个，在建58个，另有50个在规划中。武汉、黄石、宜昌、荆州、襄樊、十堰等城市已逐步形成"物流圈—物流枢纽城市—物流基地（园区）—专业物流中心"相结合的现代物流服务网络体系。武汉的阳逻物流园区、舵落口物流园区、高桥现代物流中心、东西湖保税物流中心（B型），宜昌的三峡物流中心，襄樊的国邦物流园等物流园区（中心）以及荆门的九禾石油化工物流园区都在规划或建设过程中，部分已经投入运营且取得了初步成果。

（五）物流发展的外部环境不断优化

2009年至2011年，国务院相继出台了《物流业调整和振兴规划》和《关于促进物流业健康发展政策措施的意见》。湖北省也于2009年印发了《湖北省物流业调整和振兴实施方案（2009～2011年）》，建立了现代物流工作联系会议制度，而后，又成立了湖北交通运输厅物流发展局，这也是全国首家交通物流发展机构。湖北省的物流统计核算和标准化工作，以及人才培养和技术创新等行业基础性工作取得明显成效。在公共信息平台建设方面，湖北电信网、计算机网络等已颇具规模，综合通信能力明显增强。省内相关行业电子数据交换技术（EDI）及地理信息系统（GIS）等研发走在全国前列，为现代物流业信息化建设提供了有利的技术支撑。

三、湖北现代物流业发展存在的问题

虽然近年来湖北省在物流业发展方面成效显著，但仍然存在着物流综合能力滞后、物流企业竞争力较弱、物流空间布局不尽合理、发展环境有待进一步改善等方面问题。

（一）物流综合能力与需求不适应

2010年，湖北交通运输邮政业的增加值为749亿元，低于同为中部省份的河南和湖南两省；货运周转量在中部地区仅居第三位，低于河南和安徽；货运量在中部六省处于最后。究其原因，在于湖北物流产业发展的质量和效率偏低，物流企业组织化程度较低，产业集中度不高，综合物流能力较为滞后，跨部门跨地区物流能力难以有效形成。现有的物流基础设施网络整体上还不能适应湖北经济和社会发展的需要，特别是难以满足制造业的需求，导致制造业物流整合外包的比例偏低，物流业与制造业、商贸业联动发展的格局尚未形成。

（二）物流企业的实力有待增强

第一，大宗商品物流主要集中于大企业内部下属企业，物流设施分散，制造企业的物流组织和业务流程不尽合理，导致下属的物流企业在拓展市场、提高绩效、运营资本方面面临很多困难。第二，独立的物流企业"小、散、乱、弱"问题突出，总体规模偏小，资源分散，服务功能单一，物流装备和技术水平不高，物流技术标准化尚未进入实质阶段，并且大部分还属于传统物流业态，目前湖北提供物流咨询服务的企业仅占13.6%，提供物流信息平台服务的企业也仅占16.5%，大多数物流企业的主要服务功能还是以传统的仓储、运输、配送、流通加工为主。第三，物流基础设施建设投资规模大、周期长，因此，开辟多元化的融资渠道十分必要，然而，湖北建设物流基础设施的融资渠道单一，特别是物流设施的资产证券化步伐明显滞后。

（三）物流布局有待进一步完善

由于湖北省部分物流园区在前期市场研究、分析上的不充分，导致部分

建成或在建的物流园区缺乏明确的目标定位、功能定位、商业模式定位以及目标客户定位，各城区物流产业定位和功能分工不够清晰，同业竞争现象明显，从而导致物流资源的浪费，在建和建成的物流园区运营率明显低于东部沿海地区。并且物流产业空间集聚水平还不高，物流园区或节点之间缺乏衔接，各园区独自运作影响了物流服务的效率和物流企业的效益。

（四）物流发展环境有待进一步优化

第一，物流发展的体制性障碍依然存在，没有形成合力，管理、税收、土地使用、货运代理、运输配送等方面的扶持政策还需进一步完善，例如在税收政策方面，税率不统一、重复纳税问题突出；在经营成本方面，过路过桥费、仓储租赁费用高；在土地资源配置方面，较高的物流业用地成本制约了大型物流企业落户和物流基础设施建设投资；另外，市场监管、行业服务、诚信认证等管理也亟待加强。第二，内河航道缺乏整治，铁路和水路衔接不畅，运输组织化程度低，多式联运等先进物流组织形式没有有效开展，集约化经营格局尚未形成，空载往返运输和非规模化现象严重。第三，尽管一些院校开设了物流专业，但是以物流科技创新和知识型物流人才为核心的物流教育目标体系还未形成，物流人才培养、引进、激励机制尚不健全，物流人才，尤其是中高级人才短缺，以武汉东西湖区为例，物流企业从业人员中受过物流学历教育的人数仅占物流企业从业人员总数的15.2%。第四，物流行业的信息化管理较为落后，没有形成规范、权威、真实、准确的信息市场和信息共享平台，资源难以共享互通。

总体上讲，湖北的经济发展对物流业提出了更高的要求，加快湖北现代物流业发展，增强为生产发展提供服务的功能，是湖北经济新一轮发展的必然要求。

第二节 湖北现代物流业发展优势与劣势

一、湖北现代物流业发展优势

湖北地处我国中部，长江中游，贯通南北，东邻经济发展水平最高，技术优势明显的地区，西接近年经济发展速度较快，资源优势明显的西部大开发地区，假设以武汉为圆点，北至北京、天津，南至广州、厦门，东到上海、南京，西抵重庆、西安，这些路程大约都在半径 1100 公里范围之内。湖北处在这样一个重要的枢纽地带，物流辐射范围相当广泛，使得其在建设成为中部乃至全国重要物流中心的过程中，拥有天然的区位优势，除此以外，湖北发展现代物流业的优势还体现在以下几个方面：

（一）市场优势

市场需求是经济活动开展的客观基础，也是产业发展必不可少的基石。物流业的发展首先离不开市场需求，湖北省发展物流有着独特的市场优势，主要表现在以下几个方面：

1. 湖北是我国重要的商品集散中心。改革开放以来，通过日益完善的市场建设，加速了国内市场与国际市场的融合，促进了资本、技术、劳动力、信息等生产要素市场的形成和发育。从运输市场看，湖北拥有华中最大的仓储物流网络；从商品市场看，2010 年有各类贸易批发零售市场 4919 个，初步形成了在中西部地区有特色、在全国有影响的国际国内机电产品、光电子信息产品、服装和农产品等多个交易中心。从服务平台看，湖北有国内规模比较大的金融、保险、咨询产业和正在建设中的高速、宽带、大容量的信息网络。

2. 湖北物流的现实需求旺盛。湖北产业结构的重化工业比例已达 70% 左右，能源、原材料供应和产品销售大部分依赖省外市场，长江航运承担了其中 95% 的外贸集装箱中转运输，特别是诸如武钢、石化、神龙等大型企业对水运有着很大的需求。近年来，湖北水运市场发展强劲，三峡工程蓄水通航后，运力、运量和经济效益成倍增长。2004 至 2009 年间，湖北长江干线港口的货物吞吐量年均增长 7.7%，2010 年，武汉新港的货物吞吐量已突破 1 亿吨。

3. 湖北物流的潜在需求巨大。预计"十二五"期间，湖北 GDP 年均增长速度将保持在 10% 左右，2015 至 2020 年将保持在 6.6% 左右。特别是制造业涉及到大量的原材料、半成品和成品的进出口贸易，主要产品以货值较高的适箱货为主，这必将对集装箱运输产生更大的需求。与此同时，湖北正在沿江布局建设一批重大工程项目，例如武钢 1400 万吨钢工程、武汉 80 万吨乙烯工程、荆门 40 万吨石化工程、东风 100 万辆汽车工程等。此外，三峡工程、南水北调中线工程、汉江现代水利示范工程、长江航道的整治工程都为湖北水运的发展创造了有利条件。

4. 湖北居民生活消费持续增长也为物流业发展提供了相应的市场需求。随着湖北经济发展速度的不断增加和人民收入水平的不断提高，消费品市场也将快速增长，特别是"家电下乡"等民生工程的开展，农村消费市场进一步搞活，由此带来的物流市场是巨大的。

当然，我们在看到湖北 GDP 总量与增长速度快速增加、居民收入水平持续提高、投资与消费强劲拉动等带来的巨大市场需求的同时，也要清醒地认识到这种市场优势在湖北省很大程度上表现为一种潜在的优势与现实的劣势。

（二）交通优势

建国后，湖北省的交通运输业迅速发展，武汉、襄樊等地已经成为重要的铁路枢纽。在全国航空网中，武汉所处地位很高，是发挥主要作用的空港之一。长江更使湖北省与沿江省、市紧密联系，武汉市作为国家重要的内陆港口，在水陆联运中发挥着不可忽视的作用。在国家公路网中，湖北省通过省境的八条国道和两条国道主干线使之成为公路网中的重要连接点，同时，国家西部开发大通道的沪蓉、银武高速公路和四通八达的公路网更让湖北省成为了西部大开发的"桥头堡"。

1. 道路运输。截止到 2010 年底，湖北公路通车总里程是 206212 公里，其中高速公路里程为 3674 公里，一级公路里程为 2210 里，二级公路里程为 16159.2 公里。全省所有的乡镇和 85.3% 的行政村公路已经畅通无阻。而且公路密度每百平方公里达到 98.9 公里。

以武汉为枢纽的高速公路和长江水道正在逐步建成，全省综合物流业可依托这样的优势，着重调整交通运输结构，整顿运输市场，拓展新型运输方式，如可以发展高速客运、快速货运、水陆联运等。

2. 水路运输。湖北省境内水资源相当丰富，其中大小河流共 1193 条，总长 3.5 万公里，充分具备发展水路运输的必要资源条件。截止到 2010 年底，全省已经通航的河流有 194 条，通航里程为 8988 公里（含省境内长江里程 1038 公里）。同时，全省共有港口 51 个，泊位 2280 个，码头岸线总长 131174 米，其中最主要的三个港口是：武汉、襄樊、宜昌，其它大部分港口都主要集中在长江、汉江，其中位于长江的港口有 24 个、位于汉江的港口有 13 个。在运输资源方面，全省的客货运输船舶有 5904 艘，专业化船舶中客货滚装船 213 艘、液化气船 18 艘、油轮 105 艘；得到明显发展的是江海直达货船，目前船舶数量已达到 102 艘，占专业化船舶总量的近 50%。2010 年港口货物吞吐量为 18782.67 万吨，同比增长 2111 万吨，增幅约为 12.7%。尤其是武汉新港建成，将会使得整个湖北水运的综合资源得到进一步的有效整合，从而发挥更强的集聚作用。

3. 铁路运输。作为中国铁路运输最繁忙的运输线之一，京广线纵跨省境东部，过境物资的运输量远远超过省内物资的装卸量。物流以建材、粮食、煤炭、木材、水泥等为主。省内外铁路运输的主干线是由 20 世纪 70 年代新建的南北向铁路干线——焦枝线和枝柳线经省境西部，汉丹和襄渝线横贯全省中部和西北部，分别在南北向与武汉、襄樊两条铁路干线相交构成，这更充分体现了湖北省铁路运输的枢纽地位。尤其引人瞩目的是武广高铁的开通，将湖北带入了"高铁时代"，这进一步凸显了湖北省在全国铁路运输体系中的枢纽作用。

4. 航空运输。全省民航系统是由 1 个行业管理机构、4 家航空公司（南航湖北公司、武汉直升机通航、武航和荆门通航）及 5 个民用机场（天河、三峡、沙市、恩施和襄樊机场），1 个军民合用机场组合而成的。在"九五"期间，全省已经开通了国内、国际及地区航线 72 条，可直接到达全国 57 个城市。其中武汉天河机场作为华中地区的规模最大、功能最齐全的现代化航空港，尤其是天河机场三期工程设计为 4E 级国家一级民用兼国际备降机场，是全国十大机场之一。

（三）产业优势

区域物流的发展和区域经济、区域贸易的发展关系紧密且互为条件。一方面，区域经济和区域贸易的发展为区域物流的发展提供了机会，另一方面，区域物流的发展又为区域经济和区域贸易的发展提供服务。只有当区域物流服务于区域经济时，区域物流才能在全国乃至世界物流体系中发挥更大的作用。一般而言，物流中心是商品集散和加工的中心，除了为商品流通提供完备的物流基础设施外，还具有流通人力资本高，消费集中且需求量大，交通与信息流动便利等特点，此外，城市作为经济发展的区域性中心，扮演着"中心地"与"增长极"的作用，城市通过发挥"极化"作用将其周围地区连结成一个商品流通网络，从而推动区域性物流中心的形成与发展。

近年来，湖北省的综合实力不断增强，但其经济发展潜力还有很大的提升空间。在产业结构调整方面，以武汉为中心，不仅大力发展以光电子信息技术、生物工程、新材料、新能源、环保技术为主体的高新技术产业和现代服务业，还积极参与国际分工，承接发达地区的产业转移。

第一，作为农业大省，同时也是我国主要的农业基地，湖北省主要生产粮、棉、油、生猪等农副产品。随着对外开放领域层次的不断提升，湖北的农业经济作物（如水果、蔬菜、茶叶等）在国际市场上的竞争优势日益显现。同时，湖北省凭借丰富的自然资源与劳动力资源，其畜牧业和水产养殖业的竞争优势也会越来越明显。良好的农产品产业优势和对外出口的确强劲势头，为湖北大力发展特色农产品物流、冷链物流等奠定了坚实的基础。

第二，湖北省是我国重要的老工业基地，已经建成以钢铁、机械、电力、纺织、食品为主体、门类齐全且具有相当规模的综合性工业生产体系，目前，武汉钢铁（集团）公司、东风汽车公司等大型企业已跻身全国 50 强，随着"武汉—中国光谷"粗具规模以及长江三峡工程的建设，湖北吸引了越来越多的跨国公司前来投资，相当一批企业相继在此设立分部并建厂生产，逐步形成了以武汉为中心的大武汉经济圈。湖北新型工业体系的建设对综合货运、客运以及现代物流的发展提供了巨大的市场需求。

第三，第三产业的兴旺发达，是现代化经济的一个重要特征。湖北省的第三产业在全国具有较强的竞争优势，具有现代产业结构特征的新兴行业。如通信、咨询、金融、房地产、广告业等取得了较快发展，公共服务业、居民服务、租赁和计算机应用等社会服务业以及科学研究和综合技术服务业不断壮大。第三产业的发展为湖北建立完善的市场体系以及构建全国性的商贸中心提供了基础性服务，同时也为物流业的发展提供了更多机会，而注重以电子商务为代表的物流业的发展进一步推动了湖北省物流业发展的现代化。

第四，物联网技术正在引领新一轮的物流技术革命，推动现代物流业效率和服务水平的进一步提高。特别是以运输技术、配送技术、装卸搬运技术、自动化技术、库存控制技术、包装技术等专业技术为支撑的现代化物流装备技术格局正在形成，物流新技术的应用为湖北提升物流水平创造了条件，技术与应用创新已经成为湖北现代物流业发展的重要保障。

（四）体制机制优势

湖北人素来有敢为天下先的创新勇气，在解放思想、制度创新等方面也具备较大优势。在制度创新优势上，武汉城市圈"两型社会"综改区获批，国家赋予了湖北武汉在制度创新上独特的"先行先试"优势，对涉及了现代物流业科学发展、发展方式转变以及体制机制创新等方面的一系列新政策、新措施，湖北各级政府都可以大胆改革试验。此外，随着武汉成为国家服务外包试点城市、武汉东湖高新区成为国家自主创新区域等一系列优惠政策出台，国内外各类创新资源、人才和科技等因素都会向武汉集聚，从而为湖北现代物流和体制机制创新提供良好的环境。"十二五"时期，现代物流管理体制机制创新将进入攻坚阶段，湖北省将按照精简、统一、高效的原则和决策、执行、监督相协调的要求，建立政企分开、决策科学、权责对等、分工合理、执行顺畅、监督有力的物流综合管理体系，逐步建立统一开放、竞争有序的物流服务市场，有利于促进物流资源的规范、公平、有序和高效流动。

（五）科教人才优势

湖北是国内科技与教育的发达地区，仅武汉城市圈内就拥有科研机构105所、高等院校52所，两院院士50多位，科教优势与人力资源优势突出，是全国第三大科技教育中心，武汉东湖地区是我国仅次于北京中关村的第二大智力密集区，人力资源相当丰富。许多重点院校学校都相继开设了与物流管理相关的专业，培养了大批的物流人才，为现代物流业的发展储备了人才，这些为湖北在与物流建设和管理方面相关的科研开发和理论创新提供了基本保障。

（六）"大武汉"优势

"大武汉"是"中部之中"，自古就有"九省通衢"的美称。湖北省发展优势集中体现在"大武汉"上，伴随着武汉城市圈的快速推进和"两型社会"的成功批复，"大武汉"与省内其他城市，特别是与中部六省其他省会城市相比，优势更为明显。"大武汉"是湖北构建中部地区崛起的重要战略支点，是能够带动湖北省现代物流业发展的重点区域。

1."大武汉"区位交通优势凸显。集中体现在四大方面：在水运上，大武汉水系发达，水运畅通，2009 年大武汉全年水运货物周转量为 584.63 亿吨公里，大武汉是长江中上游的最大港口；在铁路运输上，大武汉铁路运输四通八达，京九铁路纵穿南北，合武高速与武渝铁路横贯东西，武广高铁更是凸显了武汉的交通中心地位，2009 年大武汉全年铁路货物周转量为 1499.1 亿吨公里，大武汉作为中国腹地的大型铁路枢纽，在周边十省范围内仍具有不可替代的作用；在公路运输上，武汉城市圈"8+1"中高速出口公路建设已全部启动，部分已建成，形成 1 小时经济圈，高速公路网的形成更为便捷地沟通了大武汉与十省的交流联系，2009 年，大武汉全年公路货物周转量为 293.14 亿吨公里；在航空运输上，大武汉的天河机场具有很强的通航能力，继北京、上海、广州之后的全国第四大枢纽机场，更是中国腹地的大型空港，大武汉航空港成为大武汉在空运方面的战略地位十分重要，2009 年，大武汉全年航空货物周转量为 7.91 亿吨公里。

2."大武汉"整体竞争力最强。大武汉是中部六省唯一的副省级城市，无论是经济总量、生产规模还是发展质量，在中部六省省会城市中均具有明显的优势。中国社科院提供的关于我国城市竞争力的评价报告中指出，在城市品牌竞争力四大因素排名中，大武汉的城市总体品牌竞争力、城市营销品牌竞争力、城市旅游品牌竞争力、城市原产地品牌竞争力在中部六个省会城市中均排名第一；在城市综合竞争力六大因素排名中，大武汉综合排名在中部六个省会城市中列第二位，规模竞争力排名第一；在城市分项竞争力十二大因素排名中，大武汉有七项竞争力在中部六个省会城市中排名第一，一项排名第二，两项排名第三。

3."大武汉"产业实力较强。大武汉是我国中部地区重要的老工业基地，在我国近现代工业史上占有一席之地；新中国成立后，国家亟须建设现代工业发展体系，在全国工业基础较好、区位条件较优的中心城市布局了一大批重大工业项目，大武汉成为国家重点建设的工业基地之一，奠定了大武汉作为全国重要工业基地的战略地位。工业是经济实力的最主要标志，是财政收入的主要来源。大武汉工业经济与郑州、长沙、合肥、南昌以及太原相比，优势显而易见。

4."大武汉"要素聚集度高。生产要素是拉动经济发展的主要动力。从招商引资来看，大武汉筹集、引进资金的能力较强；从融资能力比较，大武汉吸纳资金能力较强；从利用外资来看，大武汉引进外资金额大大超过中部其他五个城市；从科教实力比较，大武汉在中部地区占有绝对的领先优势，大武汉是全国第二大智力密集区，第三大科技教育中心。大武汉所具有的要素聚集优势是中部其他任何区域都不具备的，一旦得到国家政策的有利支持，这种优势就会转化为现实的生产力。

二、湖北现代物流业发展的劣势

湖北现代物流业发展除了有着历史形成的良好优势之外，还存在着部分劣势。这些劣势既有历史上形成的，也有现实中产生的；既有体制方面造成的共性劣势，也有特殊劣势，主要表现在以下几个方面：

（一）物流市场的成熟度较低

第一，湖北大多数企业，尤其是国有企业，缺乏现代物流理念，由于对物流作为"第三方利润源泉"的错误认识，企业一般都自建物流系统，不愿意向外寻求物流服务，造成"大而全"、"小而全"的工业与商业联运的发展模式，致使物流的需求主体市场不成熟；第三方物流企业多是由传统的运输、仓储等行业转化而来的，物流企业的集中度低、功能单一，使得物流的供给主体市场也不成熟。不少企业对国际现代物流的发展现状和未来趋势知之甚少，致使其对物流的认识仅停留在传统的运输加储存阶段。与传统的物流不同，现代物流是一项充分利用通讯和信息技术的系统工程，它有效地整合了生产商的原材料供应链及市场中的商品供应链，使之形成社会化的高效集成供应链，从而提升整体经济运行的效率。据有关调查资料显示，目前湖北省约有 40% 的企业物流全部自理,受委托代理的仅占 20% 左右;企业自建仓库的高达 70%,全部租用仓储设施的仅占 7.4%;企业在市内自行配送产品的占 44.5%,全部委托配送的仅占 3.7%;企业原材料(零部件)、产品采用委托运输的比重仅为 18.5% 和 9.2%。

第二,现代物流业是跨部门、跨行业、跨区域的复合型产业。当前,湖北全省物流行业庞杂、条块众多、区域分割现象严重。运输、仓储、内贸、外贸等自成体系,资源分散,缺乏整合,难以形成社会化的供应链条和系统化的物流体系。在这种背景下,跨部门的综合性物流服务难以发展,商流、物流、资金流和信息流相互协同并高效运作的统一市场尚未形成。

第三,湖北省物流市场的运作不规范,缺乏必要的法律法规和标准,物流业管理体制存在不少障碍。虽然目前湖北省建立了多部门参加的现代物流业发展联席会议制度,但由于在管理上涉及到发改委、商务、交通、铁路、民航、邮政、海关、质检、信息等诸多部门,因此政出多门,条块分割,各自独立发展,缺乏统筹规划和整体协调,难以形成合力。

第四,湖北省现代物流的产业规划缺乏科学性、市场主体缺乏自主性、物流信息交流缺乏通畅性、金融服务担保缺乏安全性等,加之湖北省经济发展的不平衡性,使得湖北现代物流业的发展面临不少劣势。

(二)现代物流企业偏少

从总体上来看,湖北省的物流企业可以分为以下几种类型:一是从传统的交通运输企业或者货运代理企业转型而来;二是在传统储运企业的基础上改造而成的配送中心;三是从大型工商企业的运输后勤部门分离而成立的公司;四是专门成立的物流公司。由此可以看出,前三类物流企业基本上是由起初具有运输能力的企业转型而来,它们各具优势。一般而言,这类物流企业的运输网络已经初具规模,并且拥有面积较大的仓储设施和相对丰富的客户资源,能够提供专业化程度较高的物流服务。但另一方面,这些企业信息化程度不高,物流服务质量较低,只能满足供应链中的某一个环节需要,难以提供一体化供应链解决方案。按照现代化物流发展的要求,其竞争力较弱且缺乏品牌效应。特别是缺乏大型物流企业和龙头物流企业,竞争力不强,服务不好,尚未形成代表性的民营物流企业。以武汉为例,其现有物流企业逾1500家，但多数是由从事运输、仓储的企业发展而来，规模较小，功能不齐备，服务方式比较原始单一。大多数缺乏流通加工、库存管理、物流信息服务以及物流成本控制等增值服务，尤其是在物流方案设计以及全程物流服务等方面还存在很大的空白，一般只能提供简单的运输和仓储服务。目前武汉市还没有严格意义上的大物流企业，武汉的中铁、中远等也是去全国性的，像上海安吉天地、广东宝供物流等代表性的民营物流企业在武汉还不存在。因此，缺少龙头物流企业是武汉市物流业发展中存在的一个很大的缺陷。

（三）现代物流技术匮乏

目前，从湖北全省范围内看，信息技术在传统物流中应用程度较低。由于湖北省物流信息化建设资金投入短缺，政府、企业和社会多元投资、融资机制尚未形成，难以满足物流产业和市场对信息化高速发展的需求，致使湖北省物流信息服务业发展缓慢，还处在市场培育初期，与信息制造业较为发达的局面极不相称。

全省缺乏一个有效的公共信息平台，难以进行有效沟通。例如政府公共信息资源公开或共享机制；社会上大型数据服务企业和软件服务企业原本数量就不多，导致了第三方物流企业很难获得必要的信息技术支持；物流企业信息化程度较低，电子订货系统、管理信息系统、企业资源计划系统，以及自动识别技术、自动机械技术、自动跟踪技术等先进的电子数据交换系统应用较少，软件体系及数据标准不统一等。

另外，现代物流业的标准化程度不高。主要表现在各种运输方式之间装备标准不统一，各种物流功能、要素之间难以做到有效衔接和协调发展，物流技术标准化程度偏低。如现有的托盘标准与各种运输设备、装卸设备标准之间缺乏有效的衔接，这对各种运输装载率、装卸设备荷载率、仓储设施空间利用率方面的影响较大。

同时，物流技术落后导致的物流过程损耗严重，以农产品物流为例，主要体现在以下几个方面：一是运输环节，各种运输方式衔接不配套，装卸自动化水平低，缺少智能化运输设备和专用工具；二是包装环节，包装技术落后，农产品在流通过程中易于污染和腐烂，损失巨大，而且农产品的包装档次低，不利于农产品的销售；三是保鲜环节，目前湖北省农产品的冷藏链物流尚未形成，仍是以常温物流或自然物流为主，在整个物流链条上，未经加工的农产品占了绝大部分，仓储、保鲜技术的落后造成这些产品的腐烂、变质，损失严重；四是信息处理环节，过程控制自动化和综合业务管理信息化程度较低，视频、卫星定位、射频、条码识别、传感等技术还未得到普遍应用，农业物流信息系统的开发相对滞后。

（四）现代物流人才不足

现代物流业的竞争首先是人才的竞争。目前湖北省内有众多的物流公司，但系统掌握物流知识的管理人才却极其缺乏，员工素质低，服务意识差，缺少市场开拓的主动权，不能支撑物流业的发展。

湖北具有科教优势，但是这种潜在优势并没有转化为现实的生产力，对具有高素质和丰富经验的现代物流人才的培养仍十分欠缺。现代物流要求从业人员具备物流系统设计、仓储管理、市场营销、信息网络、交通运输、物流规划和协调等方面的专业知识和实践能力。从全省范围来看，湖北物流专业人才的结构、数量和质量与市场需要之间严重脱节。虽然湖北省的物流业发展培养了大量的实践性人才，但是物流企业的从业人员学历普遍较低，在职人员很少有机会接受职业教育和培训，这在很大程度上制约了未来湖北物流业的发展。物流人才问题已经成为湖北省现代物流产业发展的障碍，也是湖北省现代物流业发展面临的一大难题，对现代物流能够真正认识和理解的物流人才严重缺乏，更不用说从事物流工作的高级人才了。

第三节　湖北现代物流业发展的机遇与挑战

在当前社会经济发展形势下，进一步推进湖北现代物流业快速健康发展，既面临着难得的机遇，许多战略性机遇稍纵即逝，同时也面临严峻的挑战。客观清醒地认清湖北现代物流业发展的历史机遇与挑战，对于全省社会经济和现代物流业发展具有重大战略意义。

一、湖北现代物流业发展面临的机遇

（一）经济全球化

随着经济全球化的不断深入，新的国际经济环境为我国和湖北省对外开放创造了良好的机遇和发展环境。一是国际物流行业市场化、法制化的进程加快，为现代物流业发展创造了一个更加公平开放的市场环境；二是一些国外知名物流企业也陆续登陆国内市场和省内市场，借此机会，湖北物流企业可以借鉴国外企业先进的物流技术和管理经验，提高管理水平，提高企业的整体素质和竞争能力。这将进一步加快湖北物流业的产业结构调整和升级，推动传统运输业向现代物流业的转变；三是国外以及国内发达地区先进制造业向中部地区的转移给湖北现代制造业的发展带来了许多机遇，随着湖北现代制造业的发展壮大，现代物流延伸产业链也获得了广阔的发展空间，从而为湖北创造了巨大的物流需求市场。

由此可见，无论是国家政策、地方政府，还是国际形势、周边环境，湖北省都迎来了发展现代物流业的良好机遇。

（二）国家发展战略与政策支持

在我国，国家战略和政策支持对于一个区域经济和产业的发展起至关重要的作用，甚至是决定性作用，当前，湖北省社会经济发展正处于建国以来政策支持的最好时期。

1. 中部崛起和武汉城市圈"两型社会"上升为国家区域发展战略，进一步增强了全国物流中心的区位优势。国家中部崛起战略进入规划实施的统筹整体推进阶段，省委、省政府大力实施"两圈一带"战略，有利于湖北省加快建设一批枢纽型、功能性、网络化基础设施项目，积极承接国内外产业转移。全国"两型社会"建设综合配套改革试验深入推进，成为国家"两型社会"建设综合配套改革试验区，享有先行先试权，有利于湖北省加大现代物流业的改革创新力度，消除物流业发展中的体制机制障碍，有利于进一步奠定我省现代物流业的区域发展格局。

2. 东湖国家自主创新示范区建设加快，为进一步加快湖北省保税物流的发展提供了有利时机。建设东湖国家自主创新示范区，有利于创新资源的聚集、创新成果的转化、创新人才的成长，发展以战略性新兴产业为先导的高新技术产业，完善以企业为主体的自主创新体系，加快产业结构优化升级，使湖北省切实成为全国依靠科技引领、创新驱动发展的典范。同时，也是湖北省适应国际贸易形势变化和对外开放发展的需要，有利于湖北省尽快申报设立武汉综合保税区，充分利用综合保税区（保税港区）政策，促进我省保税物流的加快发展。

3. 国家扩大内需和物流产业振兴规划为湖北省现代物流业的市场拓展提供了难得的机遇。国家推进经济发展方式转变，着力扩大内需，特别是扩大消费需求，国内市场将更加广阔，居民消费加快升级，有利于湖北省加快吸引国内外各类产业投资，将国内市场优势转化为经济发展优势。此外，国务院印发的《物流业调整与振兴规划》，确立湖北省武汉市为全国九大物流区域之一、十大物流通道中的中心城市和枢纽城市、全国二十一个物流节点城市之一，进一步明确了我省在全国的战略地位，有利于进一步强化物流业支撑经济持续、快速发展的功能和作用，为湖北省物流业加速发展提供了良好的宏观环境。

4. "两圈一带"发展战略为湖北省区域物流的加速发展带来新的契机。省委、省政府继提请中央批准建设武汉城市圈"两型社会"综合配套改革试验区之后，又不失时机地提出构建"两圈一带、双轮驱动"的区域发展新格局。区域经济的协调发展，必然要求区域物流的协调配套。因此，全省经济规模将进一步扩大，居民消费水平将进一步提高，货物运输量、社会商品零售额、对外贸易额等将大幅度增长，农产品、工业品、能源、原材料和进出口商品的流通规模将显着增加，对全社会物流服务能力和物流效率提出了更高的要求。物流业作为与其他产业联动发展的生产性服务业，其快速发展将极大地促进其他产业的发展。发展现代物流业必将促进区域分工与协作，推动区域经济协调发展，有利于形成"两圈一带"协调发展的新格局。

（三）湖北承接产业转移的机遇

当前，全球正处于第四轮产业转移的高峰，从产业转移路径和规律来看，中部地区，特别是湖北，正在成为产业转移的"洼地"，湖北拥有承接产业转移的良好机遇，伴随国内外产业转移所产生的巨大资金流、信息流、技术流、商品流和人才流等同样会为湖北物流业的发展带来良好机遇。国际服务业的转移和跨国企业对物流业的投资并购将使得我国和湖北物流市场的竞争更加激烈，经过优胜弱汰，最终将激励我国物流企业不断提升服务水平。另外，国际产业转移规模的不断扩大必将为湖北物流业创造更大的需求市场，同时也是湖北对物流资源进行重新整合，改善物流企业整体战略规划，创新物流管理理念和方式的重要契机。

（四）后金融危机时代带来新机遇

全球金融危机对整个世界经济带来了严重冲击，也造成了我国和湖北经济的严峻形势。但是中国哲学和智慧告诉我们，"危机"中"危"与"机"并存，金融危机同样给湖北物流业的发展带来新机遇，尤其是在后金融危机时代，这种良好机遇还将进一步得到发挥。如后金融危机时代物流行业的结构性调整将会进一步加剧，湖北现代物流企业通过兼并、重组等方式能够促进组织结构优化，同时，也为少数颇具实力的物流企业集团（如武商、九州通、中百）成功实施"走出去"战略提供了难得的历史性机遇。

二、湖北现代物流业发展面临的挑战

（一）国际资本与跨国公司纷纷抢占国内物流市场

随着我国加入 WTO 以及湖北省内的市场不断开放，国内外知名物流企业的陆续进入，积极抢占湖北物流市场，例如法国捷夫凯，丹麦马士基，日本本田、伊藤忠、住友、日产、通运等知名物流企业相继入驻武汉；国内发达地区的物流企业如中远物流、中外运物流、上海佳吉物流等也相继在武汉设立子公司或分部，抢滩湖北市场。这就意味着，随着国内外知名物流公司纷纷进入武汉，在市场经济条件下，湖北省本土物流企业将面临更加严峻的考验，最直接的影响为市场所占份额减少、优质客户和物流人才的流失等。

（二）国内各省的同业竞争压力逐渐加剧

当前，随着物流业的重要性不断提升和物流振兴规划的实施，全国范围内几乎所有省市区都将物流业作为新兴产业来发展，湖北发展现代物流面临着激烈的竞争压力。一是东部沿海发达省市对湖北物流市场的挤压。东部沿海地区对外开放程度较高，市场经济意识较高，在资金、技术、管理、制度和人才方面有着绝对优势，在当前全国物流业发展的形势下，东部物流企业在市场份额和人才引进上将会给中部省份带来不少冲击，对湖北物流市场也会造成一定程度的挤压。二是中部省份之间对物流市场的激烈竞争。中部地区一直是我国重要的农业和老工业基地，以独特的地理优势连接全国各地的主要交通枢纽，更像一张网的中心，串联着我国的物流行业。所以，中部六省中的湖南、河南、江西都相继提出构建以省会城市长沙、郑州、南昌为中部地区物流中心，"中部崛起"战略的实施必将使整个区域内的经济格局和竞争态势发生较大变化，湖北，特别是武汉将不可避免地要同这些城市围绕物流中心地位进行激烈的竞争。

（三）后金融危机时代的新挑战

美国金融危机在全球范围内对各行业造成冲击，我国和湖北省的物流产业也不例外。受全球金融危机的影响，当前我国和湖北省物流行业发展形势严峻，甚至有进一步恶化的可能性：一是物流企业的业务量明显下滑，对物流企业造成很大的冲击，特别是对于以外贸物流行业为主的企业造成的压力更大。二是物流企业融资面临着新瓶颈，使许多以航海运输、航空运输、铁路运输、汽车运输方式开展物流业务的企业面临破产威胁。三是物流企业的进一步发展面临巨大风险。这种影响随着金融危机在中国的不断渗透会变得更加严峻，整个行业情况不容乐观。

在后金融危机时代，世界经济和出口贸易增速将会放缓，对于部分出口导向型现代物流企业更是严峻挑战。同时，后危机时代现代物流企业竞争重点将会发生重大转移，更加倚重于专业化、个性化的高质量物流服务，这对于正处于发展初期的湖北现代物流企业来说是一个不容忽视的严峻挑战。

第四章 湖北现代物流业发展思路

第一节 湖北现代物流业发展指导思想和总体目标

一、指导思想与基本原则

（一）指导思想

以科学发展观为指导，紧密围绕把湖北建设成为基于"两型社会"发展要求的全国重要物流中心的战略目标，以市场需求为导向，以企业为主体，以信息技术为支撑，以深化改革和对外开放为动力，以营造现代物流发展的大环境为突破口，加强规划引导和政策扶持，积极引进、研发和推广先进的物流管理经验和技术，加快建设物畅其流、快捷准时、经济合理、用户满意的社会化、专业化现代物流服务体系。通过现代物流业的快速发展以及与其他产业的互动发展，最大限度地降低物流成本，提高物流效率，增强全省的产业竞争力，加快转变经济发展方式，推动产业提档升级，建立全省现代物流服务体系，实现湖北现代物流业的调整和振兴，促进全省经济持续、快速、健康和协调发展，不断提高人民生活质量和水平。

（二）基本原则

1. 坚持政府引导、市场运作原则。充分发挥市场配置资源的作用，调动企业的积极性，从满足物流需求的实际出发，注重投资的经济效益，努力营造物流业发展的良好政策环境。

2. 坚持打破分割、整合发展原则。打破行业和部门分割，促进物流服务市场化和资源利用社会化，对现有物流设施资源进行有效的整合、改造与升级，同时适应城市发展的需要，科学合理地筹划布局新的物流设施，提升物流设施的功能。

3. 坚持统筹规划、协调发展原则。树立全市物流协调发展的思想，注重做好地方与国家、政府与社会之间在物流基础设施建设上的协调和衔接，走市场化、专业化、社会化的发展道路，合理地布局重大项目，扶持重要的物流基础设施项目建设。

4. 坚持集约用地、科学布局原则。坚持节约集约用地，严格按需供地。合理规划用地空间和结构布局，抓好重点物流项目的前期规划，科学配置土地资源，切实提高物流园区和物流中心的土地利用效益。

5. 坚持创新服务、绿色发展原则。积极推动物流服务的现代化和集约化，树立绿色物流的理念，大力发展绿色运输、绿色包装、绿色流通加工和废弃物回收，构建符合可持续发展要求的绿色物流管理模式。

6. 坚持统一标准、一体化发展原则。高起点发展现代物流，按照与国际接轨的原则，统一仓储设施、装卸设备、各种运输工具、服务技术标准，对仓储、运输、装卸、搬运、流通加工、包装、配送、信息处理等环节实行一体化运作，提高物流整体效率。

二、发展目标

（一）总体发展目标

湖北力争"十二五"期间物流业增加值年均增幅达到 15.8% 左右，社会物流总额年均增幅达到 13% 左右，社会物流总费用与 GDP 的比率下降 1% 左右，6 个~11 个重点物流园区（中心）达到国内一流水平，1 家~5 家重点物流企业上市，第三方物流业务量占全省物流总量 29% 以上，发展 6 家~7 家国家 5A 级物流企业、11 家~16 家国家 4A 级物流企业和 26 家~31 家国家 3A 级物流企业。

（二）阶段性发展目标

1. 到 2012 年，进一步完善以武汉为核心，襄樊、宜昌等物流节点城市为重要支撑的湖北现代物流体系。

2. 到 2015 年，湖北省以点支撑，以线联系，以圈集聚，"三圈一体"的现代物流网络格局基本形成。

与汽车、冶金、化工、建材、高新技术、纺织服装、农产品加工、医药等湖北优势产业群相适应的高时效、高质量现代物流服务体系基本建成。武汉成为全国重要的物流中心，形成"一区多园"、"区区联动"的保税物流新格局，国际物流规模不断壮大。襄十物流圈和宜荆物流圈将成为带动湖北西部地区经济发展，沟通我国西南和西北经济区，辐射能力较强的区域物流枢纽。建成比较发达的国际物流水运通道和航空通道，水运联通东亚及太平洋沿岸地区，航空物流连接亚太地区及欧洲中心枢纽城市。

3. 到 2020 年，形成以武汉为核心，省内物流枢纽为支点，面向国际的亚洲地区重要区域物流中心。

三、"一轴三层"总体战略构想

湖北现代物流业"一轴三层"的发展战略构想：即以长江、汉江物流通道为湖北现代物流业发展的中心轴，以武汉城市圈物流业的发展为核心层，以宜荆物流圈和襄十物流圈物流业的发展为重点突破层，以面向长江中上游地区和中部地区周边省份的区域物流的发展为辐射拓展层，通过层层推进、逐个突破，最终达到辐射全国，走向国际的战略目标。

第二节　湖北现代物流业的空间布局

立足于充分发挥湖北省现代物流业的比较优势，按照湖北省政府"两圈一带"的战略地位，综合考虑湖北已形成的武汉、宜荆、襄十三大区域经济圈，结合市场需求、产业布局、商品流向、交通条件、区域规划等要素条件，一方面，重点开辟长江、汉江物流通道，依托武汉长江经济带，利用武汉、宜昌、荆州、咸宁、鄂州、黄石、黄冈等长江干线重要港口和襄樊、天门、潜江、仙桃等汉江干线重要港口资源，充分发挥好长江水道承东启西的区位优势，加快形成湖北与我国东、中、西部物流区域有机衔接的水运物流通道，另一方面，依托京广、京九、汉丹、武合、武广等铁路物流枢纽和京珠、沪蓉、闽乌高速及107、318国道等公路物流枢纽，打造连接东西、贯通南北的水铁联运、公水联运的物流快捷网。在此基础上，发展三大物流圈和一批区域性及地区性物流节点城市，进一步优化物流业的区域布局，逐步形成以"物流通道—物流圈—物流节点城市—综合型物流园区—专业化物流中心"为基本构架的现代物流服务体系。

一、构建武汉物流圈、宜荆物流圈、襄十物流圈

以武汉为核心，宜昌，襄樊两个省域副中心城市为主要支撑，重点建设辐射国际及国内的武汉城市物流圈，辐射宜（昌）荆（州）荆（门）等市及川、湘、渝、贵等周边省份的宜荆物流圈，辐射襄（樊）十（堰）随（州）等市及豫、陕、渝等周边省份的襄十物流圈。

（一）武汉物流圈

充分发挥武汉城市圈的区位、交通、经济优势，以国家级城市武汉为核心，辐射武汉周边100公里内的黄石、鄂州、孝感、黄冈、咸宁、仙桃、潜江、天门等8个重点节点物流城市，形成湖北省区域物流发展的核心层，内联荆宜、襄十物流圈，向外辐射国内各大经济区，建成以服务武汉城市圈经济发展为目标的区域物流网络体系。重点服务于武汉城市圈的制造业，如汽车、化工、机械、服装等为基础产业群和高新产业群的发展，构建现代物流信息平台和基础设施平台，合理布局物流节点和物流网络，积极培育一批有国际竞争力的物流企业，促进物流产业集群尽快形成，从而满足武汉城市圈内的汽车、钢铁、商贸、高新技术和科教等产业的物流需求。以武汉物流圈为中心，依托长江航道、沪蓉高速公路、京珠高速公路、福银高速公路、京广铁路和武汉天河机场，对内连接鄂西生态文化旅游圈，对外辐射河南、安徽、江西和湖南等省市，将武汉物流圈打造成为服务中部地区产业链和连接区域间货物中转的物流枢纽中心，加快建成全国重要的物流中心。

1.武汉市物流业发展重点。重点为现代制造业、商贸业、旅游业等支柱产业提供物流服务，面向中部地区，辐射全国。重点建设武汉阳逻水港物流

园、武汉天河空港物流园、东湖开发区物流园、武汉开发区物流园和东西湖保税物流园五大综合型物流园区。

2.黄石市物流业发展重点。重点为农产品加工和冶金、建材、能源等现代制造业及新材料、光机电一体化、食品、旅游业等新兴产业提供物流服务，辐射鄂东武汉城市圈及赣皖等周边省市。重点建设花湖综合物流园区和罗桥综合物流园区。

3.孝感市物流业发展重点。重点为农业产业、工业相关支柱产业和商贸业提供物流服务，辐射武汉城市圈及省外周边区域。重点建设华中锦龙物流园、临空经济区凤凰物流园和汉川金鼓城中部家居产业物流园。

4.黄冈市物流业发展重点。重点为农业、农林产品加工、造船、钢构、饮品、汽配、医化、机械制造、电子等重点产业集群提供物流服务，辐射武汉城市圈、长江经济带以及省外区域。重点建设黄冈楚江物流产业园和黄商物流加工产业园。

5.鄂州市物流业发展重点。重点为鄂州现代农业、机械、医药化工、建材、食品加工、服装业等产业提供物流服务，辐射鄂东南、皖、赣及长江三角洲地区、重点建设葛店港物流园区和三江港物流园区。

6.咸宁市物流业发展重点。重点为特色农业、电力、纺织、森工造纸、机电、汽配、冶金建材等产业提供物流服务，依托武汉城市圈，辐射鄂湘赣周边省市。重点建设咸宁经济开发区物流产业园区和咸宁永安商贸物流园区。

7.天门市物流业发展重点。重点为市区商贸货物配送和建材、粮食、棉花、农资、蔬菜等大宗货物提供物流服务，立足武汉城市圈，辐射江汉平原和毗邻地区。重点建设竟陵物流园区和仙北物流园区。

8.仙桃市物流业发展重点。重点为纺织、服装、精细化工、机械电子、医用卫材、食品加工等产业提供物流服务，立足武汉城市圈，辐射周边省市。重点建设江汉物流产业园区和富迪物流园。

9.潜江市物流业发展重点。重点为石油开采加工、化工医药、冶金机械及汽车零部件制造产业、纺织服装、农副产品深加工为提供物流服务，立足湖北中部，辐射中西部地区。重点建设潜江市园林物流园和泽口物流园。

（二）宜荆物流圈

重点发展三峡物流中心园区和荆州存储配送型物流园，依托宜荆经济圈，以宜昌为核心，以荆州、荆门、恩施为重要支撑，以江汉平原和鄂渝湘边区为经济腹地，构建鄂西南物流圈，辐射川、渝、湘、贵等西南省区。

1.宜昌市物流业发展重点。重点为农副产品加工业、电力、化工、食品医药、装备制造、旅游业等产业提供物流服务，立足湖北省，辐射周边省市和中西部。重点建设三峡现代物流中心、金东山商贸物流园区和宜昌三峡国际旅游茶城现代茶叶物流园。

2.荆州市物流业发展重点。重点为农产品、农副产品加工、汽车、石油机械、纺织、造纸、精细化工、食品加工、旅游业等产业提供物流服务，立足湖北中西部，辐射周边省市。重点建设浩然楚都物流园区、两湖平原农产品交易物流中心和长江物流园区。

3.荆门市物流业发展重点。重点为农业、农副产品加工、化工、建材、食品、机电、纺织、汽车、石化等产业提供物流服务，辐射荆州、宜昌、襄樊、天门等城市。重点建设掇刀物流产业园区和湖北京山粮食物流工业园。

4.恩施州物流业发展重点。重点为农业、工业、生态文化旅游业等产业提供物流服务，立足湖北，辐射湘、渝、黔等周边省市。重点建设恩施市火车站物流园区和利川市商贸物流园区。

5.神农架林区物流业发展重点。重点为林木产业、绿色产品加工、矿山、化工等提供物流服务，辐射鄂西生态文化旅游圈及周边省市。重点建设神农架林区综合物流园区和神农架阳日物流中心。

（三）襄十物流圈

重点发展襄樊和十堰存储配送型物流园，依托襄十经济圈，以襄樊为核心，十堰、随州为重要支撑，以鄂西北、渝北、豫西、陕南地区为经济腹地，构建鄂西北物流圈，辐射豫、渝、陕等西北省区。

1.襄樊市物流业发展重点。重点为农产品、林特产品加工、农副产品加工、汽车、纺织、食品、建材、化工、特色旅游业和外贸货物提供物流服务，依托汉十经济带，立足中西部，辐射全国。重点建设余家湖物流园区、深圳工业园物流园区、华中光彩物流园和孟楼农产品物流园区。

2.十堰市物流业发展重点。重点为汽车、水电、旅游、生物医药、绿色食品等产业提供物流服务，服务于鄂西北及其周边省份毗邻地区。重点建设汉江物流园区和白浪汽车零部件现代物流中心。

3.随州市物流业发展重点。重点为特色农业、农产品加工业、汽车及零部件制造、医药化工、纺织服装、轻工食品、电子信息产品制造业、旅游等产业提供物流服务，辐射汉十经济带及周边省市区域。重点建设三友香菇冷链物流园和随州汽车钢铁物流园。

二、确立物流节点城市及其功能定位

物流节点城市主要围绕湖北省城市"一主两副"的战略来进行规划建设，包括全省17个地市（州）。以全国性物流节点城市武汉为核心，加快推进襄樊、宜昌两大区域性物流节点城市和十堰、黄石、荆州、荆门、随州、恩施等14个地区性物流节点城市的规划建设。重点依托湖北省汽车、钢铁、有色金属、电子信息、石化、纺织、农产品等优势产业基础，结合产业布局特点，延伸重点产业链条，大力推进专业化物流中心建设，努力提升城市物流服务水平，带动周边辐射区域物流业的发展，形成全国性和地区性物流节点城市网络，促进全省物流业的协调发展。

（一）**武汉市功能定位:全国性物流节点城市**

按照武汉市总体规划布局要求，立足物流园区发展现状，结合产业集聚发展和产业链延伸、货物转运枢纽和专业交易市场的分布情况，综合考虑物流需求规模和物流服务范围，重点加快建设五大综合型物流园区。同时，突出物流业的产业发展服务功能，以龙头物流企业为依托，大力发展为制造业产业基地和综合型物流园区提供配套服务的九大物流中心。

（二）**襄樊市功能定位:区域性物流节点城市**

在高新技术开发区的支撑下，充分利用已形成的水陆空立体交通条件，主要依托汽车产业和火力发电产业基础，建成服务于鄂西北及鄂、豫、陕、渝四省边区的货物转运及相关物流服务的枢纽型物流中心城市。

（三）**宜昌市功能定位:区域性物流节点城市**

主要依托三峡库区的优势条件，充分利用水电能源、载电体产业、机械化工、旅游服务等支柱产业优势，建成服务于鄂西南、湘西并辐射三峡库区以及重庆、四川地区的枢纽型物流中心城市。

（四）十堰市功能定位：地区性物流节点城市

主要依托襄渝铁路、汉十和武汉至银川高速公路，充分利用汽车及零部件产业优势，大力发展汽车物流，加快形成辐射川、陕、甘、宁等西北省区的转运型物流中心城市。

（五）黄石市功能定位：地区性物流节点城市

主要依托黄石港及黄石开发区，充分利用采矿、建材、冶金及制造业等产业优势，建成主要服务于钢铁、水泥等大宗货物并覆盖鄂东、辐射皖赣的转运型物流中心城市。

（六）荆州市功能定位：地区性物流节点城市

主要依托现有的水陆交通基础，充分利用轻纺、化工、汽车零部件工业等支柱产业优势，建成服务于鄂中南地区，辐射湘北、川东地区的枢纽型物流中心城市。

（七）荆门市功能定位：地区性物流节点城市

充分利用沟通南北、连接东西的重要交通枢纽优势，重点依托"两大基地"（全国重要的化工基地、湖北重要的新型建材工业基地）和"一区两园"（荆门经济开发区，荆襄磷化工业园、宏图机械工业园），加强物流业与制造业的互动发展，建成服务于鄂中南地区，辐射湘北、川东地区的枢纽型物流中心城市。

（八）随州市功能定位：地区性物流节点城市

利用随州地处长江流域和淮河流域的交汇地带，东承武汉，西接襄樊，北临信阳，南达荆州，是湖北省对外开放"北大门"的区位优势和便利的交通优势，重点依托汽车配件、医药、电子、服装纺织等行业，促进物流业与制造业的互动发展，着力打造医药、图书、汽车配件、服装纺织等四大专业化物流，建成服务于湖北省，辐射西部地区的枢纽型物流中心城市。

（九）恩施市功能定位：地区性物流节点城市

利用清江、酉水两大水系和湖北西部咽喉的地理优势，充分发挥硒矿、中药、魔芋等特色资源优势，大力发展地方特色鲜明的工业产品和农业产品物流，建成服务于湖北省，辐射西部地区的枢纽型物流中心城市。

三、重点物流园区布局和专业化物流中心布局

（一）武汉综合型物流园区和专业化物流中心布局

1. 物流园区布局

（1）武汉阳逻水港物流园。港口综合型物流园区，依托武汉东部桥头堡的区位优势、阳逻长江深水港的特色优势以及阳逻开发区的产业优势，以港口为交通枢纽，发挥多式联运核心节点功能，重点面向武汉化工新城及周边制造业基地、武钢等大型物流服务需求企业，主要承担以航运集装箱为主的物资及商品运输中转服务，提供仓储等物流服务和报关报验等口岸功能。重点为我市钢铁产品深加工、冶金副产品综合利用等提供仓储、运输、配送、销售服务，提供煤炭集散功能。"十二五"期间，力争打造多式联运一体的内陆口岸型、加工辐射型的，集仓储转运、多式转运、集装箱进出口装卸、流通加工、交易展示、区域配送、信息服务等功能于一体的综合型商贸物流园。

（2）武汉天河空港物流园。航空口岸型物流园区，依托天河机场和武北铁道大编组站等交通枢纽设施，发展多式联运，建设连接空港、水港和大型铁道编组站的货物快速集散地。重点针对航空快递和航空货运业务，主要承担空港后勤基地的包裹运输以及空运货物分拣配送服务。"十二五"期间，将加快推进武汉汉港临空工业园、蓝海航空物流园、友和道通武汉航空保税物流园、国航武汉枢纽基地等重点物流项目建设，争取建成以国际快递、国际中转、国际采购与分拨为主要服务内容的国际空港物流园。

（3）东湖开发区物流园。产业主导型物流园区，依托东湖高新区腹地产业集聚优势，凭借京珠高速公路、京九铁路和长江沿岸深水码头等基础设施资源优势，重点面向东湖开发区及周边企业，主要承担光电子信息产品和生物技术及医药产品的仓储、运输、配送、装卸、包装、加工、信息、商品展示、商品进出口中转功能、区域商品分拨、货运代理等专业化物流服务。重点发展国际中转、配送、采购、转口贸易和出口等物流服务功能，"十二五"期间，将加快推进富士康工业园、康佳集团物流基地等重点项目建设，力争

建成综合保税区建设的核心区域，以贸易与转口贸易物流为主、兼顾区域物流和市内物流的国际产业物流园。

（4）武汉开发区物流园。产业主导型物流园区，依托武汉经济技术开发区腹地产业优势，重点面向开发区及周边大型制造业企业，主要承担汽车整车及其零部件、配套件、原材料和机电等产品的专业仓储、运输、配送、装卸、包装、加工、信息、商品展示、进出口中转、区域商品分拨、货运代理等物流服务。"十二五"期间，将加快华中物流信息港、普洛斯物流基地等重点项目建设，力争建成集国际中转、配送、采购、转口贸易和出口加工为主要内容的国际产业物流园。

（5）东西湖保税物流园。陆路口岸型物流园区，依托保税物流中心（B型）、650万吨铁路集装箱枢纽中心、公路二类口岸、湖北电子口岸等功能优势，主要面向中部地区，重点发展城市末端物流、农产品冷链物流和区域分拨等物流业务，主要为多批次、小批量进出口的农产品加工、食品、烟草、机械电子、汽车零件等产业提供保税物流等服务。"十二五"期间，将高标准建设走马岭物流园，打造物流新城。进一步拓展保税物流中心（B型）保税功能，加快实现内陆综合保税区与沿江、沿海港口的联动，力争建成以国际中转、配送、采购、转口贸易和出口加工为主要内容的国际保税物流园。

（6）黄石物流园。生产资料转运型物流基地，依托武九铁路、长江航运和沪蓉国道主干线，主要服务于冶金、建材、纺织、服装等工业，辐射鄂东、赣北。加快黄石外贸码头、黄石山南铁路和黄石棋盘深水港、黄石（鄂东南）物流园、黄石城西物流中心、团城山物流中心、黄石万吨冷藏中心、黄石鄂东农产品市场、鄂东汽车交易市场、花湖装饰材料批发市场二期、花湖生产资料批发市场二期等已建、在建和拟建项目建设，总投资预计9.2亿元。

（7）鄂黄综合物流园。农产品配送及加工型物流基地，依托京九铁路、沪蓉国道主干线以及长江水运，主要服务于优质农产品加工等劳动密集型产业。加快推进黄冈贸易市场、黄冈物流配送中心、鄂东粮油物流中心、鄂州蟠龙鲜活农产品批发市场、麻城大别山蔬菜批发市场、罗田大别山板栗批发市场、英山茶叶批发市场、蕲春县铁路开发配送中心、黄梅小池鲜活农产品配送中心等在建和拟建项目建设，总计投资约 14 亿元。

（8）咸宁特色农产品物流园。配送型物流基地，依托 107 国道、京珠高速、京广铁路等交通条件，主要服务于水产、蔬菜等农副产品的物流配送，建设覆盖鄂南，连通湘北、赣西的区域物流中心。加快推进咸宁市温泉农产品批发市场、咸宁市新区农副产品批发市场、赤壁专业物流中心等续建、拟建项目建设，总投资预计 2.6 亿元。

（9）仙桃综合物流园。综合型配送基地，依托 318 国道、沪蓉国道主干线以及在建和拟建的随岳高速公路和京赤高速公路等交通设施，主要为纺织服装、精细化工、医用卫材、农产品加工、优质农产品等产业提供物流服务，打造面向加工工业的高效率、低成本物流服务基地。加快推进江汉水产品大市场、江汉农产品及棉花大市场、江汉物流配送中心等拟建和在建项目建设，总投资预计 7.5 亿元。

（10）孝感鲜活农产品物流园。以孝南南大市场为主体，把孝感发展成为面向北方市场的水产品及鲜活农产品转运型和配送型物流基地。加快推进孝感南大农产品专业物流中心建设，总投资预计 4200 万元。

2.专业化物流中心布局

（1）阳逻钢铁及冶金产品专业化物流中心。位于武汉阳逻水港物流园，紧邻武汉天河空港物流园，依托长江航运、铁路专线及城市外环，重点服务于我市钢铁制造产业基地，主要为钢铁产品深加工、冶金副产品综合利用等提供仓储、运输、配送、销售等专业化物流服务，"十二五"期间，将加快推进武汉华中钢铁物流基地、华中钢铁交易中心、湖北汇通钢材大市场、武钢江北基地等重要项目建设，力争成为中部地区钢铁及冶金产品专业化物流区域分拨中心。

（2）汉口北商贸专业化物流中心。紧邻武汉天河空港物流园，依托武汉天河机场、武北铁道大编组站、阳逻深水港及城市外环线，充分利用长江金属交易中心、汽车大世界、五洲建材、中国家具 CBD、四季美农贸城、汉口北商品交易中心等六大市场集群优势，主要承担市内外物流集散功能。"十二五"期间，将加快推进汉口北高新物流产业示范园、汉口北四季美冷链物流配送中心、农业生产资料配送中心等重点项目建设，逐步建成我市产供销一体化基地、现代商贸物流基地、投资创业基地、特色商品深购远销基地和现代大型批发集散地，成为武汉市商贸物流核心区和我国中西部商贸物流枢纽中心。

（3）郑店食品及生物医药专业化物流中心。位于东湖开发区物流园，主要为洪山—东湖高新技术开发区沿长江东延伸的经济带内的食品和生物医药产品提供运输、储存、包装分拨、中转配送、生产加工、信息处理及商品展示交易等物流服务。"十二五"期间，将加快推进武汉烽火物流园、四坦路物流园等重点项目建设，争取逐步成为中部地区食品及生物医药专业化物流区域分拨中心。

（4）九州通生物医药产品及医疗器械专业化物流中心。坐落于武汉开发区物流园，紧邻东湖开发区物流园，依托铁路专线和城市外环，重点服务于武汉市生物医药产业基地，主要提供生物制剂、中西成药及医疗康复器械等医疗商品的大宗货物集散、仓储暂存、加工包装、分拨中转、商品集中展示、市场交易、信息处理等物流服务。"十二五"期间，将加快推进中国医药物流港、九州通总部医药物流中心、民生医药配送中心、新龙医药总部及仓储基地等重点项目建设，争取成为中部地区食品及生物医药专业化物流区域分拨中心，全国医药物流配送中心。

（5）常福汽车及机电产品专业化物流中心。位于武汉开发区综合物流园，主要为武汉经济技术开发区及汉阳地区制造业基地的汽车整车及其零部件、机电产品、电子信息类产品及其原材料配套件提供综合性仓储分拨、包装加工、运输、信息处理、配送等物流服务。"十二五"期间，将加快推进武汉现代钢材加工物流产业园等重点项目建设，争取逐步成为中部地区汽车及机电产品专业化物流区域分拨中心。

（6）后湖—丹水池日用品专业化物流中心。该中心紧邻武汉阳逻水港物流园，"十二五"期间，将逐步搬迁丹水池，加快中心物流功能转型，由重点服务于江北地区制造业企业，提供钢材、塑料等生产原材料交易平台及专业化仓储、加工、配送服务的生产类物流中心，逐步转向主要为后湖新城和该地区商贸企业提供日用商品配送服务的生活类物流中心。重点推进华中冷链港、中储汉口公司武汉物流商贸园、丹水池物流基地商务大楼等重点项目建设，争取逐步成为中部地区日用品专业化物流区域分拨中心。

（7）西汉正街日用品专业化物流中心。紧邻武汉天河空港物流园、东西湖保税物流园及城市外环线，"十二五"期间，将重点推进蓝焰物流基地，正达物流家居仓储中心功能将由重点服务于西汉正街、汉正街等大型专业市场及硚口都市工业园区，提供各类大宗装饰建材的集散、中转分拨、区域内配送服务，逐步转向主要为家装家居产品提供批发、运输、存储、交易、加工包装及物流信息处理等综合物流服务，争取逐步成为中部地区家装建材产品专业化物流区域分拨中心。

（8）白浒山石油化工产品及危险品专业化物流中心。地处武汉化工新城腹地，紧邻武汉阳逻水港物流园和东湖开发区物流园，依托长江航运、铁路专线及城市外环，按照武汉化工新城的建设和化工生产的特殊要求，主要为石油化工原料、化工产品的配送、分拨和储运提供安全的物流服务。"十二五"期间，将重点推进化工产品商贸物流基地、青山化工新区化工码头及液体灌区、杨春湖高铁物流园等重点项目建设，争取逐步成为中部地区化工产品及危险品物流区域分拨中心。

（9）白沙洲农产品专业化物流中心。紧邻东西湖保税物流园和武汉开发区物流园及城市外环线，重点服务于武汉市的农产品基地，主要提供农产品及农副产品（包括粮食、食用油）的储运加工、钢材再制加工、装饰建材等为对象的仓储、运输配送、包装、信息处理、市场交易、商品集中展示等物流服务。"十二五"期间，将重点推进白沙洲20万吨冷库二期、狮子山粮食种子物流园区等重点项目建设，争取逐步成为中部地区农产品专业化物流区域分拨中心。

（二）荆宜物流圈物流园区布局

1. 宜昌"伍家岗—猇亭"综合物流园。物流园要具备集水、铁、公、空等多种运输方式于一体的交通优势（沪蓉高速公路、318国道从境内穿过，并拥有宜万铁路伍家岗编组站），主要服务于宜昌及三峡库区丰富的物产资源和新兴产业集群，依托长江水运、干线公路、焦柳及沿江铁路，承东启西，沟通南北，辐射渝东、湘西的综合型物流园区。加快推进宜昌现代商贸物流中心、云池综合货运对外口岸码头及航运物流中心、宜昌市三峡物流中心、宜昌市供销物流配送中心等拟建项目建设，总计投资约 16.3 亿元。

2. 荆州综合物流园。具备集公、水、铁、空、管道五种运输方式于一体的交通优势，又是湖北第二大信息枢纽节点和信息传输中心。主要为区域内的粮棉油、水产品及工业品、建材、成品油等提供物流服务，主要依托港站资源，重点建设具备货物集散、加工、分拨、转运、信息等综合功能的区域物流中心、建设为建材、陶瓷、装饰、家具、机电、汽车、钢材等多种产品提供采购交易、信息系统、电子商务、金融服务、城市配送、储运配载等物流服务的专业配送型物流中心。加快推进湖北蓝星全程物流配送中心、荆州市物流中心、华中油菜子交易中心、荆州市江汉平原农产品批发市场、湖北蓝星商贸城等已建、在建和拟建项目建设，总计投资约 8.7 亿元。

3. 荆门农产品转运型物流园。具有集公、水、铁、空、管道五种运输方式于一体的交通优势，主要依托铁路站场和仓储设施，重点建设煤炭、粮食原油及成品油等大宗散货中转型物流中心，辐射鄂西北和鄂西南地区。加快推进杨家桥大市场、洋丰肥料城、荆门建材物流中心、荆门高新区物流中心等续建和拟建项目建设，总计投资约 8 亿元。

4. 恩施特色农产品物流园。充分利用本地丰富的烤烟、白肋烟、中药材、绿色蔬菜及山野菜等特色农副产品资源优势，主要依托已动工兴建的宜万铁路、沪蓉高速公路、恩施机场改扩建工程等基础交通设施条件，建设辐射湘、鄂、川、黔、渝边区的特色农副产品及小商品物流园区。加快推进恩施华龙物流中心、恩施海川物流中心、鹤峰特色蔬菜干鲜果交易市场、恩施利川中药材交易市场等物流项目建设，总计投资约 10 亿元。

（三）襄十物流圈物流园区布局

1. 襄樊综合型物流园。具有集公、水、铁、空四种运输方式于一体的交通优势，主要依托汉十高速公路、汉渝焦枝铁路、汉江航运及襄樊机场等有利交通条件，重点建设服务于火力发电、汽车及区域商贸三大产业的转运型煤炭物流园区、配送型汽车物流园区以及配送型商贸物流园区，计划建成同豫、陕、渝地区商贸联通的区域物流中心。加快推进鄂西北襄樊物流中心、襄樊邮政物流公司、风神物流中心、铁路货运中心、新华市场配送中心、大世界农贸批发中心等已建、在建、拟建项目建设，总计投资约 12 亿元。

2. 十堰配送型物流园。该园地处武汉、重庆、西安三大经济区的结合部，拥有铁、公两种交通方式，主要依托东风商务车制造业，建设服务于汽车及其配件，建成集汽配广场、汽配展示、汽配配送、汽配货运为一体的区域物流中心。依托本地优质农副土特产加工业，加快建成鄂、陕、豫、渝地区农产品配送基地，最终建成辐射渝、陕及华中、西北各省的汽车、零配件以及农产品的配送型物流园区。加快推进中国（十堰）汽配城物流中心、十堰市堰中农产品配送中心工程等在建和拟建项目建设，总计投资约 4.4 亿元。

3. 随州农产品物流园。该园拥有公、铁两种交通方式，京广、汉—襄—渝以及正在兴建的西宁铁路穿境而过，107、312、316 国道以及正在兴建的汉十高速公路和即将兴建的随岳高速公路构成较为发达的公路网。主要依托其丰富的农产品资源，发展特色农产品物流园区。加快推进三里岗香菇出口加工型物流中心、随州商贸物流中心、广水东大农产品批发市场、随州小林花生专业批发市场等在建和拟建项目建设，总投资预计 9.9 亿元。

第三节　湖北现代物流业发展重点

通过加快构建湖北省物流公共信息平台、交通运输设施基础平台、物流融资平台、物流技术研发和推广平台、重点领域物流发展平台和区域物流发展平台等六大平台，加速推进一批物流重点工程的建设，促进我省现代物流业的持续、快速、健康发展。

一、整合构建湖北省物流公共信息平台

（一）加快建设全省统一的物流信息公用平台

运用现代信息技术，通过整合政府及交通、仓储、运输、商贸等行业的信息平台，建立湖北省现代物流综合信息平台，实现货运物流网、加工贸易网、商贸流通网互联互通。通过物流公共信息平台，整合物流资源，建立开放的物流公共信息查询系统、物流电子政务信息系统和物流电子商务信息系

统，实现信息资源共享和物流在线跟踪与过程控制，提高政府监管服务水平、货物通关效率和物流处理效率，实现口岸物流全程电子化、网络化和数字化。争取用 2～3 年的时间，使 100% 的物流企业运用计算机网络技术处理物流信息，建成全省企业物流信息系统，支持企业广泛应用电子数据交换（EDI）、条码（CODE）与射频识别（RF）、电子订货系统（EOS）、供应链管理（SCM）、全球卫星定位系统（GPS）、地理信息系统（GIS）等先进物流信息技术。

建设中国中部国际物流信息公用平台。初期在小范围内进行试运作，取得经验后推广，逐步建成功能强大，连接口岸、海关、外贸、外汇、商检、港监等政府监管部门，连接进出口公司、代理公司、理货公司等中介机构，连接集装箱（货物）码头的堆场、仓储、装卸等仓储企业、连接铁路、公路、港口等运输企业，连接金融、保险、税务、法律等支持保障系统的全市统一的，提供一站式服务的物流信息平台。

（二）建设和完善一批专用物流信息平台和各类物流管理系统

1. 建立物流运输专用信息平台

运用先进的信息技术，率先在全省范围内建设统一的、综合的物流管理模式，充分优化和利用物流运输市场信息资源。按市场经济发展的需要，把中央一级交通部门运输信息中心转移到中心城市运输信息中心，同时把部门信息中心转移到运输行业信息中心，将生产型运输信息中心转变成流通型运输信息中心，由封闭型转化为开放型，变单方面、单通道为双向性、多通道的物流信息系统，动态控制道路货运，实现社会物流合理化。

（1）建立航空港、港口、铁路物流信息平台。由武汉市物流信息共用（综合）平台与天河机场、阳逻港、北编组站联合开发建立空、水港、铁路物流信息平台。

（2）建立湖北省公路主枢纽物流信息平台。由湖北省物流信息（综合）共用平台与与湖北公路主枢纽信息中心联合开发建立湖北公路主枢纽物流信息平台。

物流运输专用信息平台的建立能够将目前分散、条块分割的交通运输管理体制向统一化管理方向转变，将其他运输方式并入同一管理平台。其次是建立健全的相关法律法规，通过价值规律和市场调节，使运输市场竞争建立在一整套规则之上，实现运输产业结构的优化升级。再次，引入与国际化、标准化接轨的交通运输标准，以适应全球经济一体化和运输系统一体化的发展态势。

2. 建立物流园区专用信息平台

（1）建立物流园区信息平台。该平台的任务是为企业的物流信息系统提供服务，承担供应链管理过程中不同企业间的信息交换支持，提供车辆跟踪、定位等功能服务，为政府提供行业管理决策支持等。物流园区平台是基于 Internet 的管理系统，分成三个角色，即客户、物流中心和库区。客户是相对于物流中心而言的，一般为生产企业和大型零售企业；对于生产企业，直接将离开生产线的成品放入第三方物流公司的就近库区，这样生产企业就可以把主要精力放在新产品的设计开发上，免除公司配备大量的仓储设施，运输车队所带来的费用和管理问题。

（2）加快物流市场信息系统的建设。通过互联网、信息交易场所和电话声讯服务，构筑起全方位的立体信息交易平台，使货运信息资源能够得到最大程度的共享，使当前国内货运的车辆回程空载问题得到有效解决，同时通过营运车辆身份在线验证系统等配套系统，有效解决当前货运市场中信用与货损货差的问题；通过车辆定位和货物追踪系统，提高货物运输的安全性与时效性。

3. 加快社会配送系统专用信息平台的建设

针对各种不同类型配送中心的特点开发建设，其功能是：覆盖配送中心的各个业务部门，完成配送中心不同业务部门（收货部门、仓保部门、配送部门等）之间的信息共享和处理，实现对各个业费部门的监控和管理；用信息技术加强对配送中心的管理；增强商品在采购、销售时的决策辅助；建立商品库存保质期预警体系；建立库存商品不足的预警体系；加强对商品进销存调周转的分析与控制；加强对配送中心商品历史数据的保存，以供分析之用；同时为决策层提供科学、及时、准确的决策支持。

4. 建设物流企业专用信息平台

（1）运用先进的信息技术，加快改造传统的物流企业，打造物流企业专用信息平台。现代化物流要求企业实现客户在网上下单、网上签收、网上支付等一系列商务活动，并能对货物进行全程监控。这就要求物流企业首先要建立自己的信息管理系统，进而建设 Intranet、Extranet、地理信息系统（GIS）、各种运输机械装备信息终端和全球定系统（GPS）等，并使其能够通过通信卫星与企业的 Intranet 相连，实现物流网络化。

（2）加快建设湖北省重点扶持的大型物流企业信息平台。对湖北省来说，要想培育和发展大型物流企业集团，就要求企业优先建立、健全和提高企业内部的物流信息平台和网站。

（3）建设大型龙头和骨干企业物流信息平台或网站，逐渐形成物流企业信息平台系统。

（4）加快推进各类物流企业物流信息平台或网站的建立，逐渐形成物流企业信息平台系统。

（5）大力发展电子商务，积极推动网上交易。逐渐实现电子商务与传统物流企业的结合，是湖北省大力发展电子商务，积极推动网上交易的重要战略。第一，推动电子商务企业向物流延伸，积极推动网上交易；第二，具有资金和技术实力的大中型物流企业逐渐建立和完善电子商务系统，实现物流企业向电子商务的延伸，大力发展电子商务；第三，中小型物流企业逐步实现电子商务与物流企业的结合，进行现货仓单交易，开展网上交易。

5. 建立加工制造业企业物流专用信息平台

（1）建立大型制造业企业物流信息平台。建议武汉市经委同武汉市信息中心联合建立"武汉市工业系统（大型国有工业企业）"信息平台，在此基础上，建立武汉市中小型企业信息平台。

（2）建立湖北省"名优特"产品企业物流信息平台。为了实施"名牌"战略和推广湖北省"名优特"产品，建立湖北省"名优特"产品企业物流信息平台。

（三）优先建设包括电子数据交换中心、海关清关系统、预出境检验检疫系统、行业基础管理项目等在内的各类物流管理信息系统

1. 电子数据交换中心

由湖北物流信息共用平台与湖北商业信息中心、公路主枢纽信息中心、航空、铁路等与之相关的电子数据中心，共同建立大型电子数据交换中心。

数据中心完全基于公网建设，由政府部门直接管理，具有良好的开放性和安全性。其基本功能是，集中存放电子底账，实现信息的充分共享。企业只要与电信公网连接，就可以透过公共数据中心在网上直接向海关、国检、外贸、外汇、工商、税务等政府管理机关申办各种进出口手续，各政府部门也可以在网上办理各种审批手续，从而真正实现政府对企业的"一站式"服务。透过数据中心，企业还可以获得运输、仓储、银行、保险等行业的中介服务，企业间也可以进行联网，从而实现真正意义上的电子商务。

2. 海关报关清关中心

由湖北物流信息共用（综合）平台与湖北海关等联合开发建设湖北海关物流报关清关信息系统。其功能主要是：

（1）报关功能：通过与 EDI 中心联成网络，提供电子报关功能，向相应信息系统提供许可信息（如船舶公司、港口、货代、报关行等）。

（2）验关功能：通过与现场验关设备联系，实现现场验关功能。

（3）关贸信息服务功能：向相关部门提供共享关贸信息。

在保证海关报关清关系统信息安全的前提下，通过共享信息及历史数据，建立起信息风险评估机制，提供快速清关功能。

建设海关报关清关系统要注意与国际标准兼容，经过中期建设开发，可以实现跨国预先报关功能，使物流信息在国际上制通。

3. 预出境检验检疫系统

对相关商品的运输进行检验，向相关部门（如海关等）提供检验合格证书。预出境检验检疫系统是进出口货物总体供应和分销链上的一环，提高其管理水平对物流具有重要意义。

（1）行业基础管理项目

与交通、运输、商贸、工商、工业等部门联合建设物流行业管理信息基础项目。

（2）商品综合信息系统

与工业、商业等部门和工商企业开发建设商品综合信息系统。

（3）物流财务结账支撑系统

与银行、税务、物流企业、制造业企业联合开发建立物流财务结账支撑系统。

（四）建设一个大型综合性物流门户网站和一批专业物流网站

建设一个提供企业上网、站点导航、法规查询、信息发布、交易撮合、解决方案及 EDI 服务、保险服务、银行服务、报关服务等配套服务的大型综合物流门户网站。扶持和鼓励一批面向不同对象、满足不同需求、具有行业特点、与主营业务紧密结合的专业物流网站群。

（五）增强 IC 卡使用功能

在目前公交线路普遍使用的"武汉一卡通"IC 卡付费的基础上，进一步扩大使用范围，将其逐步推广到全市的轮渡、轻轨、的士、地铁、机场等各类交通工具上实施，同时将电子泊车系统、的士车票打印系统等其他服务融入到交通一卡通系统，做到"交通一卡通"在武汉城市圈范围内联网通用。

二、整合打造湖北省交通运输设施基础平台

高起点、跨越式地建设湖北省物流基础设施，逐步建成由铁路、公路、水运、民航、管道、城市交通等多种运输方式构成的现代综合运输体系，进一步扩大物流辐射圈，提升物流服务功能；充分依托现有交通运输条件和资源，积极利用运输枢纽、产业基地、商业及消费区，构筑由物流基地、物流中心、配送中心，以及相关物流运作企业、代理企业和企业物流基础设施构成的现代物流基础设施体系。使各种运输方式有机结合、高效运作，为现代物流业发展提供网络化、一体化和现代化的交通运输设施平台。

按照湖北省货物的主要流向及物流业发展的需要，依据《湖北省交通发展"十一五"规划》、《湖北省港口布局规划》、《武汉城市圈轨道交通发展规划》和《武汉新港规划》，加强交通运输设施建设，完善综合运输网络布局，促进各种运输方式的衔接和配套。发展多式联运，以"水、铁、公、空"之间的"高效衔接"为目标，实现各交通物流网之间的"无缝对接"。合理布局物流园区，完善中转联运设施，实现物流园区与物流网的"对接联通"。

科学合理地规划布局及建设以物流快捷通道、物流园区、物流中心为节点的现代物流体系，形成全省范围内"门到门"的物流终端直达配送圈，湖北省至周边城市 2 小时快速经济圈，到中部各省会和中心城市的 6 小时分拨经济圈，以及湖北省至全国 1000 公里左右范围重点城市的 12 小时分拨中转配送服务圈，发展面向世界重点地区的国际物流服务辐射圈。

（一）加快打通和建立两类交通运输快运系统

1. 构筑满足城市内部配送需要的快捷综合交通系统。以湖北省各物流园区、物流中心承揽的运输货源为基础，利用城市道路交通设施，打造以绕城高速公路、中环路为主通道，以放射状骨干道路为辅通道，畅通有序、方便快捷的市内物流配送快速通道，为商贸企业、城市居民提供高效及时、低成本的物流配送服务。将湖北省机场、港埠码头、铁路货场、公路货运场站间，以及交通运输枢纽设施与各物流园区、物流中心间在运输上融为一体，进一步提高各种商品在我市多式联运、转换、中转、集散、配送的速度和效率，大力发展各种交通运输枢纽设施及各物流园区、物流中心相互间的快运系统。

2. 构筑满足湖北省分拨及终端配送物流需要辐射周边的交通系统。逐步发展湖北省与周边城域间的大型、超大型封闭式货车和集装箱运输车等现代公路运输方式，开辟湖北省与国内各主要物流中心城市间的高速干线班线快运，构筑高速公路干线物流通道。完成天河机场第二航站楼、华中航空货运中心、区域性快件集散与分拨中心建设；开通武汉至国内主要城市的铁路货运循环班列，培育和壮大武汉与周边城市的城际货运班车，实现铁、水、公、空运输方式之间的有机联结与沟通。

（二）积极构建长江水运、铁路、公路和航空四大快捷物流网

发挥综合交通枢纽优势，加强物流基础设施建设，完善物流运输网络，大力发展多式联运，打造以铁路和公路集装箱运为重点，以长江水运集装箱中转集输和武汉天河机场航空货运为支撑的全市物流快捷运输网络。实现铁、水、公、空多种运输方式高效无缝对接，着力提高物流设施的系统性、兼容性。

1. 打造水运快捷物流网。重点依托长江物流通道上的口岸资源优势，充分发挥长江物流通道承东启西、贯通南北的区位优势，武汉阳逻港与上海洋山港合作优势，加大我市外贸和长江上中游外贸集装箱在阳逻港的集并和转运规模效应，打造与东、中、西部物流区域有机衔接的低成本水运物流通道，形成与长江物流通道其他物流区域高效衔接的水运快捷物流网络，使武汉加速成为长江物流通道的重要交通枢纽和我国中部最大的内河航运中心。

2.打造铁路快捷物流网。重点依托武汉北、大花岭、舵落口三大货运站和两座跨江铁路桥的"两纵两横"双十字通道的特大铁路枢纽优势，充分发挥武汉铁路集装箱中心站和武汉北编组站的区域配置和分拨功能，加快"米字型"高铁网建设，实现铁路货运站布局与铁路枢纽路网衔接最优通道，打造连接东西、贯通南北的铁路快捷物流网络。

3.打造公路快捷物流网。重点依托京珠、沪蓉、闽乌高速及107、318国道等公路物流枢纽和连接武汉1+8城市圈的8条快速出口路，充分发挥"五大货站一口岸"的公路货运配置功能，实现公路货运站布局与公路枢纽路网衔接最优通道，打造连接东西、贯通南北的铁路物流通道，形成"门到门"的公路快捷物流网络。

4.打造航空快捷物流网。重点依托武汉天河机场，高效衔接北京、上海、广州三大全国枢纽机场，集聚中、东部国际航空货物，大力发展全货运航班，打造空中快线，建立快速中转航线网络，进一步提升武汉天河机场的国际航空枢纽地位，打造覆盖全国、辐射全球的中部地区航空物流通道，形成国内与国际有效衔接的航空快捷物流网络。

三、努力搭建物流融资平台

（一）积极培育市场

湖北省政府对物流业在税收上采取转移支付的方式，给予财政上的积极支持。对处于物流网络发展关键节点上的网络化经营企业和经营物流基础设施的企业，给予一定的发展资金支持。建议由湖北省发展和改革委员会牵头制定《湖北省物流企业财政扶持办法》配合此政策的实施，甄别在湖北省物流发展规划区域内注册的物流企业，规划财政扶持的运作机制。优先将物流配送中心、物流运输平台、物流信息平台、物流园区等基础设施建设列入各级政府投资计划和重点项目计划之中。

（二）扩大物流发展投资来源

由政府出面，结合武汉市现代物流系统建设，积极争取配套的物流基础设施建设的投资支持，筹集资金，扩大物流发展资金来源。除此之外，对列入国家物流发展规划以及多种运输方式发展规划的物流设施，要积极争取国家及各行业管理部门的资金支持，加大投资力度，扶持有发展前景的股份制物流企业上市。

（三）推进土地置换

加快湖北省国有资产管理改革步伐，允许获得财政支持的物流企业用不适宜或不符合省、市物流发展规划要求的划拨土地置换处于发展规划区域的土地，并给予土地转让金补贴扶持，减轻企业发展现代物流的负担，实现物流企业的成功转型。

（四）加快资产剥离步伐

传统的国有物流相关企业，如具备一定的经营规模，其由于历史原因造成的呆坏帐，应尽快制定相关管理办法，加快剥离其不实资产，使具有潜力的物流企业能轻装上阵，摆脱传统束缚，加速成长，应对未来来自国外强势企业的竞争压力。

（五）给予贴息支持

从 2009 年起，湖北省政府在财政上给予执行物流基础设施建设项目的企业在贷款上的贴息资金支持及补助，按照项目发展规划的实施进度，在连续 5 年内每年将提供不低于 1000 万元的贴息资金补助。而在全省技术改造资金中，为促进企业更新运输装备，改扩建基础设施，增加对高效率集装箱运输、多式联运等的支持，积极推进湖北省物流业的发展。

（六）支持前期发展

为实施物流发展计划，湖北省财政提供前期费用支持，以完成财政对制定企业支持政策所需的研究工作，包括发展现代物流的宣传经费，制定综合性物流发展政策、管理办法等的研究经费，物流企业高级管理人才出国、国内考察和培训经费等。对此类费用总额，建议每年按 300 万～500 万元考虑，由湖北省现代物流领导小组办公室制订该费用的年度计划，由市财政统一安排和使用。

（七）鼓励引进和合作

积极引进外资，鼓励民营企业投资，吸引非国有资本和非国有企业积极参与到物流运输平台、物流信息平台、物流园区等的开发建设中来，共同发展湖北现代物流业。

四、积极搭建物流技术研发和推广平台

充分运用现代信息技术，加快形成以武汉区域性物流公共信息平台为主体，行业性的物流信息电子网络为支撑的全市物流信息体系。充分发挥武汉市众多高校设有物流专业的教育优势和研究院所的物流技术研发强势，进一步提升我市物流技术的研发能力，提高物流标准化水平。

（一）大力提高物流信息化应用水平

不断提高企业物流信息化管理水平，建立运输、仓储、报关、货代和第三方物流信息管理系统，促进相关物流信息系统的广泛应用。推动中小企业应用物流信息软件，实现物流交易信息化和业务流程规范。扶持一批物流信息专业服务企业，推动物流信息服务外包。加强相关管理部门的信息沟通和协调，建立部门间的物流信息采集、处理和服务的交流共享机制。

（二）不断加强物流新技术研发应用

研究完善物品编码体系，扩大电子标签应用范围。加大对射频识别、货物跟踪和快速分拣技术的研发力度，促进移动物流信息服务技术的推广使用。加强物流装备产品的研发应用，推动物流新技术的产业化。鼓励物流重点项目使用建模软件优化物流方案，提高物流运作效率。

（三）积极参与制定和推广物流标准

推动本市物流企业积极参与物流国家、行业标准的制定，大力宣传贯彻并组织实施一批对物流产业发展和服务水平提升有重大影响的物流标准。按照国家已颁布的物流园区、托盘等物流标准，做好在物流园区（基地）和A级物流企业的推广和施行工作，并在A级物流企业中率先推广物流标准。在有关行业协会和企业率先制定和使用医药、食品冷链、农产品等物流作业和物流服务地方标准，并争取上升为国家行业标准。加强信息标准化研究，

促进物流企业信息平台的相互联通、数据兼容和格式统一。

五、积极构建重点领域物流发展平台

发挥产业基础优势，积极推进物流业与制造业联动发展。大力推动水运物流、快递物流、冷链物流、医药物流、保税物流、航空物流等重点领域物流发展，加快发展绿色物流和应急物流。

（一）积极推动物流业与制造业联动发展

着眼于提高制造业物流效率，重点发展为制造企业提供原材料采购、产品生产、分拨配送等专业化服务的第三方物流，引导制造业与物流业联动发展，实现制造业与物流业的双赢。加快推广供应商管理库存（VMI）、及时生产（JIT）、射频识别技术（RFID）等现代物流技术在制造业物流中的应用。推进建立面向本市各工业区、重点制造企业以及专业物流企业的业务协同平台，积极应用电子数据传输、工作流引擎、无线传输等综合技术，扩大本市制造业物流服务范围。

（二）加快发展保税物流和航空物流

进一步拓展武汉保税物流中心（B型）"境内关外"的保税功能，实现与天河国际机场、武汉新港、公路二级口岸、铁路口岸等物流节点的多式联运，全面发展适应国际采购、国际配送、国际中转、国际转口贸易需求的国际物流。积极推进武汉综合保税区阳逻港保税物流仓库、外贸港口及海关监管国际水运集装箱中转港口建设，打造武汉新港集装箱国际货物转运中心。加快天河机场A型保税监管仓及国际物流货运设施建设，加强与保税物流中心的互动，提高国际快件货运中转发送水平。大力支持武汉经济技术开发区出口加工区发展，促进加工贸易向产业链延伸。积极推进中部地区首个综合保税区——武汉东湖综合保税区的建设，加快形成"一区多点"保税物流发展新格局。加强公路口岸设施和铁路集装箱转运中心相关国际物流配套设施建设，增强公路、铁路国际物流对周边货源的吸纳能力。

依托武汉临空经济区，重点发展航空运输、航空物流和仓储配送，做大做强航空物流。重点依托武汉天河机场枢纽空港优势，大力发展高附加值货物的保税监管、中转分拨、流通加工、仓储配送，着力发展进出口商品检验、信息服务、交易结算、物流咨询等产业。积极引进大型物流企业、基地航空公司、物流整合商、物流地产商建立货物分拨中心和仓储配送中心，加快提升航空物流发展水平。

（三）大力发展水运物流和快递物流

充分发挥水运大运量、低能耗、绿色生态、节能环保的优势，以武汉阳逻水港为核心，以武汉新港沿线港口为依托，以临港产业、园区为支点，以铁水公空集疏运网络为脉络，建设为沿江制造业、石化建材业、高新技术产业等服务的临港物流运输系统。

依托电子商务，培育快递服务新增长点，充分利用邮政物流，加强快递物流服务网络建设。大力引进国内外知名民营快递物流企业，推进民营快递物流的发展，发挥社会快递物流资源和第三方物流网络的作用，提高快递企业机械化、自动化水平。依托"大交通"平台，整合快递服务资源，在武汉天河临空经济区和三环线之间规划建设快递物流园，形成快递企业集散转运中心。将武汉打造成中部乃至全国的快递物流枢纽。

（四）大力推进冷链物流和医药物流

充分发挥武汉市冷储资源优势，在农产品生产、加工、储藏、销售全过程中，积极推广应用冷链物流技术，打造冷链产业上下游完整产业链。加快农业源头的冷链系统建设，积极支持农产品生产领域加强冷链仓储保鲜工程建设。重点发展以农产品冷链物流为重点的直销和配送，鼓励肉类农产品、水产品、果蔬等冷链物流发展。进一步加快流通领域冷库冷储设施建设，支持服务于鲜活农产品流通的冷链物流设施建设。加强农超对接，加快大型商业零售集团的农产品冷链物流配送业务拓展。

充分发挥武汉医药流通优势，按照专业化、规模化、集约化的发展方向，重点依托九州通、新龙、国药控股湖北分公司等医药龙头企业，大力推进医药集中采购、药店连锁经营、医院药店连锁配送等符合现代流通的医药物流发展，加快传统医药物流企业向第三方医药物流企业的转变，形成规模化、专业化、信息化、高效的武汉医药物流产业集群，打造武汉医药物流港。建成我国大型医药物流企业集团总部基地集群，全国最大的医药专业市场集群和全国重要的现代中药和生物技术研发中心。

（五）积极发展绿色物流和应急物流

鼓励、引导我市工商企业集中于主业，将非主业的自身物流业务交与专业物流企业，降低成本。积极采用新技术、应用新设备，创新管理方式，以现代信息技术、通信技术等现代高新技术改造和整合物流管理程序，重建适应绿色物流发展所需要的高效管理流程，加快发展绿色物流。

加快完善应急物流体系，制定应急物流保障方案，加强应急物资储备和物流设施建设，争取纳入国家应急物流体系。形成能够应对自然灾害、流行疾病爆发等突发性事件的应急物流服务，提高应急物流保障水平。

六、积极构建区域物流发展平台

建设以市域配送物流为基础、省内物流为依托、区域分拨物流为重点的物流配送体系，提升全市物流业服务水平，增强区域辐射功能，最终形成以武汉为圆心，可直达中部地区主要城市、辐射国内和远东、东南亚及欧美的庞大物资集散和运输网络，在重点领域具备很强的区域分拨功能，尽快建成全国重要的物流中心。

（一）进一步完善同城物流配送网络

着眼于完善面向流通企业和消费者的城市物流配送网络，满足人民生活水平提高的需要，巩固和完善连锁经营企业物流配送，继续发展大型商业零售集团连锁经营的集约化中央配送中心，加强专业批发市场物流功能和配送网络的配套建设，大力发展农产品、日用消费品、建材家具等大宗商品和重点领域物流配送。调整完善城市快递、商业配送等货运车辆的道路通行规定，不断提高城市配送的交通管理水平。引导城市连锁企业在农村地区建立经营网点，加快建立覆盖城乡、方便生产生活的快递物流服务体系。打造中部地区以大市场集群为特色的商品集散型物流中心。

（二）加快发展区域性分拨中心

依托武汉市"中部地区中心城市"的特殊地位，大力发展面向武汉及省内城市的分拨及终端配送物流、面向中部地区及全国主要城市的干线区域分拨与中心城市终端配送物流和面向远东、东南亚及欧美地区的国际中心城市终端配送物流。着眼于提高全市物流区域分拨功能，积极鼓励武汉中百集团、武商集团、九州通集团等重点物流企业在武汉、襄樊、宜昌等全国性和地区性物流节点城市建设区域性分拨中心，加快实现招商物流武汉阳逻分拨中心、中百集团武汉城市圈物流配送等区域分拨中心项目的建设。积极引入"中字头"物流企业和国内外大型铁路物流企业来汉设立中部地区物流分拨配送中心，力争引进国际知名航空物流公司落户武汉，建设航空货运区域分拨中心。加快建设中部地区钢铁、木材、石材、建材、粮食、矿石等大宗货物中转加工中心和期货产品交割中心。

（三）着力构建物流快捷服务圈

着眼于提速全市物流区域辐射功能，加快形成环环相扣、路路相通、放射成网的武汉城市圈铁水公空物流快速服务圈。重点依托七条高速路将与京珠、沪蓉高速公路、武汉绕城高速公路以及城市主干道路有机连接互通，形成武汉中心城区到绕城高速公路 30 公里半小时物流服务圈，到省内周边城市 100 公里 1 小时物流服务圈，到邻省的周边城市 500 公里 4 小时物流服务圈。以武汉新港沿线港口为依托，加快铁水联运、公水联运，构建以武汉新港为中心，辐射中部地区的 2 天～3 天高效水运物流服务圈。加快铁水联运、公铁联运，打造连接东西、贯通南北的 2 小时～5 小时铁路物流快捷服务圈。加快发展天河机场国内航空货运，开辟快件、鲜活等高速运输航线，构建覆盖全国、辐射全球的中部地区航空物流服务圈。

七、加快现代物流业重点工程建设

（一）A 级物流企业培育工程

积极推动物流企业进行国家认证，培育一批符合国家物流标准的 A 级物流企业和若干家 3A 级以上企业。激励更多的物流企业成为符合国家标准的物流企业，提高全市物流企业的服务能级。"十二五"期间，培育新增 5 家～7 家 5A 级、10 家～13 家 4A 级和 25 家～30 家 3A 级物流企业。

（二）多式联运、转运设施工程

主要依托长江、汉江上的武汉、宜昌、襄樊等重要港口，京广、京九等主要铁路动脉，京珠、沪蓉等各大高速路网，武汉机场、宜昌机场、襄樊机场等大型航空枢纽，全面推进多式联运中转设施和连接两种以上运输方式的转运设施建设。重点建设武汉、宜昌、襄樊等物流节点，大力提升湖北省在中部地区的物流主枢纽作用。加快推进武汉东西湖保税物流园、武汉阳逻水港物流园、宜昌三峡物流中心、襄樊鄂西北物流中心等重点项目建设。充分发挥道路运输网络和长江汉江黄金水道作用，加快港口与公路、港口与铁路、铁路与公路、民用航空与地面交通等各重要枢纽衔接畅通，完善物流基础设施的配套协调，逐步实现多种运输方式"高效无缝衔接"。

（三）物流公共信息平台建设工程

进一步整合政府及交通、仓储、运输、商贸等行业的信息平台，大力推进湖北省物流综合信息平台建设，实现货运物流网、加工贸易网、商贸流通网互联互通。建立开放的物流公共信息查询系统、物流电子政务信息系统和物流电子商务信息系统，实现信息资源共享和物流在线跟踪与过程控制，提高政府监管服务水平、货物通关效率和物流处理效率，实现口岸物流全程电子化、网络化和数字化。争取将公共信息平台升级为与中部区域各城市物流公共信息平台相对接的中部区域物流公共信息平台，强化区域信息辐射功能。

（四）物流科技攻关、技术推广工程

积极支持武汉大学、华中科技大学、武汉理工大学等高等院校，武汉邮科院、华工科技等科研院所，九州通医药、武钢集团等企业加强物流新技术的自主研发。重点支持货物跟踪定位、智能交通、物流管理软件、移动物流信息服务等关键技术攻关，提高物流技术的自主创新能力。加快先进物流设备的研制，提高物流装备的现代化水平。引导企业推广应用国家标准化托盘，在重点领域鼓励开展托盘的租赁回收业务。鼓励企业采用集装单元、射频识别、货物跟踪、自动分拣、立体仓库、配送中心信息系统、冷链等物流新技术，提高物流运作管理水平。实施物流标准化服务示范工程，选择大型物流企业、物流园区开展物流标准化试点工作并逐步推广。

（五）煤炭、棉花、散粮等大宗商品配送工程

着力提高湖北省在全国物流网络中的地位，大力提升全省现代物流业竞争力，加快大宗商品物流设施建设，带动中部地区物流业发展。重点建设粮食、煤炭、石油、农资等国家节点物流设施，大力发展钢铁、汽车及零部件等大宗商品物流通道，建立大宗商品物流服务体系。加快国家粮食物流（武汉）基地和荆州、襄樊、宜昌粮食物流中心等重点项目建设步伐，建设湖北省重要粮食物流节点。进一步推广散粮运输和棉花大包运输，建立石油、煤炭等重要矿产品物流体系。

（六）制造业与物流业联动发展工程

重点推动钢铁及深加工、汽车和零配件、石油化工、电子信息、烟草、家电等制造业领域物流发展。重点支持武钢、宜化、武石化、东风、江钻股份等制造企业加快物流业务分离外包，提高企业核心竞争力。积极支持我市大型制造企业和产业基地开展实施制造业物流专业化发展示范工程，组织实施中烟湖北公司物流中心、东风自主品牌整车及备品配送中心、华中钢铁物流基地、十堰汽配物流中心、荆门化工产品物流园、湖北新冶钢钢铁物流中心、东风十堰和襄樊现代物流项目等一批制造业与物流业联动发展的示范工程和重点项目，促进现代制造业与物流业有机融合、联动发展。

（七）农产品冷链物流配送工程

重点依托武汉白沙洲、荆州两湖平原、荆门通源、孝感南大、襄樊洪沟、随州香菇、十堰堰中、咸宁温泉、恩施特色农产品等大型农副产品市场，集中建设一批鲜活农产品加工、储存、配送设施。大力推进山绿集团冷链物流、襄樊鄂西北冷链物流、黄石鄂东农产品冷链物流等冷链物流项目建设，加强冷储设施、信息系统和运输系统建设，形成全省冷链物流配送服务网络。重点依托中百集团、武商集团等大型连锁超市，建立生鲜商品加工配送中心，提升超市生鲜食品冷链物流经营服务水平。改造一批冷库设施，将冷储规模总量扩大到50万吨以上。加快建成中部地区冷链物流港。

第四节　发展湖北现代物流业的保障措施

一、政府层面

（一）建立统一的物流协调机构和联席会议制度

由湖北省物流协会牵头，联合交通、财政税务、工商经贸、公安、国土统计等各相关部门，成立湖北省现代物流推进协调机构，综合管理湖北省的现代物流协调发展工作；建立联席会议制度，定期或不定期召开会议，制定物流发展综合政策，研究解决湖北省现代物流业发展问题的方法，完善现代物流业投资导向目录、项目布局重点，招商引资，协商解决物流企业在用地、用水、用电、税收、交通等方面的问题，落实物流发展的相关规划；加强物流业安全监管，建立安全准入许可制度、责任追究制度，推动安全物流、绿色物流的发展，发挥行业协会在物流业发展中的组织和自律作用。

（二）建立湖北省物流业统计指标体系和评价指标体系

利用省政府物流信息服务网络平台和现有统计调查队伍，开展社会物流企业联网直报工作，加强对物流业基本情况实施监测，定期对相关数据进行统计、分析，及时发布现代物流业成长和运行情况报告，为制定科学的现代物流业发展政策和战略规划提供依据。根据国际物流企业评价标准以及物流企业特点，建立一套湖北省物流企业评价指标体系，以及以高等院校物流研究中心为主的第三方评估中心，对物流企业定期或不定期进行评估，确定重点扶持对象，促进物流企业持续发展。

（三）切实加强物流基础设施规划与建设

统筹基础设施规划，加大资金投入，建设和完善全省高速公路干线物流通道、铁路干线物流通道、长江水运物流通道和航空干线快速物流通道。公路建设方面，以武汉为中心，加快建设连接全省大中等城市，通达周边省会城市的高速公路主骨架、干线路网和县乡公路网的湖北公路网。初步实现全省公路交通的网络化、现代化。铁路建设方面，加快建设宜万、汉丹复线、武九复线、襄渝铁路及相关配套设施，建立京广客运干线、沿江铁路大通道和沪蓉快速客运通道湖北段，使武汉尽快成为全国第四大铁路网中心。水运建设方面，加快武汉、宜昌、荆门、黄石、襄樊等主要港口的相关集装箱、矿石、石油及制品等专业港区建设，提高港口机械化水平。基本形成以长江、汉江为主要通道，连通清江和江汉平原航道网，干支相连，港站配套，通江达海的水路网。航空运输方面，大力改扩建武汉天河机场，提升其物流枢纽功能，发展武汉至宜昌、十堰、襄樊、恩施等支线航空运输。

（四）大力推动现代物流信息化和标准化建设

充分利用信息基础设施和互联网，以信息化带动传统物流企业的改造，优化物流管理系统，提升整体效率。一是推进企业信息化物流管理。以实现高效、低成本物流管理为目标，引导和鼓励企业利用现代信息技术和先进物流理念优化业务流程，开发和运用供应链管理（SCM）、企业资源计划（ERP）等先进的管理系统，实现集成化和智能化的物流管理，提高资金周转率，降低库存成本，提高企业综合竞争力。二是大力发展电子商务物流，加强数字证书认证建设。积极推动湖北省电子商务认证的技术标准向企业资源计划系统的转变，为企业实现网上交易、网上支付营造良好的信用环境，提升物流企业资源共享和企业信用。三是加快现代物流公共信息服务平台的建设。加强政府引导，提倡企业运作。加强总体规划，实行分步推进。积极完善政府信息管理系统，制定物流信息共享和数据交换的相关规范和准则，建设城市物流公共信息平台，加快形成全省统一的公共物流信息平台，实现资源共享。四是加快推进先进信息技术在物流领域的应用。加强研究和开发物流信息关键技术，实现物流信息标准化和规范化。鼓励和引导企业应用互联网、全球卫星定位系统（GPS）、电子数据交换（EDI）、智能交通系统（ITS）、智能标签（RFID）、条形码（BAR—CODING）、射频（RF）等技术，提高全省物流企业的信息化水平。

在全省范围内大力宣传和推广国家付诸实践的物流计量标准、信息代码标准、货物分类标准、物流作业和服务标准等。重点推广执行货物的包装和条形码标准，公、水、铁、空等运输工具和集装箱标准，货架、托盘、装卸机具等标准，以及仓储建设标准等。积极引导和鼓励省内相关大专院校、科研机构以及物流企业参与国家物流标准的相关研制工作，全面推进我省物流业标准化水平的提升。

（五）努力扩大现代物流业的对外开放水平

积极组织实施物流业"请进来"与"走出去"并举的发展战略，紧紧依托工商业招商引资和外资企业相对集聚所形成的产业优势、资本优势和资源优势，加强与国际物流服务业的合作与交流。大力引进国际国内知名物流企业投资湖北物流业，参与湖北省传统物流企业的重组和改造，提高本地物流业现代化水平。支持和鼓励本省物流企业到国内外设立分公司或办事处，引导物流企业向国际化、网络化方向发展，加快融入国际物流合作体系，增强参与国际物流市场竞争与合作的综合能力。

（六）进一步加大物流资金投入

进一步完善湖北省《现代物流业扶持资金管理暂行办法》，每年由财政部门在省级预算中安排 8000 万元专项资金，重点对列入全省规划的物流基础设施、重点物流项目给予补助和贴息、国债项目配套补助等。鼓励物流企业通过银行贷款、股票上市、发行企业债券、中外合资、企业兼并、申请国债及专项奖金等途径筹集建设资金。各类金融机构应对效益好、有发展潜力的物流企业给予重点支持。

（七）加强物流人才的培育和引进

要采取多种形式，加快物流人才的培养。积极引导湖北省高校和科研机构与国内外著名物流企业的交流与合作，加强物流专业学科建设，支持建立校企结合的物流综合培训和实验基地。积极面向国内外引进高素质物流人才，鼓励物流企业采取长期培养和短期培训相结合，正规教育和在职培训相结合的方式，开展多层次的人才培训，通过多种渠道和方式，培养、引进市场急需的物流专业人才。

二、企业层面

（一）着力引导工商企业应用现代物流管理技术

加快推广应用现代物流技术和管理方式。积极引导我省的神龙、武钢等大中型制造业企业逐步剥离或外包企业物流业务，并在原材料供应、产成品运输等领域应用 RFID、ERP 等现代物流管理技术。大力支持中百、武商等大型商贸企业在流通领域积极采用数字化高架立体库、叉车等先进物流技术。鼓励诚通、中远、招商物流等仓储运输企业推广应用集装箱或厢式货车、固定式升降平台、汽车自备升降平台等现代物流工具。推动畅鑫、工贸家电等大型物流企业逐步采用先进的供应链管理方式，引入以托盘为核心的单元运输等现代物流设备，进一步提升企业标准化水平，提高物流作业的效率和质量。

（二）优先发展第三方物流企业

引导规模大、效益好的湖北省钢铁、汽车等大型企业剥离自营物流功能，形成以钢铁及大宗原材料、汽车及零部件配送等为主业的第三方物流企业。帮助存量资产大、市场前景好的商贸、物资、仓储企业整合资源，向第三方物流企业发展。积极引进国内外知名第三方物流企业和物流地产商，引进全球跨国物流公司在武汉市建立区域分拨中心、区域配送中心和采购中心。鼓励本地物流企业与国内外知名物流企业的合资合作。

（三）积极发展统一配送和连锁经营

发展统一配送的核心和基础是培育壮大连锁经营、电子商务等现代流通方式，推动传统大宗商品交易市场向现代化方向转变。湖北省现阶段的发展重点包括以下五个方面。一是大力支持中百、武商、中商和汉商四大商业集团引入现代物流管理技术，强化建设企业内部配送系统，强力支撑连锁经营模式。鼓励连锁经营企业向共同配送，统一配送和委托专业配送方向发展，支持大型连锁经营企业发展自有物流配送中心，开展社会化配送服务。二是在省内人口规模达到50万人以上的大中城市建设发展统一配送和连锁经营模式。在发展初期，先启动食盐、药品、百货、鲜活农产品、烟草、家电等日常生活用品的统一配送和连锁经营。三是大力发展直接为广大农民生产生活服务的重要商品，如农资、种子和农村主要生活消费品的统一配送和连锁经营服务。四是积极鼓励省内物流配送企业融入全球采购链，扩大规模，发展成为跨国公司或国际连锁零售集团。五是依托汉正街小商品市场，以强大物流服务网络为支撑，加快小商品区域物流配送网络建设，推进现有货物运输、仓储及配送系统的整合和改造，积极建设小商品物流信息网，形成产、运、销一体化的全国著名小商品交易中心。

（四）加快打造为新型工业化和农业产业化服务的现代物流业

促进武汉市大型骨干工业企业引入先进现代物流管理技术，优化供应链管理，降低企业物流成本，打造企业核心竞争能力。一是积极促进整车制造商，大型运输商及其他第三方物流企业加强分工协作，将供产销一体化的物流模式与第三方物流模式有机结合，依托公路、水运、铁路等多种运输网络，加快打造知名的专业汽车物流服务品牌，培育知名物流服务商。二是依托武钢、鄂钢、冶钢等大型钢铁集团，大力培育集加工、运输、仓储、分销为一体的钢铁配送企业。三是积极促进钢铁企业、运输企业、火电企业、枢纽型港口及铁路部门多形式联合。四是依托湖北港口条件较好，通江达海的有利条件，积极培育一批集采购、储存、运输、分拨、配送、信息服务于一体的化工和建材产品专业物流服务商。

加快湖北农产品物流网络体系建设，有利于增加农产品附加值，降低流通成本，提高农民收入水平，增强湖北农产品的市场竞争力。今后五到十年要依托湖北省七大优势（特色）农产品生产基地，即江汉平原水稻、棉花和油菜等大宗农产品生产基地，鄂西、鄂北和鄂东北地区特色农产品生产基地，长江、清江和汉江沿线水果生产基地，鄂西和江汉平原畜禽产品生产基地，江汉平原为主的水产品生产基地，鄂北岗地优质小麦、玉米生产基地等，加快启动五类农产品物流的先导项目：一是依托湖北粮食主产区优势，大力发展散粮运输。以武汉、荆州、襄樊、荆门、宜昌等粮食主产区和主销区为重点，构建全省集粮食收购、储存、加工、运输、分销及配送一体化的现代粮食物流体系。二是积极支持湖北长江区域棉花交易市场建设，加快发展电子商务，逐步发展棉花期货交易，推进棉花质检体制改革，完善棉花仓储设施建设，大力发展棉花物流。三是依托湖北蔬菜、水产品、畜禽、水果等鲜活农产品生产优势，积极支持武汉山绿集团农产品物流配送中心等骨干农产品物流配送企业发展集仓储运输、加工整理、连锁配送、信息服务等多项物流功能于一体，面向华中乃至全国市场的鲜活农产品物流配送系统。四是利用湖北区位和交通网络优势，重点支持武汉白沙洲、黄石鄂东、宜昌金桥、孝感南大、十堰堰中、鄂州蟠龙、荆门杨家桥、随州黄龙、恩施官坡、咸宁温泉以及荆州、襄樊等区域性农产品批发中心市场提升功能，提高交易信息化水平，以现代物流管理技术提高农产品批发市场深购远销的能力。五是积极支持武汉万吨冷储物流公司等骨干冷储专业物流企业改造和建设，发展直接为广大人民群众生活消费服务的冷链物流系统。

第五节　湖北现代物流业扶持政策探究

一、用地支持政策

第一，取消指令性投资强度指标，支持物流企业根据自身业务经营范围的需要，参考行业基本标准，确定投资强度。第二，优先安排全省重大物流项目用地指标。第三，支持重点物流项目的基础设施配套建设，物流用地性质可参照工业用地，按土地等级相对应的工业用地最低价作为招拍挂价格，新引进项目用地征用产生的土地纯收益全部用于该项目配套基础设施建设；按物流发展规划要求建设的仓储设施，其报建费按规定减半收取；属于省重大项目范围的项目，实行专项特殊优惠。第四，严格规定物流项目用地功能，限制商业、商务办公、员工住宅等配套设施用地的比例，不能超过物流园区总占地规模的18%。

二、财税优惠政策

（一）物流企业营业税优惠政策

1. 研究、制定有竞争力的物流企业营业税税率优惠政策，扶持我省物流企业发展，防止和避免物流税收外流。

2. 物流企业将承揽的运输或仓储业务分包给其他单位并统一收取价款的，以该企业取得的全部收入减去分包费用后的余额，为营业税的计税营业额。

（二）新办物流企业税费优惠及补贴

1. 对在规划物流园区新办独立核算的物流企业，注册资本达到一定的标准，其城市基础设施配套费、土地登记申请费、散装水泥专项资金、水土保持设施补偿费等费用减半征收。

2. 对在湖北省新办独立核算且其当年主营业务收入超过企业总收入70%或经省物流办认定建设标准A级以上的物流企业，自开业年度起，由财政主管部门对其新增上缴税收形成的地方收入部分，前三年给予100%补助，第四年至第六年每年给予 50% 补助。

3. 鼓励世界百强物流企业和国内百强物流企业在湖北省设立总部、区域总部、办事处需要租赁办公场地，公司注册所在地政府可给予一定的租金补贴。

4. 新落户的现代物流项目固定资产投资达到一定标准的，由各区财政给予适当奖励。

（三）物流企业品牌培育与资质激励政策

1. 经物流主管部门认定建设标准 A 级以上的物流企业，按照认定级别（5A、4A、3A、2A、A），视区财政承受能力，分别给予一定程度的奖励；对于创建国家级物流服务品牌的企业，也应给予一定程度的奖励。

2. 鼓励国内外知名物流企业参与重组、兼并、收购，并购企业达到一定标准的，在组建物流企业过程中发生的资产置换以及土地、房产、车辆过户等各项行政性收费，经批准予以免交或减半征收。

（四）运输车辆费用优惠政策

凡在湖北省注册的集装箱专用车辆、大件运输车辆、海关监管车、冷藏运输车以及 15 吨以上厢式货车在市管收费公路通行费按相应标准减半缴纳。

（五）物流企业技术改造扶持政策

1. 企业研制或引进先进物流专用设备的，参照工业企业技改政策进行。

2. 支持建设物流公共信息平台，对于企业的物流公共信息平台建设，可按照投资额的一定比例给与适当补助。

（六）物流业与相关产业联动发展激励政策

为鼓励全省大中型工商企业物流业务剥离，凡涉及业务剥离的企业，按剥离业务支出的一定比例给予适当补偿。

（七）中小物流企业整合扶持政策

1. 双向激励措施：鼓励现有大中型物流企业吸收中小货运和物流企业，鼓励中小物流企业积极挂靠大中型物流企业，自挂靠审批通过之日起三年内产生的挂靠费由政府通过税收返还的方式补贴给接收企业。

2. 入园（物流园区）补贴：为鼓励货主企业、小型物流企业入园经营，对核定入园的中小货运企业、物流企业，免除三年的办公、场地租赁费，由政府给予园区补贴。

三、投融资支持政策

物流园区（中心）等基础设施是带有基础性、公益性的重要节点，具有前期投资规模大、资金占用周期长、投资回收慢的特点，另外，物流运输车辆和装卸、搬运工具、仓储设备的投入资金占用规模也相当大。按照传统的银行信贷融资渠道，对于大多数物流企业来讲，融资难度高，融资成本负担重。为扶持物流设施的建设和物流企业的做大做强，必须探索多种产业发展基金、民间资本、金融机构贷款、项目融资等多种投融资渠道，切实解决物流企业融资难、融资成本高的问题。

第一，建立现代物流发展专项资金，作为种子基金。由区财政根据年度财政预算情况，拨专款设立物流业发展专项资金，对纳入物流业发展规划的重点物流园区、物流中心、物流企业网络信息平台建设给予一定的贷款贴息支持。

第二，鼓励当地商业银行发展物流金融，在防范风险的前提下，综合运用丰富的金融工具，探索物流企业融资新模式，积极开展仓单质押、融资租赁、融通仓等业务，降低其融资成本，缓解当前金融危机对物流企业的影响，鼓励金融机构对信用记录好、有竞争力、有市场、有订单，只是暂时出现经营或财务困难的物流企业给予信贷支持。

第三，鼓励物流地产商参与物流基础设施建设，园区设施可以采取经营租赁或融资租赁的形式租赁给物流企业使用，减轻物流企业一次性投资压力，物流地产商从土地增值中获益。

第四，吸引民间资本参与物流业融资，发挥民间金融在支持中小企业发展、满足民间多样化需求中的独特优势。

第五，对于重大基础设施建设项目和重点园区项目，探索BOT、BT等项目融资方式。

第六，对于专业市场的物流设施建设，采取与直接受益的大型企业合作开发的模式，引入战略合作伙伴，同时利于绑定货源。

四、人才扶持政策

第一，制订物流高端人才需求计划，对引进的物流业高级人才，可给予本人、配偶及子女优先落户政策，无论户籍是否在本省，均可以在子女入学、住房保障、社会保险等方面享受市民待遇。

第二，行业自律组织牵头，加强与周边高校和物流培训机构的联系，强化对从业人员的岗前培训、在职培训、学历教育等，通过不同方式和各种渠道，培育市场急需的物流管理人才。

第三，充分利用各种教育资源，推进校企合作，定向培养物流人才。

第五章　湖北现代物流企业发展现状与战略

第一节　湖北现代物流企业发展现状

一、湖北省现代物流企业体系的理想构成

根据湖北省的发展需要和实际情况，湖北现代物流的企业体系应主要包括以下企业类型：

（一）第三方物流企业

根据国家技术监督局《物流术语》（GB/T18354—2001）的定义，第三方物流是指由供方与需方以外的物流企业提供物流服务的业务模式，从事这种第三方物流业务的专业物流企业就是第三方物流企业。第三方物流代表全球物流的发展趋势，第三方物流企业理应成为湖北省物流企业体系的最重要组成部分。按资产规模划分，第三方物流企业又可分为资产型第三方物流企业和非资产型第三方物流企业。

（二）企业物流公司

大型制造业、零售业所属物流子公司是物流发展初级阶段物流企业存在的一种普遍形式，与第三方物流企业不同的是：前者主要为母公司企业内部物流服务，后者主要为公众提供物流服务；前者通过承接母公司的物流业务而壮大，并逐渐提供社会化物流服务，在这基础上逐步发展成为后者。

（三）邮政快递

邮政快递由于其独有的网络优势、信息优势，将成为邮包、行包和零散货物配送等物流领域的领军企业，为客户提供门到门的物流服务，在物流领域将占据较大的市场份额。

（四）功能性物流企业

功能性物流企业包括传统仓储和运输企业，在我国现阶段的物流市场中占据较大的份额，但往往缺乏综合物流管理能力，应考虑向现代物流企业转型，提供社会化、专业化储运服务，以适应市场竞争的需要。

（五）货代企业

货代企业指根据委托人要求，为客户提供货物代理服务的企业实体。货代企业在物流市场中是一种过渡型企业，业务范围将逐渐由传统的货物代理单一功能向为客户提供全方位综合性物流服务发展。货代又分为国内货代和国际货代，一些大型第三方物流企业拓展国际货代业务后，有望发展为国际物流和国内物流相结合的具有全球完善运作网络的现代物流企业。

二、湖北现代物流企业体系的发展状况

（一）现代物流企业正在不断地发展壮大

截至 2008 年底，在工商部门注册，冠以"物流"的企业达 1947 家，剔除企业子公司 73 家，暂无营业执照的 5 家，全市共有物流企业 1869 家。加入武汉物流协会的物流企业为 197 家，全市已有经国家物流与采购联合会授牌的 4A 级物流企业 7 家，3A 级物流企业 8 家，物流企业数量和质量较以往均有明显提高。武汉市已初步形成由大型专业物流管理与服务企业、转型的传统物流企业、新型服务企业和区域物流企业构成的物流企业体系。

传统的物流企业逐步向第三方物流企业发展。武钢、武烟、神龙等制造业龙头生产企业和中百、中商等大型工商企业的内部物流管理流程再造取得进展，正朝着剥离或外包物流业务的方向发展，呈现出由相对独立的内部物流机构向第三方物流发展或承接第三方物流业务的趋势。中原汽车、省汽

运、宇鑫物流、大道物流、捷利物流等一批交通运输为主的物流企业发展较快，并已形成了城市圈商品运输分拨配送及国内成品车运输的区域交通运输网络；整合并购重组在国有企业深入展开，也推动物流企业迅速成长起来。如商贸控股等集团公司通过整合重组，一批老批发、仓储企业较好的向现代物流企业转轨变形，诚通、正达、畅鑫、世通、山绿、肉联、农资物流等企业已转变成为现代物流企业或正逐步向现代物流业态转变。中远、长航、中储、中铁快运等原国有大型企业也通过重组改制、管理提升、市场拓展和业务转型，已发展成为武汉市物流市场的骨干力量；武汉银鹏纺棉、山绿农产品、肉联食品等企业追求专业化发展，积极开展棉花交易电子商务及物流配送、农产品冷链物流、都市冷链物流等特色业务，推进了物流新型业态的发展；国内外知名物流企业纷纷在汉设立了分公司及业务机构，如美国工业物流地产企业普洛斯、法国汽车物流公司捷富凯、全球最大的集装箱船运公司丹麦马士基、日本最大的物流企业日本通运、世界 500 强之一日本伊藤忠、台湾农产品物流公司八达通等，上述企业的进入，在进一步提升武汉市物流业发展的整体水平、培育区域性物流企业的同时，也提升了武汉的区域物流组织功能与服务能力。

现代物流企业不断发展壮大，是近两年湖北省物流业发展的一大趋势。截至 2007 年末，全省已有各类物流企业 5000 余家，4A 级物流企业 5 家，3A 级物流企业 6 家，物流骨干企业数量和质量较以往有了较大的突破。其中，武汉市注册 1000 万以上的物流企业达到 32 家，全国性知名物流企业在武汉设立的区域性物资储运、调拨机构达 20 余家。第三方物流企业的服务功能正在稳步提高，初步形成了以原有商贸、交通、仓储企业为主，依托自身优势，发展特色业务、积极向现代物流发展的态势。湖北省已初步形成由大型专业物流管理与服务企业、转型的传统物流企业、新型服务企业和区域物流企业构成的物流企业体系。

湖北省的商业连锁企业近年来不断发展壮大，通过依托自身较为完善的物流系统，实行集中管理和统一配送，并运用自建、租赁、收购、兼并等多种方式加快连锁扩张步伐，扩大卖场规模，涌现了诸如武商集团、中商集团、中百集团等较有影响力的商业连锁企业。至 2007 年底，全省批发零售贸易连锁业门店总数达 3143 个，同比增长 15.5%，营业面积 336.5 万平米，同比增长 19.8%，实现商品销售额 504.6 亿元，同比增长 16.7%，统一配送商品购进额占购进总额的 52.1%。

（二）第三方物流企业发展规模不大

目前，湖北省第三方物流企业整体规模不大，服务水平不高，与整个供应链式服务相差较远。目前仍以运输、仓储等基本物流业务为主，加工、配送、定制服务等增值服务功能尚处在发展阶段；从物流供给的角度看，为用户提供物流信息服务、物流方案设计、全程物流服务等一揽子高层次服务的比重也并不大，缺少在区域范围内有品牌的专业化第三方物流企业；缺乏必要的服务规范和内部管理规程，经营管理粗放，很难提供规范化的物流服务，如从运输工具来看，国际上平均集装箱货运量占到总货运量的 63%，我国不足 40%，而湖北还不到 10%。因此，企业的管理水平和服务质量都有待进一步提高。

总体而言，湖北现代物流的企业体系尚在形成之中，大部分所谓的"物流"企业是近年来由传统仓储、运输企业发展而来，规模较小，管理水平较低。即使初具现代物流企业雏形的物流企业，其规模实力、技术装备、管理水平与国际先进物流公司相比，仍差距较大。

第二节　湖北现代物流企业发展重点

一、整合壮大物流骨干企业

（一）整合工商、运输、货代、物资、仓储等行业物流资源，引入循环经济理念，完善供应链物流系统

重点围绕我省的支柱产业和优势产业集群，有选择性地建立配送中心，围绕我市重点产业链上、下游产品的关系，将物流供应链理念渗透到从产品的原材料采购到制成品的销售整个产业链的全过程，有效改善供应链物流系统，提供物流供应服务。实现以武汉为中心的武汉城市圈内工业、商业、运输、货运代理、联运、物资、仓储等行业物流资源的整合。支持和鼓励物流企业实施绿色供应链管理，发展绿色物流。

（二）加快发展和引进第三方物流企业

引导规模大、效益好的钢铁、汽车等大型企业剥离自营物流功能，形成以钢铁及大宗原材料、汽车及零部件配送等为主业的第三方物流企业。帮助存量资产大、市场前景好的商贸、物资、仓储企业整合资源，向第三方物流企业发展。积极引进国内外知名第三方物流企业和物流地产商，引进全球跨国物流公司在我市建立区域分拨中心、区域配送中心和采购中心。鼓励本地物流企业与国内外知名物流企业的合资合作。

（三）支持物流企业做大做强，培育骨干物流企业

选择一批在现代物流领域已经起步并取得明显成效的优势企业作为"武汉市现代物流发展骨干企业"，加强引导、扶持和服务，促进其更快更好地发展，发挥典型示范作用，带动全市现代物流的快速健康发展。扶持长航集团、武钢物流、湖北汽车运输、铁路、邮政、航空货运、中百集团、武汉中远、中外运湖北等一批企业做大做强，培育一批符合国家物流标准的A级物流企业。鼓励交通运输、批发仓储、货运代理等企业通过兼并与联合，重点培育20家～30家物流企业。吸引马士基、中运等国际国内知名物流企业来鄂设立基地公司。"十二五"期间，培育20家达到国家4A级标准和5家5A级标准的物流企业。

二、扶持重点物流企业

（一）鼓励制造业企业外包物流业务

围绕制造业和商贸流通业产业链的延伸，着重引导一批基础较好的第三方物流企业参与其物流业务的外包。出台相关政策，组织实施示范工程，积极引导制造企业分离外包物流业务，推动制造业与物流业强强联手，打造新型龙头物流企业。

（二）加快传统物流企业的提档升级

扩大铁、水、公、空立体交通运输基础设施网络，实现多种运输方式相结合，延伸产业链，实现物流资源的有效整合，提高产业集中度和抗风险能力，加快传统的交通运输业向现代物流业的转轨变型。

（三）提升现有物流企业的服务能级

支持、鼓励物流企业争创"国家Ａ级物流企业"。对争创Ａ级物流企业和达到国家标准的Ａ级物流企业予以奖励和政策支持。

（四）打造湖北省的"物流航母"

在现有的第三方物流企业基础上，对行业公认的龙头企业，按照"扶大、扶优、扶强"的原则，进行重点引导、支持、培育和发展，使其尽快成为我省物流"航空母舰"。

第三节　湖北现代物流企业发展的战略与对策

一、基本战略

（一）转型一批

要充分利用湖北现有物流资源，加快传统物流企业向现代物流企业的转型。

湖北省现有丰富的物流资源是一笔巨大的财富，弃之不用是浪费。传统物流企业在经营设施、物流和客户网络等方面具有优势；但也存在技术手段落后、人员总体素质偏低、场地设施利用率不高等问题，必须采取措施支持传统物流企业实现向现代物流企业转型，以提高竞争力。具体措施：

创新机制，积极拓展现代物流业务。既要按照精简、高效的原则，通过股权结构多元化，建立现代企业制度，优化企业资本结构，规范企业法人治理结构，改善企业经营管理，增强企业活力，又要引导企业创新机制，主动出击，积极拓展现代物流业务。可借鉴上海商储公司设立上海全方物流公司的办法，通过建立全资、控股子公司或与其他企业建立合资合作企业，在出口加工区或其它重要生产基地附近，择地新建物流基地，完全以现代物流理念运作，对外承接第三方物流业务，子公司的发展壮大，又反过来促进母公司的转型和发展。

整合资源，着力优化企业资产结构。整合百货集团及湖北省物资集团的储运资源，并吸收其他法人股东和社会资本，组建一个国有控股的配送公司，既向集团提供采购、配送服务，又向社会提供专业化储运和配送服务。同时应整合各相关企业的储运资源，组建一个国有控股的配送公司，并结合连锁业的发展，逐步建设生鲜、熟食制品、冷冻等专业化配送中心，提升社会化、专业化储运的能力，形成总体竞争优势。各系统都要加大传统物流企业的资产重组和置换力度，盘活存量资源。对位置偏远、交通不便或亏损严重的不良资产，采取出售、转让等方式处理，收入用于企业更新改造，或投入信息平台、物流基地、物流中心、配送中心建设，实现布局结构调整。

增加投入，切实提高企业管理技术水平。要在资金上、政策上大力支持传统物流企业向现代物流企业转型，帮助企业增加投入，鼓励企业进行更新改造，构建先进的物流信息系统和应用先进的物流装备技术。要加强培训和引进，提高企业领导和员工的整体素质，建设一支专业队伍，提升整个企业的经营管理水平、物流技术服务水准和市场开拓能力。要引导企业引进先进的现代物流理念，通过物流系统的优化设计，对仓储、运输业务及延伸的包接、加工、配送、分销、信息等服务功能进行有效的整合和提升。

（二）培育一批

要适应世界物流业发展趋势，大力培育和发展第三方物流企业。第三方物流的出现是社会化分工越来越细化和专业化的必然结果，代表了现代物流发展的方向，湖北建设现代物流企业体系应以大力培育和发展第三方物流企业为主线。

一是要引导仓储配送、交通运输、货运代理、多式联运等企业，根据自身比较优势，紧紧围绕用户的需求，提供优质高效的部分或全程物流服务，逐步向第三方物流企业升级。

二是要培育和发展一批第三方物流企业，充分发挥其专业化、规模化优势，建立信息管理系统，将物流业务与工商企业的生产营销紧密融合，真正为用户提供物流系统策划、运筹、实施、控制的整套服务。

三是对已有一定基础的粗具第二方物流企业雏形的企业，努力扶持其发展成为中部地区乃至全国有较大影响的龙头级企业：一要通过改制、上市、兼并、重组等多种形式，以资本为纽带，壮大企业实力和规模；二要在政策、资金、业务上扶持其建立一个覆盖中部地区乃至全国甚至海外的可扩张的物流网络，帮助其获取各种准入资格以及地区行业进入，使之有能力在全国甚至全球范围参与竞争；三要支持第三方物流企业与本地大型工商企业结成合作联盟，拓展连锁配送，批发代理、仓储运输等核心业务，实现业务多样化和规模扩大化；四要加快建设和完善企业物流信息平台，不断提升核心竞争力。

（三）引进一批

要通过举办中外合资合作企业的方式引进一批国际先进物流企业，以便为湖北发展现代物流业，建设现代化物流园区、物流中心、配送中心，树立一个完全第三方物流运作的企业样板。要支持国内物流企业大力开展招商引资，争取与跨国物流企业合作，借助外方的资金、管理、技术的优势及品牌和顾客资源，提高企业竞争能力。

设立中外合资合作物流有限公司、跨国公司商品采购中心、外商投资物流中心、配送中心，对湖北发展现代物流业和扩大外贸出口及提升中心城市整体功能有积极意义，建议省委、省政府出台相关政策，明确提出要大力引进此类项目，建议市委市政府授权市商务局审批部门，会同市交委、经委等物流相关部门，研究有关在全国率先引进这类项目的办法。

（四）引导一批

要转变传统观念，引导生产性企业、商贸企业推广应用第三方物流。生产性企业、商贸企业将物流外包于第三方物流企业，优点是：（1）节省费用，减少资本积压，不仅减少购买车辆等固定费用，而且减少车间仓库、发货设施、包装器械以及员工有关的开支。（2）减少库存，借助第三方物流供应商精心策划的物流计划和适时运送手段，最大限度地减少库存，改善企业现金流量，取得成本优势。（3）物流风险转移，利于集中主业。（4）通过第三方物流供应商的信息平台及时了解市场信息，缩短交货期限，改进售后服务，树立自己的品牌形象。

要在生产性企业、商贸企业中进行物流普及教育与宣传，推广应用第三方物流，使它们了解第三方物流的积极作用，从而转变观念，逐步将原材料采购、运输、仓储和生产成品流通领域的加工、整理、配送等业务有效分离出来，交给专业化的第三方物流公司承担。

第三方物流企业应以自己实际的运作，用事实证明第三方物流企业给企业带来的各种利益，如果能够作出一至二个成功的第三方物流运作模式，并以此进行推广，第三方物流就将大有可为。

二、具体政策

（一）市场准入政策

帮助还没有取得国际货代资格的大型第三方物流企业获取国际货代资格，使其业务范围向全球延伸；帮助市重点培育和扶持的大型第三方物流企业以较低成本代价进入海运、航空以及公路、铁路运输市场；帮助国际物流业务量大的物流园区、物流中心、配送中心申请设立海关监管点或监管仓库、保税展馆等；对省重点培育和扶持的大型第三方物流企业的货运车辆，放宽交通管制，限量允许其 24 小时在市区行驶。

（二）土地使用的政策

规划、国土部门对市重点培育和扶持的大型第三方物流企业的第三方物流项目用地，包括企业物流基地、物流中心、配送中心等用地，应优先批准。具体办法由市规划部门会同国土部门制定；物流项目具备基础设施建设性质，物流项目用地应免除有关市政基础设施配套费；在省规划的物流园区内设立的配送中心、物流企业新增用地和物流中心，按仓储用地的标准实行有偿使用，按当地标准适当下浮收取土地出让金，金额较大的，经国土部门批准，可采取延期或分期交纳方式；对于省重点培育和扶持的大型第三方物流企业，以原划拨土地为条件，大力引进资金和先进设备建设物流中心和配送中心，在按优惠地价缴纳土地出让金后，将土地使用权作为国有资产作价出资，占有一定股权；对于省重点培育和扶持的大型第三方物流企业，凡未涉及产权变更、转让的原划拨土地，在自行改造为物流中心、配送中心后，免予缴纳土地出让金；对于省重点培育和扶持的大型第三方物流企业，在新建物流中心、配送中心时，易地改造旧仓库等设施，企业可用对原有土地依法转让所获得的土地出让金，抵缴新建物流中心、配送中心应缴的土地出让金（超出部分不返还）。

（三）公共设施使用的政策

对省重点培育和扶持的大型第三方物流企业的物流项目用电，按工业用电标准收取电费。

（四）财政金融政策

从2009年，对重点培育和扶持的大型第三方物流企业中的国有或国有控股企业，在其引进建设物流中心、配送中心、信息管理系统、经营生鲜熟食商品等所需设备进行技术改造时，经省商务厅报省经贸委备案确认、省税务机关批准，可按照有关规定，享受国产设备投资抵免所得税的政策；在省重点培育和扶持的大型第三方物流企业进行收购、兼并、重组改革时，涉及到企业资产或股权变动的，免缴相关费用，未涉及产权变动的，免缴企业内部收益转移而产生的重复税费；从2009年起5年内，对省重点培育和扶持的大型第三方物流企业，新增第三方物流业务缴纳的地方税，全额或部分返还企业作为企业发展基金，被其兼并、收购的企业享有同样的优惠；对省重点培育和扶持的大型第三方物流企业，支持和鼓励其股份制改革，符合条件的，可推荐其在境内外上市，发行股票、债券或其他方式进行融资。

（五）人才政策

对于进入这些企业工作的具有博士学位或正高级职称的人员，政府帮助解决住房并给予一定的安家费；对于硕士以上或具有副高级职称的人员，解决配偶及子女的户口以及子女上学问题；对于在工作岗位上有理论创新和突破的科研人员，政府给予一定的奖励。

（六）科研开发的政策

帮助有需要和有条件的市重点扶持大型第三方物流企业成立研发中心；帮助有需要和有条件的企业申请设立博士后流动站，吸引人才加入；定期组织开展科研交流活动；设立企业物流科研基金，资助科研项目。

三、具体措施

第一，加强领导，成立组织机构。要借鉴香港、北京等地的做法，建立湖北省现代物流发展联席制度，设立常设机构以及相关工作人员，负责政策的具体落实。

第二，适时追踪，确保企业能得到应有政策支持。对省重点扶持的大型第三方物流企业扶持政策的落实要适时追踪，及时解决遇到的问题，确保这些企业真正地享受到这些政策优惠。

第三，加强沟通，了解企业的需要。对每个省重点扶持的大型第三方物流企业，市政府应建立联系制度，委派专门人员负责沟通，及时了解企业的需要告知可以享受的优惠，做到面对面服务。

第四，加强政策的宣传和推广。将政府所制定的优惠政策以文件的形式发放到这些市重点扶持的大型第三方物流企业及有关部门，使企业了解自己可以获取的政策支持，有关部门可以有的放矢地对市重点扶持的大型第三方物流企业提供支持与服务，使政策发挥真正的作用。

第五，大力宣传重点企业，扩大影响力。对政府确定的重点物流企业进行宣传以扩大其影响力，帮助塑造企业品牌。

第六，完善相关的法规体系，推动物流标准化工作，规范市场竞争行为，为企业提供开放、竞争、公平、有序的市场环境。

第四节　湖北重点物流企业案例分析

一、武汉中远公司引领湖北省第三方物流企业加速发展

武汉中远公司的成长与发展有中远集团雄厚的实力支持。作为以航运、物流为核心主业的全球性企业集团，中远在全球拥有近千家成员单位、8 万余名员工，中远集团目前是中国第一、世界第二大航运企业。在中国本土，中远集团分布在广州、上海、天津、青岛、大连、厦门、香港等地的全资船公司经营管理着集装箱、散装、特种运输和油轮等各类型远洋运输船队；在海外，以日本、韩国、新加坡、北美、欧洲、澳大利亚、南非和西亚 8 大区域为辐射点，以船舶航线为纽带，形成遍及世界各主要地区的跨国经营网络。中远目前拥有和经营着 640 余艘现代化商船、5000 万载重吨、年货运量超过 3 亿吨，远洋航线覆盖全球 160 多个国家和地区的 1300 多个港口。中远集装箱运输有限公司作为中远旗下主营国际及国内集装箱运输的核心承

运人，拥有和经营 140 多艘各型现代化全集装箱船舶，可以提供超过 52 万标准箱的超强运力，20 多条全球运输主干航线直达 100 多个世界重要港口。中国远洋物流有限公司作为中远经营现代物流业务核心企业，自 2002 年成立以来迅速发展壮大，先后在家电、汽车、电力、石化、会展、零售业物流上建立起行业领先品牌。在由中国交通运输协会等八家行业协会组织的"中国物流百强企业"评比中，中远物流连续多年勇夺桂冠。在中国物流与采购联合会公布的第一批 26 家 A 级物流企业名单中，中远物流名列 5A 级物流企业榜首。

（一）以中远集团遍及全球的航运和物流网络为依托，实行统一管理

武汉中远公司以中远集团遍及全球的航运和物流网络为依托，统一管理中远系统在华中、西南地区的国际、国内集装箱货运代理、船舶代理、现代物流业务。武汉中远公司网点覆盖长江中上游地区重庆、四川、湖北、湖南以及江西四省一市，在所辖区域内共计设立子公司、分公司 25 家。其中省级公司 3 家：重庆中远国际货运有限公司、四川中远国际货运有限公司、江西中远国际货运有限公司；直属分公司 7 家：武汉中远国际货运有限公司宜昌分公司、荆州分公司、岳阳分公司、黄石分公司、九江分公司、襄樊分公司、中远国际航空货运代理有限公司华中分公司；汽运公司 1 家：武汉远洋大型汽车运输有限公司。

（二）努力为腹地内的经贸客户提供更完善、更高效、更安全的全程运输链服务

武汉中远公司作为中远集团在长江中上游地区唯一经营销售代表，秉持集团"求是创新、图强报国"的企业精神，立足中西南地区服务区域经济发展。为积极响应国家推进长江黄金水道建设战略，公司一直致力长江航运建设，努力为腹地内的经贸客户提供更完善、更高效、更安全的全程运输链服务。近年来中远对长江支线运力投入逐年增长，目前，中远长江中上游武汉区域支线营运船舶 32 艘，运力超过 4200TEU，共开辟了 6 条航线，挂靠长江 20 个港口，每周开出的航班达 36 班次，覆盖了长江内所有集装箱进出口的口岸，大部分口岸每周的班期数都达到 4 班以上。2006 年开始，中远在长江更是大举推进自有船舶投入。2006 年 3 月 30 日，中远 01 号轮在重庆举行命名仪式并正式投入运营。截至 2009 年 4 月，以"中远"号命名建造并投入运营的长江内支线船舶已达 9 艘，长江中上游中远支线运力布局得到进一步明显优化。

（三）开辟"中远武汉－洋山直达快速航线"

为积极贯彻湖北省、武汉市努力打造长江中游航运中心的发展要求，2006 年 5 月 16 日，公司在武汉开辟"中远武汉—洋山直达快速航线"，该航线是长江中上游地区第一条真正意义的江海直达航线，大大节约了江段运输时间，有效拉近了武汉与上海国际航运中心的距离。航线的开通得到了湖北省、武汉市政府以及有关部门高度重视和大力支持，武汉市政府专门召开新闻发布会，省市领导出席并参加了航线开通仪式。2008 年起，武汉中远公司更是在市场上率先开设以武汉为中心的中上游支线转运模式，目前我们已基本形成泸州—武汉、重庆—武汉、宜昌—武汉、荆州—武汉等由武汉中转出海支线。以武汉为中转的运输模式，符合湖北省、武汉市打造武汉航运中心的战略意图，对于提升武汉港在长江中上游的地位，提高内支线货运集散运输效率都有着重要作用。以荆州—武汉—上海的中转运输为例，运输效率相比原运输模式可提高 200%。

（四）在加快运力建设的同时，公司也注重客户服务质量的不断提升

逐步形成了行业领先的服务竞争优势。公司目前拥有在世界航运公司中领先的 IRIS—2 全球业务信息系统，是长江流域唯一可提供干支线全程信息跟踪服务的船公司；可为客户提供江海干支线一体化运输服务支持；依托中远充沛的箱源储备和广阔的箱源渠道，为客户提供稳定可靠的箱源保证；在内贸运输、拼箱、特种箱、空运业务、报关、报检和保险代理业务，以及各类延伸增值服务领域，为客户最大限度地提供个性化需求服务。公司成立十多年来，承运的进出口集装箱累计超过 60 万箱。2008 年，在国际国内经济危机整体不利形势下，公司集装箱进出口总量达到 12.7 万标准箱，同比 2007 年增长 5%。公司服务也得到了市场和客户的充分认可，在行业权威评比—"中国货运业大奖"评比中，公司荣膺"中西部地区最佳货代公司金奖"殊荣；在海关总署、中国报关协会举办"全国报关企业诚信服务百优评选"中，荣获"中国百优报关企业"以及"最佳管理奖"两项大奖。

（五）积极为区域内重大工程建设和生产企业提供全方位的工程物流和产品物流专业服务

公司在打造中远长江精品货代运输服务的同时，积极加快现代物流服务建设，为区域内重大工程建设和生产企业提供全方位的工程物流和产品物流专业服务。2006年7月1日，青藏铁路成功通车，举国欢庆，武汉中远物流人更是感到由衷自豪，正是武汉中远物流人将西藏历史上首台铁路机车——1083号东风4型内燃机安全运抵海拔4704米的安多铺架基地，开创了中国公路运输史上"汽车运火车"的先河。在支援国家青藏铁路建设的近两年中，公司圆满完成了24台东风内燃机车、177台平车等共计233台（套）青藏铁路铺架设备运输任务，累计高原行使里程16.42万公里，263次翻越海拔5231米的唐古拉山口。在三峡电站建设工程中，自1999年工程运输投标之日起，先后完成三峡左岸、三峡右岸以及地下电厂等建设工期中的核心设备运输任务，长江段里程达1800多公里，累计货量达到5.7万计费吨。2005年，在湖北枝江中石化"煤代油"项目中，成功操作了两台单件重量高达540吨的大件设备人工拖绞卸船作业，创造了长江内河运输单件货物重量之最和人工拖绞卸船单件货物重量之最两项全国纪录。今年5月19日圆满完成了安庆蜡油加氢项目加氢反应器大型设备运输，设备总量更是一举突破750吨。公司与在汉的各重要建设工程和生产制造企业也有着广泛的工程物流项目合作，先后为阳逻大桥建设、阳逻电厂、武汉重工、湖北电建、五环神化、汉川电厂以及武汉一冶等提供国际国内大型设备运输服务。目前，我们与武汉市在建重大项目武汉八十万吨乙烯项目以及武锅改造项目保持着密切的联系和沟通，将为项目后继的物流服务需求提供我们的支持。

在产品物流领域，与区域内东风、神龙、本田、海尔、海信以及TCL等知名生产和经营企业建立了紧密的战略合作关系。在电子产品物流服务方面，中远物流凭借专业的物流管理和丰富的运营经验，牢固确立了在业内的领先地位。服务武汉市打造"国内一流、国际知名"武汉·中国光谷产业经济区的发展战略，努力为园区客商提供周到的贴身服务。目前，我们已经与重点大客户富士康集团建立起稳定的战略合作关系，负责提供其集装箱代理运输以及仓储、配送等全方面物流服务。在汽车物流领域，形成了围绕汽车产品从原材料采购、零配件海外进口及国内配送、4S 销售质押监管到 CKD 和整车出口较完整的物流服务体系。公司不断创新物流服务模式，在区域产品物流市场率先开创融资物流业务，建设生产企业、银行和第三方物流企业新型合作形式，实现了企业发展融资瓶颈的有效突破。2008 年，公司累计实现物流营业利润 2575.3 万元，同比 2007 年增幅 34%。

二、武汉汇通物流网络有限公司打造现代物流公共服务平台

武汉汇通物流网络有限公司成立于 2000 年，是由武汉市交通建设投资有限公司、武汉运通实业有限公司、武汉交通信息技术中心共同投资组建的股份制公司。公司地处 107、316、318 国道和京珠、沪蓉高速公路的过境口和交汇处，是武汉市专业从事公路货运、货运代办、仓储配送、零担快运、停车服务的综合性公路物流服务及信息一体化的企业；是武汉市物流发展重点企业、湖北省首批实施电子商务单位之一、交通部重点公路主枢纽单位、湖北省道路运输协会理事单位、武汉市道路运输协会常务理事单位、武汉市运输协会物流分会副会长单位；也是华中地区最具规模、辐射面最广、信誉度最高的公路物流园区之一。

从 2005 年开始，公司即着手探索利用信息化手段改造传统经营模式，并于 2006 年组建汇通银河信息技术有限公司，开发了公路物流信息平台（银河网）。在目前为止，银河网网络客户达到 1500 余家，日信息量达 10000 余条，网络覆盖全省大部分地区，是目前湖北地区唯一的也是最大的公路物流专用信息平台。

（一）立足现状，加快公路物流信息平台建设

信息平台运营方式：会员收费模式。

信息平台服务对象：物流需求企业，物流中介，物流服务提供商等。

信息平台提供方式：无线通讯终端及宽带互联网络终端。

信息平台已具备的功能：一是已经实现货源信息、车源信息的网上发布，网下交易的模式，为广大物流客户提供了虚拟的、便捷的沟通平台。有效的实现了物流资源的优化配置；二是提供物流信息检索功能，方便客户在面对大量的物流信息面前，用最短的时间找到自己最需要的信息；三是提供

身份证、行车证、驾驶证，三证网上查询功能，一定程度上避免了骗车、骗货现象的发生，保护了会员客户的切身利益；四是对于会员客户实行实名准入认证制度，确保了后台客户资料的准确性，真实性；五是提供全国各级公路情况，及 24 小时天气情况，方便客户对货运过程中的客观条件的参考。

信息平台覆盖范围：一是信息平台已经覆盖了武汉，孝感，仙桃、随州，黄石，咸宁，宜昌、襄樊等湖北大部分地区，促进了湖北区域物流经济及 8+1 城市圈的物流发展；二是信息平台已经与全国其他城市实行联网，资源共享，每日信息达 30 万余条。公司与全国二十多个省会城市的物流专用网络平台签订联网协议，让公司的用户不仅可以查询到湖北省的信息，也可以随时查询其他地区的物流信息，为企业经营提供了参考依据；汇通物流在 2000 年成立以来非常重视网络信息化方面的建设，通过货运中心的门禁管理系统，建立起庞大的、第一手的车辆数据库，汇聚了大量的，真实的，全面的全国车辆信息，为下一步物流信息化平台建设做好了准备。

（二）展望未来，建立一个综合性的物流网络平台

公司将建立一个综合性的物流网络平台作为未来 3 ～ 5 年的基本目标。

近期目标：进一步完善物流资源信息发布和检索平台、实名认证系统、手机终端服务平台、运输运力资源库。提高信息通畅度，缩短车辆配货时间、降低空载率、加快货物发出速度、充分利用仓储资源、解决信誉危机、降低运输成本和提高服务质量。达到以多种服务扩大收益、积累用户资源，在行业内形成规模影响的运营目的。

中期目标：建立水运、航运信息平台子系统。建设网络洽谈室、网上委托、货物跟踪、GIS 信息服务、网络仓储系统、支付保障系统。将现代信息技术和有效组织管理手段贯穿物流服务各个环节，实现整合分散物流资源，建立协作服务机制，增强配套服务连贯性。通过规模物流，保障客户利益，提升整体物流服务水平，促进现代物流业与社会经济协调发展。形成跨地域的特色服务品牌，达到规模赢利的运营目的。

远期目标：通过资本运作、品牌运作及服务联合等手段，建立服务联盟、扩大服务范围，形成全国性的物流综合服务平台和物流行业权威媒体平台。

三、武汉九州通集团股份有限公司争做中国医药业的航母

九州通医药集团股份有限公司（简称"九州通"，证券代码600998）是国家5A级物流企业，成立于国家允许民营资本进入医药流通领域的1999年，2010年11月在上海证券交易所挂牌上市，是在中国医药商业行业处于领先地位的上市公司。

九州通以药品、医疗器械等产品批发、零售连锁、药品生产与研发及有关增值服务为核心业务，是现全国最大的三家医药商业流通企业之一，同时也是医药商业领域仅有的具有全国性网络的两家企业之一。九州通已连续6年位列中国医药商业企业第3位、中国民营医药商业企业第1位，入围"中国企业500强"。截至2010年底，集团公司拥有总资产81亿元、员工7412人、下属公司70余家，直营和加盟的零售连锁药店709家，2010年实现销售收入212.52亿元，税费总额3.26亿元。初步形成了覆盖全国大部分县级行政区域的物流配送网络，是国内唯一具备独立整合物流规划、物流实施、系统集成能力的医药物流企业。

（一）勇于开拓，打造九州通发展战略和速度

在国家正式对民营资本放开医药商业市场后，九州通集团于2000年1月正式创立第一家经营性子公司——湖北九州通医药有限公司。九州通始终坚持低成本、高效率、平价销售药品的方针，在经营策略上以"低、齐、快、优、网"五个方面赢得市场。

1. 一低：低成本购进，低毛利销售。推行"低毛利率"批发的经营策略。但是"九州通"这种低毛利率经营并不是简单地与同行打价格战，而是在"低成本购进"的基础上"低供价销售"。

2. 二齐：经营品种齐，客户类型齐。经营品种（品规）齐，能够满足各种类型客户的采购需要，对单一客户而言，也能实现"一站式"购买，免去了客户东奔西跑的配货之苦，节约客户成本；分销客户类型齐又为各经营品种广开销路，扩大销售规模。在良性循环中，二者相辅相成，相得益彰。

3. 三快：供货速度快，货物、资金周转快。供货速度快，能够随时满足客户的购物需求，货物周转快能够降低库存，同时提高资金周转率。"低毛

利率"经营策略为其"现款现货"交易模式奠定了扎实的基础，不做遗留应收账款的"假销售"，提高了"九州通"的资金利用率。

4. 四优：产品质量优，客户服务优。"九州通"从以下方面优化了服务：一是建立配送队，只要客户有需要，不论订单大小，均代办运输，为其送货上门。二是为配合新产品的上市工作，成立了专门的新品种推广队伍。三是在地级以上市场建立起"办事处"，专人长期驻守。使"九州通"的营销网络开拓更加高效，物流更加顺畅。不让一支、一粒、一片假冒伪劣药品从九州通流向社会。

5. 五网：上游供应网，下游分销网，自身营销网。"九州通"建立了这三张网，并通过集团公司自主研发的电子商务模式将这三网进行有机融合。

（二）多维打造最佳医药服务商

目前，九州通在上海投资兴建的亚洲最大医药物流中心已顺利施工，全国 70% 以上的行政区域也陆续兴建了 34 座现代医药物流中心，且全部为独立集成建设，同时研发使用了拥有自主知识产权的信息系统。九州通把"做最好的医药商业服务商，降低我国药品流通总成本"作为公司的目标。

在考察比较了国际医药物流巨头的管理模式后，九州通用 3 年时间逐步淘汰来自日本的信息管理系统，全部采用集团自己开发的系统。公司专门从国内外名校如哈佛、麻省理工、清华，以及跨国公司如 IC、NEC 公司等聘请专业人才组建了 400 人的信息化团队，以应对不断拓展公司网络的信息化需求。公司老总刘宝林认为："自己组建专业人员开发的系统，更了解、也更适合中国国情，很好地解决了药品编码和周转箱等物流标准问题。"

（三）打造中药材现代物流

中药材确是九州通的一个新兴战略领域，近期拟以总计 2600 万元交易价格全资收购武汉楚昌投资有限公司持有的湖北金贵中药饮片有限公司100% 的股权。此外，九州通与劲酒集团合作共同投资 1 亿元"选择在道地药材产地建立 GAP 药材基地，为中成药生产企业和中药饮片市场提供九州通品牌和有质量保障的中药材"。

与成药相比，药材市场较难规范，九州通恰恰可以利用自身的物流优势，从源头保障药材质量，并经过可追溯的流通渠道，进入中成药加工企业或消费者手中。这样既可以保证传统中医药的疗效，还可以支持像劲酒这样的品牌中医药保健品企业，为更多的非药用健康产品使用中药材原料提供质量保证、价格稳定、供应充足、物流成本低的药材。

第六章　湖北现代物流园区建设现状与发展措施

第一节　湖北现代物流园区建设现状

一、湖北省物流园区按照"十一五"规划布局逐步发展壮大

湖北省以武汉和两个副中心城市宜昌、襄阳为依托，已形成三大区域经济圈，即：武汉城市圈、宜（昌）荆（州）荆（门）和襄（阳）十（堰）随（州）三大经济圈，"十一五"以来，我省紧紧依托着三大经济圈，已初步形成相应的三大物流圈，并逐步形成以物流圈—物流枢纽城市—物流园区—专业物流中心为骨干的网络体系的雏形。依托我省现有优势产业的汽车、钢铁、石油化工、农产品等，快递物流也在逐渐发展壮大，已形成一批有较好行业前景的专业物流中心和第三方物流企业，并在不断地发展壮大，成为我省龙头物流企业，带动着全省现代物流快速发展。

（一）武汉城市圈物流圈

目前武汉城市圈物流圈主要是依托武汉城市圈，以武汉市为中心，连接周边100公里左右的黄冈、黄石、鄂州、孝感、仙桃、潜江、咸宁和天门8个城市，形成的产业分工协作的物流网络体系，武汉市和黄石市是该物流圈的节点城市。

1. 物流园区

（1）阳逻物流园：以深水港区为依托，连接公路、铁路、邻近国际空

港，面向武钢、化工新区及本区域周边制造业基地，承担着以水运集装箱运载为主要形式的物资及商品进出中转的物流活动，提供仓储、多式联运、进出口集装箱装卸等物流服务功能和报关报验等口岸功能。

（2）舵落口物流园：主要依托高速公路在武汉市北部的出入口连接点、入城主干道，连接铁路集装箱中心和汉江内河航运，重点面向周边汉正街、西汉正街、舵落口等大型专业批发市场和高桥制造业园区、铁路集装箱集散中心、装饰建材等，提供着以多式联合运输中转服务、区域间分拨集散为主的物流活动，同时承担对同城和区域内专业化仓储、配送及信息管理等物流活动。随着武汉 B 型物流保税中心的正式通关运行，正朝着集商品进出口报关、检验及中转集散等口岸功能和国内物流功能为一体的 B 型物流园区的目标在积极努力。

（3）常福物流园：主要依托高速公路出入口连接点、连接武汉城市外环线，临近长江航运及铁路专用线，毗邻武汉经济技术开发区，重点面向武汉经济技术开发区及汉阳地区制造业基地，承担以汽车整车及其零部件、机电产品、电子信息类产品及其原材料配套件为主的商品到发货、综合性仓储分拨、加工包装、运输、信息管理、配送等物流服务，并朝着集公路、铁路、水运融为一体，使武汉经济技术开发区与国内主要城市和地区实现快运直达的区园联动型物流园区的目标在积极努力。

（4）郑店物流园：主要依托高速公路在武汉市南部区段最大的互通出入口连接点、连接京广铁路干线和长江航运，重点面向东湖高新技术开发区、庙山开发区及白沙洲等江南片制造业基地和大市场群，承担着为装饰建材、农副产品、光电子产品及医药等商品提供集散、储存、加工包装、运输中转、配送、信息处理及商品展示等现代物流服务。并朝着集公路、水运和铁路运输为一体的以集散和中转服务功能为主的现代化物流园区目标在积极努力。

（5）宋家岗物流园：主要依托天河机场和武北铁道大编组站及城市外环线，连接阳逻水运集装箱深水港区，重点面向迅速发展的武汉航空快递和航空货运业务，大力发展作为空港后勤基地的包裹、空运货物的分拣配送业务，以及作为连接空港和大型铁道编组站间货物快速转运和集散的喂给基地。作为武汉市北部的重要物流节点和综合性现代功能较全的物流园区，提供着北方到汉或经由武汉市航空、铁路及公路运输中转货物的暂存仓储、转运、分拨、交易中心和信息服务，目前正在积极筹划开通全货机国际国内运输服务。

（6）花湖物流园：主要依托沪渝高速和拟建的黄石鄂东大桥，充分发挥花湖商贸区大型市场比较集中的优势，重点建设辐射整个鄂东地区与武汉物流圈对接的物流信息中心，配套建设生产资料、汽车、农副产品、冷链产品、装饰材料、服装、鞋产品等的配送中心。

（7）罗桥物流园：罗桥地区 106 国道和武九铁路交会点，规划中的大广高速公路也将穿境而过，是实现黄石市区与大冶城区对接的枢纽，是全省铁路、公路转运中心和人流、物流大进大出的重要枢纽。充分发挥罗桥地区的区位优势，配套建设铜产品、钢材、涂镀板材、压缩机、保健酒等专业物流中心是其正在努力的方向。

（8）棋盘洲物流园：充分利用黄石国家一类口岸和海关、商检、检疫、边防、航线齐全的水运支撑系统，与棋盘洲新港区建设相配套，构筑棋盘洲物流园区，并通过大韦一级公路、地方山南铁路与罗桥物流园区对接，形成鄂东地区最大的铁公水陆联运物流枢纽和长江中游重要的物流园区，成为中南地区水陆交通枢纽的重要组成部分。在该园区内，重点围绕水泥、煤炭、铜金砂、特钢、粮油等建设专项物流配送中心，随着黄石新港项目的确立，该园区的建设步伐将进一步加快。

（9）咸宁流通加工型物流园：主要依托长江水路、京广铁路、京港澳高速、107 国道以及湘鄂赣三省交界的区位优势，立足于咸宁市的农副产品比较优势，重点发展无公害蔬果、牲猪、水产、雷竹、茶叶、楠竹等农副产品物流配送，已初步建成服务于电力能源、纺织服装、森工造纸、高新技术等产业，覆盖鄂南、沟通湘北及赣西的区域物流中心。

2. 物流中心

（1）丹水池—后湖生产资料物流中心：位于武汉市北大门，紧临京广铁路和长江航运，靠近天河机场、阳逻深水港和城市外环线，具有集水陆空于一体的优势。其发展重点为加工配送、信息发布、物资储运、物流集散，为江北地区制造业企业提供市场化的钢材、塑料等生产原材料交易平台及专业化的仓储、加工、配送一体化服务等；为商贸企业提供日用商品的配送服务，目前该物流中心的辐射范围将进一步扩大到汉口北大市场集群。

（2）汉西装饰建材及日用商品物流中心：主要依托京广、汉丹铁路，毗邻318、107国道，临近西汉正街、汉正街等大型专业市场及桥口都市工业园区，重点发展以各类大宗装饰建材的到汉集散、中转分拨、区域内配送和日用消费品的批发、运输、存储集中展示交易、加工包装及信息处理等于一体的物流服务，该中心将整合高桥保税物流中心的功能。

（3）高桥保税物流中心：地处武汉西大门，京港澳、沪渝高速公路与107国道交汇处，毗邻汉丹铁路，依托吴家山台商投资区，主要承担着武汉市及省内和邻省周边地区经由武汉集散进出口的机电、日用商品、服装等货物的便捷中转、保税储存、集装箱作业、加工包装和进出口增值服务、物流信息处理、转口贸易等国际国内物流业务，目前该中心将整合到保税物流中心中去。

（4）沌口汽车及机电物流中心：依托高速公路、铁路专线及长江航运，面向武汉经济技术开发区及周边制造业企业，重点发展以汽车整车及其零部件、配套件、原材料和机电产品为主的商品集散、中转分拨和区域内的配送，承担着现代化的专业仓储、专门化运输、大宗商品分拨、直达快送、信息处理等物流服务，该中心有与汉西装饰建材及日用商品物流中心进一步对接之势。

（5）青山（阳逻）钢铁及化工物流中心：主要依托长江航运、铁路专线，临近城市外环，重点面向武汉市钢铁、石油化工两大制造业产业基地，承担着以各种钢材、石油化工产品及其原辅材料类商品为主的大宗货物集散、仓储暂存、加工包装、分拨中转、商品集中展示、市场交易、信息处理等物流服务，同时还提供对特种或特定商品的专门化运输，如化学高危产品的配送功能。

（6）白沙洲农产品及生产资料物流中心：主要依托京港澳、沪渝高速公路、107国道及长江水道、铁路专线，重点面向周边地区，承担着以农副产品（包括粮食、食用油）储运加工、钢材再制加工、装饰建材等为对象的仓储、运输配送、加工包装、信息处理、市场交易、商品集中展示等物流服务。

（7）关山高新技术类物流中心：地处武黄高速公路入口，临近京港澳高速公路、京九铁路，重点面向东湖开发区的光电子信息产业和生物技术及医药产业，承担着专门化的现代仓储、运输、配送、装卸、包装、加工、信息、商品展示、商品进出口中转功能、区域商品分拨、货运代理等物流服务。

（8）湖北邮政物流中心：主要依托省内邮政系统、航空货运、道路货运等多种运输工具组合，借助"中国邮政"良好的企业品牌，充分发挥邮政"三流合一"的优势，开发出一批具有较高层次、一体化的精益物流业务，将逐步发展成为湖北第三方物流的知名服务商。

（9）九州通医药物流中心：立足于九州通集团已在全国建立的8家大型医药商业企业、医药物流中心、120多个二级区域配送中心和700多家直营店、加盟药店，加快企业的技术改造，通过实行自动存储（AS/RS）、自动分拣（AUTO—SORTOR）、输送系统、仓库管理系统（WMS）、货位精细管理等，提高经营管理水平。通过开放式经营和国际化战略，逐步提高市场占有率。目前正在积极构想牵头建设武汉医药物流港。

（10）孝感南大农产品物流市场：位于107国道旁，享有孝感市的农副产品生产的比较优势，充分利用毗邻武汉，交通方便的区位优势，承担着发展蔬菜、干鲜果品、蛋禽及土特产交易。

（二）宜（昌）荆（州）荆（门）物流圈

宜（昌）荆（州）荆（门）物流圈以宜昌为中心，连接江汉平原和鄂渝湘边区，辐射川、湘、渝、贵等西南省区。宜昌市、荆州市和荆门市是该物流圈的节点城市。

1. 物流园区

（1）伍家岗—猇亭转运型物流园区

主要依托沪渝高速、318国道、宜万铁路、三峡机场和宜昌集装箱码头，立足于宜昌市的工业比较优势和区内的台商工业园、宜昌高新技术开发区、三峡民营科技园和载电体工业园等，重点发展水电产业、载电产业、化工、食品医药、新型建材的运输、仓储、加工等物流服务，将成为服务于宜昌及三峡库区优势资源和新兴产业集群、辐射渝东及湘西的转运型物流园区。

（2）荆州存储配送型物流园区

主要依托沪渝、二广高速及207、318国道和沙市港，立足于荆州农业的比较优势，承担着以纺织、化工、汽车零部件、家电、农副产品等支柱产业为支撑的粮棉油、水产品及建材产品等物流服务，并向辐射江汉平原及湘北地区的存储配送型物流园区的目标在积极努力。

2. 物流中心

（1）荆门石油化工物流中心：荆门是湖北省主要的原油加工基地和磷化工基地之一。荆门石油化工物流中心，依托襄荆高速、207国道和焦柳、长荆、荆沙三条铁路以及南阳—荆门、洪湖—荆门原油管道、荆门—荆州成品油管道的优势，大力发展燃料油、润滑油、溶剂油、化工原料、石蜡、沥青、石油焦、液化气、聚丙烯等产品的物流配送，并向建成辐射鄂西北和鄂西南地区的最大的石油化工物流中心的目标在积极努力。

（2）宜昌金桥农产品物流市场：进一步拓展该市场的蔬果营销、种植和开发能力，大力发展蔬菜、干鲜果品、蛋禽及土特产交易，不断增强辐射能力。

（3）恩施特色农产品物流市场：主要依托恩施现有的农业基地和批发市场，正在建成以特色蔬菜、干鲜果、中药材为主的农产品物流中心。

（三）襄（阳）十（堰）随（州）物流圈

襄（阳）十（堰）随（州）物流圈以襄阳为中心，联接十堰、随州，辐射周边豫、陕、渝地区。襄阳市、十堰市和随州市是该物流圈的节点城市。

1. 物流园区

（1）襄阳存储配送型物流园区

主要依托焦枝、汉渝、汉丹铁路及福银、两广高速和汉江水路，利用襄阳市工业的比较优势，承担着以汽车、医药化工和高新技术等产业为支撑的汽车、煤炭、粮食灯物流服务物流，并向辐射陕、豫、渝等地区的存储配送型物流园区的目标在积极努力。

（2）十堰存储配送型物流园区

主要依托福银高速公路和襄渝铁路，承担着以汽车及其零部件、水电、生物医药、绿色食品等支柱产业为支撑的物流服务，并向建设成为辐射华中和西北地区的存储配送型物流园区的目标在积极努力。

2.物流中心

（1）十堰堰中农产品配送中心：进一步巩固农业产业化龙头企业的优势地位，承担着发展蔬菜、干鲜果品、蛋禽及土特产交易等物流服务。

（2）中国（十堰）汽配城广场物流中心：主要依托东风公司的产业优势，逐步形成辐射全国各地汽车零部件及商品车销售的集散地。并向发展成为具有较强辐射力的现代化大型汽配交易市场的目标在积极努力。

（3）襄阳东风工贸物流中心

主要依托襄阳东风汽车公司的产业优势，承担汽车整车、零部件以及普通机械的加工、仓储、配送服务。

（4）随州农产品物流市场：主要依托随州现有的玉明农产品批发市场、随州粮食物流中心、黄龙农产品批发市场、香江物流基地、凉水沟农贸批发市场、亚通农贸市场、随南农产品批发市场、擂鼓敦农贸市场，并向以香菇、干鲜果、林业、烤烟为主的农产品物流中心的目标在积极努力。

二、武汉市物流园区建设发展的综合评价

物流园区建设综合评价的主要依据有以下几方面：第一是规划布局，即与城市总体规划的协调情况；第二是现状货运，即现状货物运行状况；第三是交通便利，即与水运、铁路、公路、航空等交通方式的联运对接；第四是物流用地，即园区用地的使用状况；第五是交通管制，即对于公路货运和集装运输的交通管制情况；第六是辐射范围，即辐射区域的大小。各物流园区建设的综合评价见表6—1：

表6—1：物流园区建设综合评价

序　号	评估内容	阳逻物流园	舵落口物流园	常福物流园	郑店物流园	宋家岗物流园
1	区位布置	优	优	良	良	优
2	现状交通基础设施建设	良	良	一般	良	优
3	货运通道可达性	优	良	一般	一般	优
4	交通规划	优	良	良	良	优
5	用地状况	优	良	一般	一般	良
6	现行交通管制措施	一般	良	一般	一般	良
7	物流服务辐射范围	良	良	一般	一般	良
8	综合评价	优	良	一般	一般	优

从上表不难看出，随着这几年各个物流园区不同程度的发展，出现了差异性的发展现状，随着相关重点物流项目的先后入驻，阳逻物流园和宋家岗物流园这几年的发展建设逐年看好。相比之下，常福和郑店物流园的发展明显滞后，除了交通条件的制约外，缺少重点物流的项目的入驻也是一个重要因素。舵落口物流园受武汉 B 型物流保税中心正式通关运行的利好影响，发展趋势也在逐步好转。

第二节　湖北现代物流园区总体功能

现代物流园区主要具有两大功能，即物流组织管理功能和依托物流服务的经济开发功能。

一、物流园区的物流组织与管理功能

物流园区在功能上首先是物流的核心内涵所涵盖的物流服务组织与物流运作管理的功能，即物流活动所必须具备的存储、运输、装卸、简单流通加工等功能，但与传统的货物运输组织中心所不同的是，组成园区的各个要素要具有高科技、高效率特征。

物流园区的物流组织与管理的功能一般包括：货物运输、分拣包装、储存保管、集散中转、市场信息、货物配载、业务受理等，而且多数情况下是通过不同节点将这些功能进行有机结合和集成而体现的，从而在园区形成了一个社会化的高效物流服务系统。

物流园区是物流组织活动相对集中的区域，在外在形态上不同园区有相似之处，但是，物流的组织功能因园区的地理位置、服务地区的经济和产业结构以及企业的物流组织内容和形式、区位交通运输地位及条件等存在较大不同或差异，因此，物流园区的功能不应有统一的界定。

二、物流园区的经济开发功能

（一）物流基础设施项目的经济开发功能

一是新建设施的开发功能。物流园区一般从区域经济发展的和城市物流功能区的角度进行建设，具有较大的规模，物流园区的开发和建设，将带动所在地区的经济增长。二是既有设施及资源的整合功能。开发和建设物流园区，将因物流园区的物流组织规模较大和管理水平较高等因素而对既有物流设施在功能上产生替代效应，在既有设施已客观存在局部过剩的情况下，物流园区将通过在功能设计和布局上对当前及未来物流组织管理的适应，并通过规模化和组织化经营，在相关政策的作用下，实现对既有设施的合理整合。

（二）完善的物流服务所支持的经济开发功能

从定义的角度出发，物流园区除具有自身的经济开发功能外，还具有支持产业经济开发的功能，主要原因是物流园区在物流基础设施方面比较完善，物流服务功能较为齐全，物流的集中运作也使物流成本得以下降，从而确保了经济发展所必须的物流运作效率和水平。

第三节　湖北现代物流园区发展措施

一、抓紧制定全省物流园区发展专项规划

首先，物流园区规划应该立足于物流业发展的实际需求，服务于经济发展的大局。其次，要在摸清现有仓储类物流设施的基础上，明确物流园区规划布局的基本标准和原则。最后，在确定总体建设规模的基础上，优先安排现有物流资源的整合利用和改造提升，特别要注意各种联运、转运设施的配套。

二、整合利用现有仓储类物流设施

积极支持大型优势物流企业通过资产划转、增资扩股、加盟连锁和委托管理等方式对现有分散的物流基础设施进行兼并整合重组。要简化国有大型物流企业集团内部兼并重组的审批程序，免除相关税费，推动国有大型物流企业加快内部资源整合。鼓励工业企业以老旧厂房、仓库置换物流用地，或交给物流企业托管经营。要制定相关的规划和标准，限期淘汰不符合标准的老旧设施，促进其升级改造。

三、妥善解决物流园区的用地问题

对纳入湖北省物流规划的物流园区土地征用给予重点保障，土地管理部门在审批用地时，要充分考虑物流工作主管部门的意见，优先计划安排。对于资金短缺而成长性又较好的物流企业，应当允许其租用物流园区土地进行项目建设，租金应适度优惠，租期适度放宽。要鼓励物流园区节约使用土地。

四、不断拓宽物流园区建设的投融资渠道

建立支持物流园区发展的专项资金。对于纳入全省物流园区规划、具有发展潜力的物流园区给予优先贷款和贴息。鼓励湖北省政府投资参与符合发

展规划的物流基础设施建设，租赁给物流企业经营，减轻企业一次性投资的压力；允许有发展潜力的物流园区发行不同期限的长期债券，或在创业板市场发行股票融资。

五、更加注重物流园区周边交通运输配套设施建设

加大对物流园区道路、交通设施等部分公用基础设施的财政预算投资，对周边道路进行拓宽和扩建；适当放宽入区物流企业车辆限行、禁行限制；有针对性地建立进出园区的绿色通道；考虑物流园区与周边的公交畅通和接驳，增加公交线路进入园区，与外部交通系统形成有效衔接。

六、尽早实行适宜物流园区运营的税费政策

凡物流企业为公共服务的仓储设施占地仍执行 2006 年年底的土地使用税税率，以维持物流企业的正常经营；以物流园区为单位，进行营业税差额纳税试点。凡进驻园区的物流企业，均可享受运输、仓储营业税抵扣政策；落实国家有关企业购置用于环境保护、节能节水、安全生产等专用设备投资抵免的企业所得税政策；设立物流园区辅助税收征管政策等。

七、建立健全物流园区考核评价体系

充分发挥行业协会的作用，深入开展物流园区综合评价工作，从行业自律层面强化对物流园区的管理，规范物流市场经营秩序，引导物流园区健康发展。

八、加紧组织实施物流园区示范工程和重点项目

对于示范工程和重点项目，应在土地、投融资以及税收等政策方面给予重点扶持，促其快速发展，也为其他物流园区树立标杆，起到示范和带动作用。

第四节　湖北重点物流园区案例分析

一、阳逻物流园区发展战略

（一）阳逻物流园区的发展现状

1.建设阳逻物流园区的优势条件

（1）腹地广阔。阳逻与武汉、鄂东及豫南、皖西、赣北紧密相连，独特的区位使这个兼具都市和郊区综合优势的武汉市新型城区拥有广阔的发展空间，如今已成为武汉经济由核心圈层向鄂东及豫、皖延伸的纽带和重要支撑点。

（2）区位优越。阳逻位于长江中游北岸，南滨长江，外通海洋，西距武汉中心城区20公里，是武汉市的"东大门"。阳逻东距九江240公里，距上海1100公里，扼武汉通往沿海的长江咽喉；西距宜昌650公里，距三峡760公里；南以水路通洞庭，北以陆路出大别。

（3）交通发达。水路：现有码头29个，泊位38个，年吞吐能力280万吨，隔江与青山外贸港相接。铁路：京广、京九两条铁路大动脉将在这里建成华中、华东地区最大的货运编组站，阳逻将成为连接华南与华北地区、东部与西部地区的铁路枢纽。现有的电厂铁路专用线也将向东南延伸至港区。公路：南有武英高速（规划），中有汉施公路、柴泊大道连接汉口，东有武汉外环线，阳逻长江大桥更是将阳逻与武汉城区紧紧地连在了一起。航空：阳逻距天河国际机场26公里，原王家墩军用机场已迁到阳逻，远期将发挥民用功能。阳逻这种集"水、铁、公、空"各种运输工具于一体的突出优势在华中地区十分罕见。

（4）良港天成。阳逻长江段江宽水深，最大河宽3500米，最小河宽1200米。阳逻港口规划岸线长达12公里，其中深水岸线6公里左右，港区常年水深7米～15米，常年可通航5000吨级大轮，涨水季节可停靠上万吨巨轮，优势非常明显。阳逻港上距武汉关28公里，下距上海吴淞口1015公里，是长江中游上起宜昌、下抵湖口2000多公里中的最佳深水良港之一，具有建设江海联运大型集装箱码头的优越自然条件。阳逻港引进先进的集装箱码头设施，形成了完善的"一站式"服务体系，同时拥有武汉口岸首家对外营业的"公用型"保税仓库以及完善的海关通关条件。阳逻国际集装箱一期项目，去年货运量达到 10 万标箱。目前，阳逻港交通货运辐射河南、湖南、贵州、四川、重庆等地，为长沙港、重庆港、泸州港等地的集装箱货物提供中转服务。省内、湖南、重庆等中上游地区的集装箱在此中转至沿海港口，经上海洋山港通往世界各地。现已达 15 万标箱。港口本身，中国基建集团已完成一期 3 亿元投资，并控股经营。下步将联手武汉阳逻开发公司、武汉港务集团，计划投资约 11 亿元建设阳逻港二期项目。2010 年，阳逻深水港全部建成，已具备 120 万标箱的年吞吐能力。正充分发挥阳逻现有的四大港区的优势，即以钢铁深加工为重点的西港区，多种成分并存的老港区，以重件运输为主的转运港区，以粮食交易为主的龙口港区，有利于按照武汉市港口总体规划将阳逻港建成华中地区最为重要的深水集装箱港区。

（5）能源充足。阳逻境内有中国华能集团控股、终期规模为 440 万千瓦的阳逻电厂，是华中地区规模最大的火力发电厂。丹江、白莲河输电网在阳逻交汇，岱阳高压输电线路全线架通联网，装机容量 12.6 万千伏的竹林输变电站即将竣工。日供水 20 万吨的阳逻新水厂已经建成。另外还有一批规模较大的石化基地，如天发油气库、湖北石化 6714 油库等。与此同时，"西气东送"的调拨站正准备在开发区动工兴建。

（6）产业集聚。截至目前，阳逻已引进了包括世界 500 强西门子公司和韩国蒲项耐火株式会社及台湾信功集团、远东集团在内的项目 100 多个，协议投资额近 300 亿元，初步形成了以武汉国际集装箱转运中心为代表的港口物流业，以阳逻电厂为代表的能源工业，以武钢江北基地为代表的钢材深加工业，以一棉、江南纺织为代表的纺织服装业，以亚东水泥为代表的新型建材工业，以升阳食品为代表的食品加工业等优势产业。特别是对接武钢江北钢材深加工基地、80 万吨乙烯等大项目后，将进一步加速钢铁机械、化工纺织等产业的聚集，为阳逻物流业的发展提供了支撑。

（7）政府重视。目前，阳逻已被列为省、市发展现代物流业的重要战略支点。在《武汉市现代物流业"十一五"发展规划》中，阳逻物流园区位列规划建设的五大物流园区之首。在省发改委规划建设的湖北省三大煤炭储备中心中，阳逻煤炭储备中心重中之重。李宪生同志在调研阳逻开发区相关工作时也特别强调，要做大做强阳逻现代物流业，把阳逻建设成辐射中部六省的武汉东部桥头堡。

2. 目前存在的主要问题

基础设施不够完善。相对于现代物流园区的建设标准，阳逻物流园区现有的基础设施不够完善，例如连接中心城区的主通道不畅等，这些问题的存在严重影响了物流效率的提升，不利于物流园区和园区内企业的长远发展。

产业规模和支撑力度不足。现代物流业的发展，与作为其服务对象的制造业、商业等产业发展规模密切相关。目前，阳逻地区大型企业还不多，对物流服务的需求不大，对现代物流业发展的支撑力度不足。

对现代物流业发展的重视和认识仍需提高。当前，对现代物流业和物流园区发展理论的认识还不深，支持物流园区和企业发展、具有较强针对性和可操作性的优惠政策还不多，物流园区建设发展所获得的政策助力有限。

（二）建设阳逻物流园区的重要意义

1. 有利于加速中部崛起战略在武汉地区的实施

加快建设阳逻物流园区，有利于带动和凸显阳逻及周边地区的物流资源优势，推动市国家级物流中心试点城市之一武汉的发展建设，促进中部崛起战略在武汉地区的加速实施。

2. 有利于促进区域经济协调发展和实现黄金水道全面复兴

作为武汉乃至整个长江中上游地区唯一的深水良港，以阳逻港为中心建设物流园区，发展现代物流业，有利于推进华中航运中心的建设，形成长江流域经济总体布局的均衡态势。

3. 有利于重塑"九省通衢"的产业布局

建设阳逻物流园区，打造武汉长江航运中心，将有利于重塑"九省通衢"形象，加快武汉市"退二进三"进程，优化武汉市产业布局。

4. 有利于填补华中地区缺乏大型国际集装箱集散地的空白

阳逻港将发展为华中地区国际集装箱转运中心，如此定位有利于衔接东中西部国际集装箱运输，尤其是水路中转的断层，填补华中地区大型国际集装箱集散地的缺失。

5.有利于提升武汉市的城市功能和城市竞争力

加快阳逻物流园区的规划建设，能促进其延伸港口腹地，拓展港口功能，提升阳逻开发区乃至武汉市的城市功能和城市竞争力，推动和辅助武汉成为中部地区、长江流域重要的综合物流服务基地、商品物资集散地。

6.有利于加快武汉市对外开放的步伐

阳逻物流园区的建设，将有利于进一步加强武汉市与长江流域重要港口城市的经济联系，从中起着桥梁和纽带的作用。作为淮海港与洋山港的直航互动，阳逻物流园区的设立将进一步深化沪鄂两地的经贸往来，直接影响武汉市进出口贸易的总量规模、商品结构以及地区结构，进而提高经济外向度，加快武汉市对外开放的步伐。

（三）建设阳逻物流园的指导思想和原则

1.指导思想

贯彻落实科学发展观，实施可持续发展战略，坚持"政府引导，市场运作，资源整合，科学布局，适度超前"的指导方针，发挥优势，突出特色，紧紧围绕发展现代制造业与港口物流业两大核心，统筹规划园区产业布局、基础设施建设和生态环境保护，促进阳逻物流园区快速、健康地发展。

2.发展原则

（1）坚持适度超前的原则。规划和建设物流园区要综合考虑现实可能性以及武汉市中长期发展的需要。对于重要基础设施的建设，要立足高起点，可以适度领先于全市国民经济和社会发展规划，同时要适应城市功能布局的空间演变趋势，做好与华中物流中心总体规划的衔接工作，与政府"十二五"规划和产业布局相协调，避免低水平产能过剩、重复建设。

（2）坚持突出重点的原则。在产业的选择上，突出阳逻独具的港口物流业发展优势，规模化的重工制造业发展优势，注重产业配套，重视和支持园区内重点项目的发展。

（3）坚持产业集聚的原则。在产业的布局上，要充分考虑产业链外延、产业之间分工协作、城市生活居住环境隔离的需要，形成聚集的产业发展空间格局，并为相关产业延伸发展预留一定空间，形成聚集效应。

（4）坚持资源整合的原则。优化配置各种资源，坚持科学合理的整合现有的物流资源，大力培育一批主营业务突出、具有核心竞争力的现代物流企业，鼓励和推进强强联合，组建园区内现代物流企业大集团。

（5）坚持市场化运作的原则。在物流园区的运作上，坚持"政府搭台，企业唱戏，统一规划，分步实施，完善配套，搞好服务"的原则，依托先进的物流功能、优良的基础设施，以健康的生活环境、优惠的政策条件和周到有效的企业服务为有利支撑，吸引实力雄厚的物流企业的进驻，引导投资者共同参与，使园区成为企业家大展宏图的舞台和成长壮大的摇篮。

（四）阳逻物流园的功能定位和发展策略

1. 阳逻物流园区的功能定位

成为武汉市新的经济增长点，辐射中部六省的东部"桥头堡"；成为武汉城市圈重要的外向型临港产业基地，长江黄金水道中上游和中部地区的重要临港产业带；成为华中地区重要的综合物流服务基地和商品物资集散中心，引领中部地区和长江流域的重要物资集散基地；成为长江中上游最大的集装箱转运主枢纽港，打通和联结长江黄金水道中上游与下游集装箱运输的重要中转站。

2. 阳逻物流园区的发展策略

鉴于港口物流体系基础设施的建设情况，考虑物流体系的形成、完善与发展过程，其发展策略为：

（1）阳逻港口物流拉动武汉城市经济发展策略

作为武汉市新的经济增长点，阳逻港口物流的建设，依托便利的交通，建立港口与铁路、公路相连接的四通八达的交通网络和符合"大物流"需要的联运网络，融合各种交通工具，实现多种物流方式之间的共赢，推动全市现代物流业的快速发展。

（2）武汉城市圈及长江黄金水道区域性一体化发展策略

建立专业化服务体系，以适应武汉城市圈区域物流发展的需要，依托阳逻物流园区的有利优势，加强与周边物流园区之间的联系和合作，形成适应于区域经济发展水平相的高效率区域物流网络体系；同时，建立和完善以阳逻港为基础的国际多式联运系统，做好同上海洋山港国际物流渠道之间的衔接工作，保持与长江上下游港口城市的互惠互利和合作共赢，加快发展地区经济，以适应对外开放和进出口贸易发展的需要。

（3）宏观调控与市场运作相结合策略

结合港口实际情况，采取政府宏观管理与市场运作相结合的方式，通过与世界知名物流企业的整体或部分嫁接，尽快建立起适应市场需求的现代港口综合物流运作平台。

（4）龙头企业带动策略

以龙头企业为核心，带动物流产业的快速发展，形成高效的松散型或紧密合作型供应链，通过重组业务流程，实现供应链组织的集约化与优化。

（5）战略联盟策略

阳逻物流园区内的企业可以综合采用技术型联盟、市场营销型联盟、地区经济发展型联盟及合并和兼并型联盟四种形式，大力开拓货源，提高经济效益，进一步发展港口和区域经济。

（五）阳逻物流园区的初步规划布局

鉴于阳逻物流园区的规划发展是"大物流"的概念，因此，阳逻物流园区的规划布局将基于阳逻新城规划的"一带、一心、三轴、八片"的总体功能布局结构。

"一带"，以武汉城市总体规划为指导，依托深水港区优势地形，以武钢、武船、亚东水泥等大型产业项目为支撑，发展长达12公里的沿江产业带。

"一心"，阳逻新城核心区以柴泊湖为中心，周边地区配套行政、商业、教育培训、居住等综合服务功能，辐射范围下属乡镇。

"三轴"，发展新城汉施公路、平江延路这两条产业轴，新城拓展外环公路方向的发展轴。

"八片"，分别为1个港口物流片区，2个生活片区和5个产业片区。

港口物流片区以深水港为依托，在长达6公里，总用地规模约15.0平方公里的范围内重点发展集装箱装卸、仓储配送、加工制造等临港产业。

柴泊湖东南岸及外环公路东侧分别占地9.0平方公里和4.0平方公里，布局两个生活片区，承担居住、商务、医疗、教育等各项配套职能。

汉施公路以北地区分布有三个产业片区，外环路以西在现有工业用地基础上向北延伸，现已建成 1 个综合产业片区和 1 个重工制造产业片区，重点发展钢材加工、装备制造等重工业，占地约 24 平方公里；外环路以东为轻工制造产业为主，集中发展塑料、型材、建筑材料等产业，占地约 3.3 平方公里。汉施公路以南地区为轻纺物流产业片区，重点发展专业市场、纺织、服装加工等产业，占地约 3.0 平方公里。此外，在倒水河以南龙口地区发展粮食物流、农副产品加工、食品加工等产业，为农产品加工片区，占地约为 4 平方公里。

（六）阳逻物流园区的发展目标、重点和运作模式

1. 发展目标

（1）总体发展目标：

以"抓港口、带物流、促工业"为发展战略，集阳逻公、水、铁、空四大综合运输优势于一体，重点发展钢材深加工及装备制造、新型建材、日用品、纺织业、生鲜及农副产品等五大产业，建设集装箱转运、稻谷交易和煤炭配送等三大全国性的物流配送中心，开展货物中转与仓储、物流信息管理等增值服务，加快资源的整合，推进产业集聚，将阳逻建设成为通江达海的区域性综合型港口物流园区，成为武汉市现代物流业发展的新经济增长点，最终发展为立足湖北、覆盖华中、辐射全国的集现代化、规模化、国际化于一体的综合自由贸易港口物流园区。

（2）阶段性发展目标：

按照阶梯性发展原理，阳逻物流园区建设目标分近、中、远期实施。第一，近期发展目标（2009～2012 年）：力争到 2012 年，引进 100 亿元项目投资，综合开发 1 万亩土地，吸引和带动 5000 家企业入驻阳逻港，创造 200 亿～300 亿元的工贸总收益，发展成为能够解决和容纳 20 万人就业和生活的新城区，初步成立钢材、商贸两大物流组团，发展钢材深加工及装备制造、新型建材、日用品、纺织业、生鲜及农副产品等五大产业，致力于建成华中地区最大的钢铁物流中心和国际集装箱转运中心，湖北省最大的煤炭物流配送中心，全国最大的稻米交易中心和全国重要的日用消费品和商贸物流基地。

第二，中期发展目标（2013～2018年）：争取国家、省、市的大力支持，力争使阳逻港成为以集装箱运输为核心，集仓储、加工、运输于一体的外向型主枢纽港和长江中上游航运中心。进而成为武汉在中部地区率先崛起战略中起大支点作用的重要国际物流平台。使阳逻物流园区临港产业基地成为长江黄金水道中上游和中部地区的重要临港产业带，使阳逻物流园区成为引领中部地区和长江流域的重要物资集散基地。

第三，远期发展目标（2019～2024年）：力争到2024年，阳逻港实现集装箱吞吐量超过226万标箱，阳逻新港建设成为中部地区最大的通江达海的自由贸易港区，成功包揽长江中下游集装箱中转业务和进出口业务，使阳逻物流园区成为领跑长江中上游港口物流发展的"领头羊"。

2. 发展重点

依据新洲区"十一五"规划的要求，立足阳逻物流园区的产业特色和项目特点，初步确立了阳逻物流园区的"两大平台，两大物流组团、三大物流配送中心、五大产业链"的物流发展格局。

（1）两大基础平台：

A. 物流园区交通捷运系统平台

以铁路、公路、机场、城市干道网等多式联运方式构筑多方位、多层次的阳逻物流园区的捷运系统平台。第一，延伸铁路。阳逻物流园区内现有的电厂铁路专用线连接滠口武汉枢纽，长度约20公里。规划以现有的铁路线为基础，一路向东南延伸至港区，另一路在汉施公路以北出线，向北跨五一湖延伸至武英高速南部，为北部工业组团提供铁路货运服务。远期利用铁路富裕运输能力开通市郊列车解决客运交通。

第二，连接机场。阳逻物流园区可利用汉口空军机场进行相关货物运疏。同时可通过外环公路直接到机场，交通时距仅15分钟左右，大大优于主城及其它发展区域。

第三，畅通公路。阳逻物流园区紧临城市外环线、武英高速两条高速公路。外环公路联络京珠、沪蓉线。规划在外环线与平江路、汉施公路、武英高速公路交叉口共设置3处立交，形成阳逻新城主要对外交通出口。

第四，构架城市干道网。阳逻物流园区城市干道以外环公路、汉施公路和阳大公路构成"一纵两横"的快速道路骨架为基本框架，通过增设出口通道、园区连接道路等方式增加城市线网密度，调整道路等级结构，建立功能明确、快速便捷的道路网络系统。

B. 物流园区信息共享平台

第一，建立一个综合性的物流园区信息共享平台。建议借鉴浙江传化集团的信息网络系统，以阳逻港的港口码头信息网络为主体，连通我市公路、铁路和航空等信息网络。第二，建立一个现代化综合性的阳逻物流园区企业公共物流信息平台。整合综合物流所涉及的港口码头、船化、货代、集疏运场站、运输公司、货主、海关、动植物检疫、银行、保险等众多企业和部门的商用数据，建设数据的传输与处理平台，为园区内的物流企业的提供服务，承担供应链管理过程中不同企业间的信息交换支持，提供政府行业管理决策支持等。

（2）两大物流组团：

A. 华中钢材物流组团

一是人和物流项目。该项目注册资本 3 亿元人民币，计划总投资 15 亿元人民币，规划用地 1171 亩，由钢铁交易、加工、仓储及配送、电子商务、综合服务等功能组成。位于汉施路以南，西至黄陂边境，东抵长河，南至阳逻电厂铁路专用线。项目建成后将达到容纳近 2000 家钢材经销商入驻经营，年吞吐量 1200 万吨，年加工量 50 万吨的经营规模；形成一个约 2.5 万人的钢铁物流园区，并建成华中地区规模最大，综合功能最强、现代化程度最高的钢材交易中心、信息中心、物流分拨中心、金融服务中心。

二是由武汉中坚工贸发展公司投资 17.3 亿元建设的华中国际钢铁物流基地，整体规划 1230 亩，定位为华中地区钢材集散和中转中心。其中，一期规划用地 500 亩，二期规划用地 730 亩。分两个阶段建设，第一阶段（2007 ~ 2008 年），是基地建设和发展起步阶段。第二阶段（2009 ~ 2015 年）形成钢铁深加工，仓储配送服务、物流保税、异地仓单质押、电子商务为一体的综合服务系统，形成年吞吐及加工能力 1000 万吨，年产值 30 亿元的能力。

三是武钢集团的钢材综合码头项目，投资 5 亿元，用地 460 亩，建设规模为港区货场占地约 400 亩、长江岸线约 500 米，约 420 吨年货物吞吐量的杂货岸壁式码头。该项目位于阳逻西港区，拟建设 3 个 5000 吨船级泊位，2 个 2000 吨船级泊位，配套 10 台中型门式起重机作业，做到水路、公路、铁路联运。

B. 华中国际商贸物流组团

由香港中国基建集团负责建设和经营集分销、仓储、加工保税物流中心于一体的现代化物流基地项目，拟在 3～5 年内联合国内外大型物流公司投资 38 亿元，建成国际一流的内贸、外贸物流基地。该项目总用地规划为354.85 公顷。一期项目投资 20 亿人民币，由"物流运营中心项目"和"商品交易展示中心项目"两大主题构成，其中物流运营中心项目占地约 600亩，投资 5 亿元人民币，建成后将带入已有物流企业 200 余家；"商品交易展示中心项目"占地约 600 亩，总投资约 15 亿元人民币。

（3）三大全国性物流配送中心：

A. 武汉阳逻国际集装箱转运中心

武汉阳逻国际集装箱转运中心控股方为香港中国基建集团。2008 年 11月，二期工程开工建设，总投资 10.9 亿元，占地面积为 52 万平方米，所有码头于 2009 年 5 月份开港营运。2009 年，阳逻港的吞吐量已经达到 25 万多标箱，同比增长 57%，2010 年货物吞吐量突破 1 亿吨，集装箱量达 65 万标箱，同比分别增长 19.3%、15%。这些数据充分表明武汉新港建设跃上了一个新台阶，湖北水运发展迈入一个新起点。

B. 国家粮食现代物流基地和国家稻米交易中心

武汉经济发展投资有限公司参股投资，总投资额为 18.7 亿，计划用地2000 亩，建设三个功能区，即稻米交易区、粮食加工区、稻米仓储区。项目建成后将实现粮油年加工量 150 万吨，交易流通量 100 万吨。根据规划，项目区将建成华中最大的农副产品加工基地，成为全国四大粮食物流中心之一。

C. 武汉煤炭物流配送中心

湖北晋商投资有限公司、武汉生资燃料有限责任公司、香港中港印能源集团有限公司共同投资成立武汉煤炭物流配送中心。总投资 4 亿元，占地面积 700 亩。建成后，预计年吞吐量为 2000 万吨左右，可实现销售收入 100 亿元，能够有效缓解湖北乃至华中地区的用煤需求。在煤炭物流基地将采用"CBF"方式，对储存煤采取脱硫、提高热质、降低粉尘等技术处理，满足全省各用煤企业对煤质的不同需求，并延伸带动长江中下游地区的煤炭供应，促进中部地区煤炭流通市场的良性循环。

（4）五大产业链：

A. 钢材深加工及装备制造产业链

利用阳逻开发区交通、区位、能源优势，以武钢江北钢材深加工基地、武船重型工程有限公司、一冶钢结构公司等项目为有利依托，做大做强钢铁产业，发展钢铁深加工及机械装备制造产业集群。届时，在阳逻扎堆的钢材加工企业将达到二十多家，投资总额近 90 亿元人民币，钢产 300 万吨，实现销售收入 200 亿元。

B. 纺织服装产业链

依托一棉集团、江南纺织集团、三兴纺织等一批大项目，建设纺织服装工业园，5 年内，形成 100 万纺锭、年产中高档面料 2 亿米的能力，成为华中最大的纺织服装基地。

C. 日用品产业链

以华中国际商贸物流园区为有利依托，发展市内用户百货、家电配送等业务，做好各方衔接配套工作，形成完整的日用品配送服务链体系。

D. 生鲜及农副产品产业链

以中百仓储和升阳食品项目为有利依托，以新洲农产品资源优势为支撑，发展并打造农副产品加工配送链条。

E. 新型建材产业链

以亚东水泥、韩国耐火材料、北新建材等项目为依托，大力发展各类新型建材的原料和产成品加工产业，着力打造新型建材生产加工配送链。力争到 2010 年，水泥产量达 300 万吨，塑钢型材 1 万吨，其它各类产品将呈级数增长，销售收入达 30 亿元，工业增加值达 9 亿。

3. 阳逻物流园区运作模式的选择

根据国内外与物流园区功能相同或相似的物流先进基础设施开发建设的

成功经验，建设中心城市物流园区有5种发展模式可供选择，即主体企业引导模式、工业地产商模式、经济开发区模式、私人业主开发模式和综合运作模式。其中，综合运作模式正在不断的得到完善和改进，并且越来越多地被采用，取得良好的市场效果。

（1）主体企业引导模式

对物流技术在企业经营和企业供应链管理中具有竞争优势的企业，支持和鼓励其率先在园区内开发和发展，并通过宏观政策的引导，逐步实现物流产业的聚集，依托有利物流环境引进工业、商业企业，达到物流园区开发和建设的目的。

（2）工业地产商模式

将物流园区作为工业地产项目，对开发者给予适应工业项目开发的优惠土地政策、税收政策和市政配套等，在物流园区的道路、仓库和其它物流基础设施的建设和投资方面，由工业地产商进行集中统一主持，然后以租赁、转让、合资或合作经营等方式对物流园区相关设施进行经营和管理。

（3）经济开发区模式

将物流园区作为一个类似于工业开发区、经济开发区或高新技术开发区，进行有组织的开发和建设，这一模式与市场经济程度有关，具有较强的示范带动作用，同时依赖政府的支持，政府干预在一定程度上是不可或缺的。

（4）私人业主模式

目前在小厂房这一块，私人业主开发占了很大一部分比例。主要是因为厂房租金持续上杨，其利润汇报率已经超过商业地产，且操作建设都比较简单的缘故。但由于工业地产政策的逐步完善特别是工业用地的紧缩，这类开发模式会逐渐减少，再加上私人业主开发的厂房在其设计和配套设施等方面都没有竞争力，时常也逐渐将其淘汰。

（5）综合运作模式

综合运作模式是对上述的经济开发区模式、主体企业引导模式和工业地产商模式综合运用的一种物流园区开发模式。由于物流园区项目建设一般具有规模大、经营范围广的特点，在土地、税收等方面要求有力的政策支持，在投资方面要能跟上开发建设的步伐，同时还对园区的经营运作能力方面有较高的要求，对此，仅仅采用上述一种开发模式是很难达到顺利推进园区建设目的的，因而必须对经济开发区模式、主体企业引导模式、工业地产商模式等进行整合，综合使用。

根据阳逻物流园区的发展现状，综合考虑阳逻物流园区整体上比较适合选择综合运作模式，其中不同的组团可依据自身情况灵活地选择适宜自己的运作模式。

（七）加快制定阳逻物流园区规划的对策建议

1. 规划先行

在全市现代物流总体发展规划纲要的有力指导之下，结合阳逻开发区已经出台的各类专项规划、港口规划和重点企业的规划，制订物流园区规划。

充分依托阳逻开发区的工业规划、交通和基础设施规划、阳逻港口规划等，制订阳逻物流园区规划。规划、设计阳逻物流园区的物流基础设施平台和信息共享平台，引导重点物流企业发展。物流项目建设一个，就要发挥它的作用。

2. 政策推动

在充分吸纳本地和外地成功的物流园区政策的基础上，结合阳逻开发区的发展实际，制定一套切实可行的政策，主要有：

（1）加强物流园区的投融资政策

包括设立阳逻物流园区发展基金，建设物流项目以及拓宽融资渠道，提供良好的金融服务。

（2）制定促进阳逻物流园区发展的积极财税政策

包括所得税优惠政策；国产设备投资抵免和进口设备减免税政策；物流技术改造项目减免税政策；新办物流企业税收优惠政策；享受开发区内工业企业相关的税费优惠。

（3）制定鼓励和吸引龙头物流企业入驻园区的优惠政策

鼓励和补贴世界100强物流企业和国内50强物流企业入驻；对总部物流企业入驻园区给予更多的更为优惠的用电、用地等优惠政策；为世界100强物流企业和国内50强物流企业提供更好的金融服务和生活配套服务。

3. 环境创新

实行可行的政策倾斜，营造有利于物流园区发展的环境；政府在对物流园区的公益性投入给予相应的倾斜；制定吸引人才的优惠政策；加大宣传和招商引资力度；政府各部门提供各种办证一条龙服务；制定优惠的用电、用地政策；研究制定有利于物流企业引进和退出的运作机制；通过国际公开招标，积极引进世界优秀的专业物流营运商；支持大型物流项目建设；鼓励货运企业使用标准厢式货车，开辟绿色通道；奖励和补贴新辟的内贸线（不含内支线）和国际航线的国内外船公司；口岸收费取下限标准，无明文标准，概不收费。

4. 职责分明

政府和企业各施其责，分工合作，互相配合，和谐共建。先成立阳逻物流园区管理委员会，管委会组织向国内外公开招标，引进阳逻物流园区专业营运商。待物流园区基础设施基本完成后，可将园区专业营运商与物流园区管委会合并，履行开发建设与管理协调双重职能，代为履行政府管理职能。按照市场经济发展的需要，及时转变政府职能，强化发展建设和管理服务，逐步建立与国际社会接轨的物流服务管理体系。

5. 交通对接

充分发挥阳逻铁水公空的综合交通优势，促成实现短时间内的有效对接。进一步打通武汉天河机场空港物流园区和阳逻港口物流园区交通上的有效对接。加快整合我市长江沿线的各种港口资源，进一步突出和扩大阳逻港的优势。

二、天河临空经济区发展规划

作为我国主要枢纽机场之一的天河机场，有得天独厚的区位优势、密集的航线网络、广阔的经济腹地。中部地区经济的强劲发展，武汉城市圈的快速形成与全面合作的深入，为武汉以天河机场为依托发展临空经济，培植新的经济增长动力，提供了历史性的发展机遇。而临空经济的形成与发展将进一步强化武汉中心城市的功能，提升武汉在区域经济中的竞争力，也必将成为中部地区区域经济发展的巨大推动力量。

（一）建设武汉天河临空经济区的重要意义

1. 进一步凸显武汉航空枢纽功能的重要载体

凸显航空枢纽地位是武汉占据全球城市网络中重要节点位置，成为内陆地区国际化排头兵，最终建成国际化城市的重要途径。一个国家或地区的经济发展到一定阶段后，必然产生对临空经济的巨大需求。我国中部崛起战略的提出，武汉作为中部地区重要战略支点的定位，为进一步加快建设武汉大型航空枢纽机场提供了政策支撑。中国民航总局也全力支持武汉航空枢纽建设，率先在汉实施航空运输综合改革试点。加之，得天独厚的区位交通优势决定了武汉有条件在中国经济全面发展的进程中承担起承东起西、接南转北的航空中枢作用。武汉天河机场近几年业务量发展迅猛，客运量已居全国机场前16位，成为我国重要的干线机场。据统计，2006年天河机场旅客吞吐量达610万人，货邮吞吐量7.4万吨，飞机起降6.7万架次，分别比2005年同期增长28.5%、14.8%和29.2%。

2. 进一步提升武汉城市能级和经济外向度的迫切需要

武汉天河临空经济区的建设提供了城市与世界联系的平台，将进一步强化武汉城市功能的国际化特征，必将带动武汉现代服务业和轻型高新技术产业的"北进"。同时，武汉市外向型经济的进一步发展，也对建设临空经济区提出了更为迫切的要求。从客流需求看，随着武汉市旅游经济和商务会展经济的快速发展，必将为武汉天河机场带来更多的人流。从物流需求看，光电子、新医药、新材料等为主导的高新技术产业迅猛发展，以及纺织服饰产品、特种农林产品和水产品出口外运量的大幅度上升必然推动航空物流的明显增长。随着武汉城市地位的提升，集聚力与辐射力的增强，空港物流辐射范围将进一步扩大，周边地区通过武汉空港口岸转口运输的货物也将逐步增多。

3. 进一步发挥武汉产业集聚特色的主要途径

临空经济具有科技含量高、开放程度高、国际合作多的发展特点，在发展中具有自我增强机制的聚集效应，将不断推动周边产业的发展、调整、升级和趋同。高新技术产业、生态园艺业、农业优势产业、特色文化旅游业、房地产业、现代物流业及其他服务业等临空产业的不断发展，将与武汉经济技术开发区、东湖新技术开发区、武汉阳逻开发区、东西湖物流园区和物流保税中心的产业发展形成优势互补的格局，构建武汉高新技术产业和现代服务业的整体优势，提升其整体竞争力，为武汉各产业集群的发展夯实基础。

4.进一步加快新的经济增长点培育的必然选择

作为一种特殊的经济发展模式的临空经济是区域经济增长的有效实现形式，也是所在区域重要的经济增长点。临空经济区将会吸引大量高端产业和人口聚集化发展，既能加速全市高新技术产业、高附加值现代制造业、现代物流业和现代服务业的发展步伐，推动城市产业结构得到快速提升，又能促进主城人口和产业的外迁，使全市功能布局进一步优化。建设武汉天河临空经济区，依托机场快捷、便利的交通运输条件，可以有效降低物流成本，吸引各类经济要素，有利于促进就业，促进消费、贸易和商业活动等，增加农民就业，促进武汉城乡经济的协调发展。临空经济区将成为我市继东湖高新区、武汉新区、东西湖、新洲阳逻之后的又一个新的经济增长点。

（二）国内外临空经济区的发展经验借鉴

1.国外临空经济区的建设经验

香农国际航空港自由贸易区的建立标志着世界临空产业区的诞生。早在二十世纪五十年代末，爱尔兰就成立了香农国际航空港自由贸易区，充分利用国外资金和原料，大力发展加工出口工业，这是早期临空经济区的一种形式。随着经济的发展和航空业的进步，世界各地大型现代化机场，如美国的的洛杉矶和菲尼克斯机场、德国的法兰克福和汉堡机场、荷兰的史希斯浦尔机场、日本的大阪和长崎机场、韩国的仁川机场、泰国的曼谷第二国际机场、中国香港的新机场、中国台湾的桃园机场等，都在近临地带潜力发展临空产业。他们在建设方面都推出临空经济区的建设计划，使机场与临空区互为有机组成部分，在整体规划上，呈现立体、多层、辐射的态势。最典型的是日本长崎县，依托长崎空港，在滨海区域规划兴建了一个临空经济区：建设一条商务办公街，建立系列航空关联产业开发区、自由贸易区、高级文化娱乐区、高级住宅区和高精尖端技术产业区。德国法兰克福依托机场打造欧洲的交通、金融中心，带动地区经济发展，在世界各大都市中傲视群雄；荷兰借助阿姆斯特丹国际机场的便捷条件，使其花卉产业誉满世界。

发达国家在依托传统产业、优化产业结构、建立科技园区、强化研发能力、搭建临空经济发展智力平台等方面积累了不少成功经验，可以概括为以下几点：

第一，吸引聚集临空产业。在临空经济发展的重点产业一般集聚在飞机后勤服务业，主要包括飞机的维护与修理、航空食品的加工等；临空服务业包括为旅客提供的餐饮、住宿、会展业、物流业以及一些航空指向和时间指向强的相关产业；临空制造业包括电子产品、航空设备等，这些都是与空港联系最为紧密的产业。

第二，发展当地传统产业。临空经济的发展在一定程度上离不开当地传统产业及特色产业的支撑。在发展临空经济的过程中，要根据当地经济发展状况，在本地原有产业发展的基础上，发展相关的产业。

第三，发展总部经济。总部经济是经济活动价值链中高端环节聚集的经济，可以充分利用机场优势资源，大力发展总部经济，鼓励和吸引知名企业总部或部门中心入驻临空经济区。

第四，建立科技园区。临空经济区周边的科技园区和高等教育机构对于临空经济的发展能够产生极大的推动作用。可以充分发挥其知识资源和科研设施方面的优势，使科研成果及时、充分转换为生产力，进而带动企业的发展。

第五，制定优惠政策。临空产业的发展离不开政府的大力支持，当地政府可以在土地、税收、融资以及就业等方面实施优惠政策，吸引外来的知名企业入驻，带动临空产业的发展，并解决当地就业问题。

第六，促进产业结构升级。临空经济区内的产业是伴随着临空经济的发展而不断演化的。在发展初期，临近区域内的产业有可能主要集中地方传统产业上，在发展后期，在经济区周边将大量聚集更加依赖经济区发展的边缘产业，而这些产业将不断带动临空经济区整体结构的进化。

2. 国内临空经济区的建设经验

中国的临空经济产生了五大效应。第一，空港枢纽功能的互动效应。航空运输产业链条将从机场内逐渐向机场外延伸，最终直接参与临空经济区的经济活动。第二，区域产业的高级化演进效应。第三，发展外向型经济的平台效应。第四，城市空间布局的优化效应。在发展之初，城市空间布局更多的采用"单中心"封闭式空间发展模式。在国外，机场通常离市中心约20公里～30公里，以这种距离设置临空经济区，对于推动城市空间布局向"多中心"均衡式方向发展有很大帮助。第五，改善城乡二元结构的就业效应。临空经济区需要大量人力资源带动经济的发展，因此能够提供足够的劳动密集型就业岗位，能够很好的解决临近地区的就业问题。

与国外临空经济建设的历史和经验相比，国内在这一领域还处于起步阶段，临空经济的建设经验还不多。我国临空经济区的发展大体主要发展五大临空产业，有两种主要发展模式。

临空经济正在吸引的五大产业包括：航空产业，根据不同地区发展程度的不同，临空经济区吸引的产业的特点也不一样，主要分为航空制造业和航空运输服务业；航空物流业，在临空经济区，航空物流业的发展主要是利用机场口岸的功能，以及机场周边物流基地的保税功能，从而实现港区联动；高新产品制造业；国际商务会展业，主要是总部经济和会展经济；康体娱乐休闲业。

我国临空经济建设的两种发展模式：一是渐进式发展模式。该模式以机场周边地区现有的城镇为基础，逐渐由机场内部向机场周边地区进行地域空间的扩张和经济辐射，经过长时间的演进，最终形成具有城市规模的综合性城市功能区。这是一种自下而上的发展模式，空港经济区的发展有城镇依托的便利条件，但由于发展初期周边城镇在产业和劳动力资源上与机场的高层次需求有结构性差异，空港经济区的临空经济培育有较长时间的融合过程。如北京首都机场空港经济区、上海虹桥机场空港经济区等是依托现有城镇建设基础发展起来。

二是跳跃式发展模式。该模式是在机场周边地区进行成片的产业区、物流区或居住区的开发，以产业开发为先导，逐步形成空港经济区。这是一种自上而下的发展模式，具有自觉性和先导性，短期内成效显著，但基础设施建设投资巨大，往往成为束缚机场周边地区发展的门槛。如广州白云机场空港经济区、珠海机场空港经济区、天津机场空港经济区等均是远离城市的飞地组团。

在国内北京、天津和广州的空港经济区建设是值得其它地方学习借鉴的：

（1）北京首都机场空港经济区

北京临空经济的发展起步于 20 世纪 90 年代初，2006 年北京将建设空港经济区列为"十一五"规划中重点发展的六大高端产业功能区之一。

北京空港经济区总面积 178 平方公里，共形成八大功能区，各功能区建设用地面积合计约 40 平方公里。其中：机场西侧布局以经济开发区和出口加工区为基础，以发展航空产业和高科技产业为主的功能；机场东侧发展以微电子和汽车为主导的现代制造业；机场北侧建设空港物流基地，发展航空物流企业和总部结算型第三方物流企业；机场南侧建设以航空类总部经济和旅游会展、金融保险等服务业为主的国门商务区。

（2）天津机场空港经济区

天津机场临空产业区将努力建成以航空物流、民航企业、临空会展商贸、民航科教为主要功能的现代化生态型产业区。该临空产业区规划面积约 102 平方公里，其中建设用地约 70 平方公里。按照产业特点和区域交通特点划分为六个功能分区。其中：机场内部形成机场运营及保障区；机场西南部形成航空教学培训与科研区；机场东部布局空港加工区，主要发展保税加工、高新技术工业、商务会展、商住生活等功能；机场南部布局民航科技产业化基地，主要发展飞机组装、制造等功能；机场北部和南部建设飞机维修区；机场西北部布局空港物流区。

（3）广州花都空港经济区

该空港经济区位于广州新白云国际机场周边，规划通过以机场带动物流、物流带动产业的发展思路，形成以物流、商贸、航空维修、IT 电子、精密制造、机场商务、科研开发等为主体的空港经济。规划总面积约 100 平方公里，其中建设用地约 43 平方公里。白云机场东北面布局空港产业园区，规划面积 16.5 平方公里，重点发展汽车制造、航材加工、航空配件制造等航空工业和生物制药、医疗器械、IT 产品等现代制造业，正在申报的国家级高新技术产业园区也位于该区；在位于白云机场北面和东面布局空港物流区，总面积 20 平方公里。该区重点发展现代航空物流业，集航空货物的国际贸易、现代物流、临港加工和商品展销等功能为一体。美国联邦快递亚太转运中心就位于该区域；在白云机场西面布局机场商务区，重点发展商务酒店、高档写字楼和展览中心，是旅业、餐饮、展会、金融、法律等现代服务业的集聚区。

（三）天河机场周边的经济发展现状

天河机场位于武汉市黄陂区西南部天河街辖区内，西与孝感市相连，东与横店街毗邻，机场周边地区在武汉市域独具水、陆、空立体交通运输优势。"十一五"时期，多项城市基础设施的开工建设，将为天河机场周边地区带来难得的发展机遇。随着市绕城公路东北段的连通，天兴洲长江大桥、阳逻长江大桥建成通车后，天河机场与市区及周边城市的通达性将得到极大改善。毗邻的亚洲最大的铁路编组站横店武汉北编组站已立项开工；长江中游最大的集装箱转运枢纽阳逻港一期工程已完工，二、三期正在加紧建设中。

1.现状概况

天河机场位于黄陂区天河街境内，等级为4E级机场，主要拥有一条3400米长的跑道和一个航站楼，是华中地区最大的枢纽机场之一。目前，正在修建第二航站楼，以满足机场不断增长的旅客量。

天河机场南距武汉中心城区约15公里，北距黄陂区城关镇前川约12公里。机场周边3公里~5公里范围内有天河街、横店街和盘龙城经济开发区等城市建设区。周边地区地势开阔，机场西部、南部和东南毗邻府河、马家湖和后湖等水体，环境质量较好。

天河机场周边有机场高速公路、绕城高速公路、汉十高速公路、横天公路、孝天公路、盘龙大道、楚天大道、川龙大道、京广铁路、横店铁路货站和在建的武汉北编组站等多个区域性交通基础设施。其中，南部的机场高速公路是机场与主城交通联系的主通道。

2.产业发展状况

天河机场周边地区是黄陂区距离主城区最近的区域，交通基础设施条件较好。经过"十五"时期的重点发展，现已初步形成了以工业、旅游、房地产等为主体的产业发展格局。

盘龙城开发区以宋家岗等三大工业区为载体，"十一五"时期将重点规划发展以光电子、汽车及零部件、纺织服装、生物制药为主的工业项目。目前已引进工业项目17家，其中亿元以上的7家，精功集团、佳海工业、鹤翔服装、爱帝服装、康顺汽车等一批重大企业和项目已落户和投产。天河机场周边休闲旅游资源较为丰富，"十一五"时期将启动盘龙城遗址公园、长江乐园、"农耕年华"等景区和项目建设。以"F•天下"、"宝安山水龙城"为代表的高档住宅区正在建设开发中。一批重大项目的动工和投产，将为天河机场周边地区和黄陂经济腾飞带来强有力的拉动和支撑。

（四）武汉天河临空经济区发展的指导思想、战略目标

1. 指导思想

坚持以科学发展观统领全局，以提升经济总量、优化产业结构、提高区域综合竞争力为目标，以天河机场的区位优势和武汉科技、人才、产业优势为依托，遵循"重点产业带动、配套产业协作、产业链条拓展、集群效应显著"的发展思路，加强规划引导和政策扶持，系统整合现有组织资源，不断优化布局结构，提高产业发展质量，将天河临空经济区建设成为华中地区国际航空枢纽，武汉市航空物流和临空工业基地，主城北部的滨水新城区。

2. 发展原则

促进航空、发展区域的原则。机场是临空经济发展的基础和动力。武汉天河临空经济区发展必须以航空枢纽的建设为核心，以促进航空运输业的加快发展为主导，力求功能齐备、空间确保、产业协调。强化天河机场对周边相关产业集群发展的引擎带动作用，积极推动黄陂区产业结构调整，促进黄陂区从农业大区向经济强区迈进，形成与城市经济密切关联、对区域发展具有强大辐射力的功能新区。

系统规划、分布推进的原则。按照"一次规划，分布实施，功能完善，适度超前，各类设施布局合理，预留发展空间"的思路，高标准、高起点地编制武汉天河临空经济区总体发展规划和各类专项规划。合理调整土地利用结构和用地布局，建立土地集中储备、整理、招商运行机制，用地指标向优势项目倾斜。加强部门协调合作，分阶段、有步骤地选择关键环节，积极争取政策支持，努力实现重点突破。

发挥优势、突出特色的原则。充分发挥天河机场作为国内重要枢纽港、未来国际重要空港的区位优势，以及依托武汉技术、人才、市场等方面的优势，坚持有所为有所不为，严格控制入驻项目标准，重点发展创新型、环保型产业；提高产业组织化水平，促进产业集聚、集群、集约化发展，构建具有国际竞争力的优势产业群和产业发展模式。

资源节约、环境友好的原则。要把生态环境的保护和建设放在突出的位置，坚持土地集约化开发利用，提高资源利用效率，推动产业开发、城市建设和生态环境保护的有机结合，建立起景观优美、质量优良的生态环境体系，实现临空经济区经济、社会和生态的可持续协调发展。

3. 战略目标

（1）远期目标（2020～2035年）：

到2035年，天河机场四条跑道建成后，机场将能容纳6000万～7000万人/年的旅客吞吐量和96万吨/年的货物吞吐量，成为亚太地区管理和运输一流水平的现代化国际空港。以机场为核心，天河临空经济区的发展空间将不断拓展、集聚辐射功能不断增强、综合竞争力不断提高，真正成为推动城市经济发展的制高点和武汉实现建设现代化国际性城市的宏伟目标的战略支撑。

（2）中期目标（2010～2020年）：

到2020年，天河临空经济区将形成现实的产业能力，产业基地各功能区完全具备运营能力，协调管理机制比较完善，产业发展环境良好，自主创新和发展动力强劲，经济总量在武汉市的比重显著上升，辐射和带动武汉城市圈乃至中部地区发展的作用凸显，成为推动武汉经济腾飞的重要引擎。

航空运输能力大幅提升。天河机场通航城市覆盖全国90%的机场，开通10条～20条国际直达航线，中转旅客比例达30%；实现年旅客进出量3500万～4200万人次，年货邮吞吐量44万吨，年客机起降34万～40万架次。

经济发展充满活力。天河临空经济区的经济空间和地域空间进一步强化和扩张，城市化进程明显加快。地区生产总值年平均增速保持在30%以上，占黄陂区生产总值的60%左右，占武汉市的10%左右，在中部地区的辐射带动作用更加显著。

产业结构优化升级。临空经济区产业发展逐渐向价值链高端攀升，航空运输业、航空物流业、临空型高科技产业、现代服务业成为临空经济区发展的支柱产业，基于全球产业链的临空产业集群发展趋于成熟，具有自主知识产权的企业比重显著上升，产品创新、技术创新、管理创新成为临空型企业的显著特征。

（3）近期目标（2007～2010 年）：

到 2010 年，天河临空经济区将形成以航空运输为主体，航空物流业、空港配套服务业部分功能基本实现，产业基地的两大平台——基础设施平台、交通设施平台基本构建完成的发展格局，成为促进武汉城市圈区域经济合作的重要切入点。

完成基础规划的编制。借鉴国内外机场建设航空城，发展临空经济的基本模式和经验，高起点、高质量地推进《武汉天河临空经济区总体发展规划》及各专项规划（详细规划，土地利用规划，综合交通规划，园区发展规划等）的编制工作，并严格按照规划开展基础设施建设和招商引资工作，提升临空产业发展层次，增强发展后劲。

积极推进航空运输发展。完成天河机场第二航站楼和配套设施工程，增建航空公司基地公司，引进更多的航空公司，增加飞机数量，扩大运输能力。增开国内航线，争取开通武汉直达东南亚、澳洲及欧美的国际航线。大力发展中转运输和航空物流，将天河机场建设成为国内发展最快的大型枢纽机场之一、邮政航空枢纽之一和国内低成本航空中心，中枢质量、航线网络在大型枢纽机场中名列前茅。国内机场吞吐量排名进入前十位；国际航线达到 5 条～10 条，国内航线达到 100 条左右；实现年旅客进出量 1100 万～1300 万人次，年货邮吞吐量 14 万吨、年客机起降 11 万～13 万架次。

推动基础区域开发。临空经济区各园区开发建设全面展开，水、电、气、信息、交通等配套设施基本完成，初步形成较强的项目承载能力。着力发展配餐、餐饮和住宿等与旅客运输紧密相关的航空配套服务业，积极引进大型、高水准的航空物流企业和临空型高科技制造企业，提升临空经济区生产和服务层次，奠定未来临空经济区发展基础。

（五）武汉天河临空经济区的产业发展重点

在客观分析与评价天河临空经济区现状、优势的基础上，准确把握临空经济未来发展趋势，并遵循临空经济产业发展规律，天河临空经济区应重点发展以下六大类产业：

（1）航空运输及配套后勤产业

空港运营功能板块重点发展临空经济的核心产业航空运输及配套后勤产业，其布局主要位于航空运输区和临空服务型小城镇。

提升客运运输能力。加快第二航站楼建设，规划新建第三航站楼和增建跑道，满足2010年旅客吞吐能力达到1300万人次、2020年前突破4000万人次、2035年达到7000万人次的要求。大力推进武汉航空运输综合改革试点工作，充分发挥航空发展引导资金的积极作用，积极争取国内外各航空公司在武汉设立基地或扩大现有经营规模，加快启动一批新的国际国内航线和通航城市的开拓工作。

提升货运处理能力。合理规划货运设施布局，逐步建设海关监管仓库、保税仓库、出口拼装仓库、快件仓库等，将天河机场建成为区域性快件集散与分拨中心、全国航空货运中心。完善信息基础设施，使其符合航空物流管理精益化的要求。

发展配套后勤产业。以建设航空公司基地产业群为核心，在机场周边区域建立生产和服务基地，发展客货运输代理、航空配餐、酒店及餐饮、购物中心、旅行社、汽车租赁、广告及金融服务等直接为旅客、航空公司及其它驻机场机构（海关、检疫检验等）提供服务的行业。同时，以扩张航空产业链为目标，配套发展飞机维修、飞机零部件的制造、供应、分销以及与之有关的咨询、培训等业务。

（2）航空物流业

以武汉天河机场为依托，以机场货运区和航空物流区为发展平台，重点发展临空经济的主导产业和起步产业航空物流业。

积极开展各项航空物流服务业务。引进大型物流企业、航空货运公司、物流整合商、物流地产商，重点发展仓储、运输、中转、配送、包装和流通加工等物流服务业务。全力支持航空公司引进全货机，满足航空货运量较大企业的物流需求。积极引导国内外航空货运代理企业入驻发展货代业务，培育货代产业集群。努力争取已在汉设立了分公司及业务机构的国内外知名物流企业，如美国工业物流地产企业普洛斯和汽车物流公司法国捷富凯等到航空物流区发展，建设区域性物流分拨中心。大力引进顺丰速运、EMS 和中通速递等国内快递巨头入驻航空物流区开展快递业务，争取 FedEx、UPS、DHL、TNT 为代表的国际快递巨头在天河机场设立地区转运中心，促进物流的适度竞争，整合国际物流资源，发展物流联盟。

努力提升航空物流保税功能。积极向国家争取设立空港物流保税加工区或空港保税物流中心（A 型），开展保税加工、保税仓储、保税展示和海关监管查验等服务功能，促进国际采购、分销和加工贸易产业的发展。

加快推进航空物流信息化。设立武汉天河临空经济区国际贸易电子数据交换中心，打造集口岸执法和物流商务服务为一体的信息平台，逐步构建跨部门、跨行业的信息共享和联网核查机制。

重点发展五大类航空物流产品集群。发展以新闻报刊、杂志及计算机软件等媒体产品以及航空快递邮件为代表的传媒快递产品集群；发展以钟表、玻璃制品、金银首饰及工艺品、旅游纪念品等为代表的旅游纪念产品集群；发展以蔬菜（红菜苔、莲藕等）、水果（板栗、西瓜、葡萄）、花卉、水产（龙虾、螃蟹、黄鳝、鱼苗等）和精武鸭脖等为代表的时鲜产品集群；发展以特种服装（军装、工作服等）的生产和国际品牌服装出口加工为代表的轻纺服装产品集群；发展以液晶显示器、精密仪器、生物化学医药产品等为代表的高科技产品集群。

预计 2010 年，航空物流区将引进现代化第三方物流和相关企业 80 多家，吸引投资 100 亿元，形成航空物流产业集群。航空物流区作为武汉天河临空经济区的先行开发步骤，成为重要的功能区。最终将航空物流区建成一个"省内成网、华中成线、国外有点"的先进物流网络体系，成为以中转为主的腹地型国际航空物流枢纽、以区域经济货物集散服务为主的华中区域性国际物流中心和快递中心。

（3）临空型现代制造业

按照成长性好、附加值高、市场前景广阔的产业发展方向，以现有产业为基础，运用高新技术改造提升机电汽配、轻纺服装、新型建材等产业，不断扩大规模，构筑具有地方特色的多点支撑的现代产业体系。该类产业主要布局于空港物流加工板块中的空港加工区。

汽车零部件和机电设备。加强与武汉经济技术开发区的互动合作，大力发展汽车零部件、家电五金配件、高低压开关及输变电设备、印刷设备及纸品印务等重点产品，力争进入国内外大型企业产品供应链。

纺织服装。以佳海工业园和卓尔企业集团的盘龙国际轻纺工业城为载体，重点发展羽绒、西服、衬衫、时装、针织内衣，发挥产业集群优势，培育国家级和世界级品牌，构建华中地区规模最大的现代化轻纺加工基地、中国最大的纺织新技术新材料应用基地、亚洲排名前列的轻纺产品交易中心。

新型建材。大力发展钢结构、彩钢、电线电缆、玻璃、铝型材、塑料及板材等重点产品，全面提升企业产品研发、管理和销售能力，推动技术升级，拉长产业链，打造国内外知名品牌。

（4）临空型高新技术产业

现代服务功能板块中的高新技术产业园区中重点培育和发展产品科技含量高、附加值高、体积小、重量轻、市场灵敏度高、交货期短的临空型高新技术产业。加强与东湖新技术开发区的协调合作，充分利用武汉在发展光电子方面的独特优势，争取国内外大型企业入区投资，力争成为武汉高新技术产业发展的新兴区块。

电子信息产业，重点发展电子通讯设备与元器件、消费类电子产品、激光加工设备，汽车电子、金融电子等应用电子产品。生物技术及新医药产业，围绕防治重大疾病和新发传染病，重点发展生物疫苗、检测诊断试剂、癌症和心脑血管疾病治疗药物、生物农药等。新材料产业，重点发展电子信息材料和生物医用材料、激光材料等高性能新材料。先进环保与新能源产业，重点发展环保设备、新型生物能源。先进制造技术产业，重点发展精密成型加工设备、柔性制造设备、数控机床、智能机械设备、电力电子技术设备和新型防伪技术设备等。

（5）临空型现代农业

特种水产品和特种林果。重点推进适合航空运输的高附加值农产品的种养和深加工。大力开发优质水面资源，发展小龙虾、鸭嘴鲟、鲴鱼、胭脂鱼、螃蟹、鳝鱼等名特水产品养殖，采用稻虾、稻蟹套养和网箱养殖等新技术形成规模效益。进一步发展葡萄、桃、李、梨等经济林果和绿色食品，选用优良品种，提高产品质量。

航空食品加工。重点发展为航空配餐服务的食品加工业。提高粮油制品、畜禽制品等产品加工深度和产品附加值，研发培育一批知名品牌，建成农副产品供应基地，加长产业链，形成农产品生产、加工、供应的产业集群。

（6）临空型现代服务业

现代商务服务。依托国际航空枢纽带来的人流、物流、信息流，重点引进航空运输、航空物流、投资销售、研发设计等国内外大型企业，大力发展总部经济。同时，大力发展金融中介、研发设计、教育培训、会展等商务服务业，建立空港商务区平台。该类产业主要布局于现代服务功能板块中的现代商务服务区。

房地产业及生活服务业。墨家湖生活服务区、后湖旅游休闲区重点发展房地产业和文化体育、教育医疗产业。依托宝安、纵横、地产集团等大型房地产企业，在盘龙城开发区开发建设一批高标准、大规模的住宅小区，建成若干个示范性智能住宅小区，并完善居住区环境建设。同时建设宾馆、餐饮业、商业购物中心、学校、体育馆、医院等基本的配套服务设施，为机场工作人员及园区工作人员提供生活方便。

休闲旅游度假业。充分利用机场周边丰荷山、甲宝山、露甲山、盘龙湖、汤仁海等优美的自然山水景观和以盘龙殷商遗址为主体的丰厚的历史人文景观，依托长江乐园项目、盘龙遗址公园项目，大力发展特色公园、大型主题游乐度假园、历史文物遗址等与旅游相关的其他服务设施，发展生态休闲旅游度假业。该类产业主要布局于现代服务功能板块中的文化遗址公园区和旅游度假区。

（六）加快建设武汉天河临空经济区的政策措施

1. 构建整体联动的组织体系

采取政府主导，企业运作的模式来建设武汉天河临空经济区。建议成立市级（或以上）的临空经济发展协调机构武汉天河临空经济区领导小组，组长由市领导担任，下设临空经济区领导办公室，市发改委、交委、建委、规划局、商务局、国土局、国资局、旅游局、城投公司、税务、海关、金融等市级相关部门以及黄陂区和湖北机场集团公司均在办公室中派驻办事人员。

办公室受领导小组委托，具体在土地规划方面进行整体统筹，更重要的是对投资企业给予相关的开发奖励和优惠政策，使得临空经济区的建设一开始就步入了良性发展的轨道。区政府对临空经济区的招商引资拿出一套完整计划，交由专业的投融资企业进行具体运作。前期启动临空经济区内的物流项目，建议由专业的物流运营商运作，项目和资金采取滚动实施计划，保证首先完成重点地区并能形成独立的城市运营机制及景观效果，形成"政府、企业和临空经济区"三方共赢的格局。

2. 构建科学合理的规划体系

进一步明确产业结构和功能分区，突出规划对临空经济区发展的指导和调控作用，推进临空经济科学、理性和自觉发展。牢固树立"临空经济区是一个综合开发区"的概念，加强临空经济区的经济、社会、生态的统一和长远规划，做好整个区域的经营开发，提高各种设施的综合效益，实现临空经济区内社会、经济和生态"三个效益"的高度统一，不断增强其对武汉城市发展的辐射拉动作用。

做好各项规划的沟通与协调。建立机场发展规划、扩建规划，武汉城市总体规划、分区规划，黄陂南部地区总体规划、武汉临空经济区总体规划、详细规划，土地利用规划等各项目规划的定期沟通交流制度，加强临空经济区的空间结构与机场功能分区的协调，把临空经济纳入到武汉经济、中部崛起的大背景下科学定位、整体推进。

编制临空经济区土地利用规划。严格控制机场周边土地资源，高标准筛选入区企业，促进土地高效集约利用，为临空经济可持续发展奠定基础。优先保证临空经济区的用地指标，增加临空经济区的交通用地，发展大规模的商业、服务业以及商务办公用地，适度发展物流用地。

3.构建支撑力强的产业体系

根据武汉市的总体发展目标和产业发展方向，按照有所为有所不为的原则和产业集聚的原则，选择、定位临空经济区主导产业。注意临空经济区与武汉新区、东湖高新、吴家山经济发展区等开发区间的竞争性互补关系，突出临空经济区的产业发展特色。

发展航空物流业。吸引专业客货代理公司、专业航空食品公司、航油总公司及分公司、航材总公司及分公司以及为航空公司提供各种物流服务供应商进驻临空经济区；吸引国外企业的空管导航设备制造、大型飞机零部件制造、小型飞机制造等制造企业和航空专业维修公司进驻；与航空公司开展多种形式的合作，如提供加工食品、饮料以及清洁服务等。

做大做强临空经济区现代制造业集群。积极实施集群化发展战略，大力引进具有高附加值的现代制造业，增强配套能力，提高产业链的竞争力。

重点发展临空经济区的现代服务业。吸引一些规模大、实力强的银行进驻空港区，为不同类型的企业融资提供支持。此外，着力引进一些侧重于非寿险类的保险公司，以及会计师事务所、法律咨询等中介和咨询机构，为企业的发展提供帮助。招商引资建一批星级酒店、会展商所、休闲山庄。建好盘龙城遗址公园、长江乐园主题公园等一批景点，发展旅游业。

4.构建灵活激励的政策体系

需要省、市扶持的政策。一是落户在武汉国际航空物流基地内的物流项目用地比照工业项目用地执行；二是落户在武汉天河国际航空物流基地内的临空产业中的高新技术产业参照武汉东湖高新技术开发区内的高新技术产业的政策执行；三是拟新落户在武汉市的航空公司要落户在武汉天河国际航空物流基地。

区内的有关政策。落户在武汉天河国际航空物流基地内的工业项目除按陂政〔2004〕59号文件执行外，还可参照盘龙城现代产业基地的优惠政策执行：一是新引进的国内外制造业项目，其用地每亩形成纳税额在5万元以上的，土地出让金区级收益部分按50%奖励给企业，其用地每亩形成纳税额在10万元以上的，土地出让金区级收益部分按100%奖励给企业。二是经市级认定的高新技术企业自认定之日起 3 年内，缴纳的增值税和企业所得税地方分成部分，由同级财政按 50% 的比例安排专项资金预算，用于企业研发投入（中共武汉市委、市人民政府武发［2006］13 号《关于增强自主创新能力，争创国家创新型城市的决定》）。三是对年销售收入超过 10 亿元、5 亿元，且对地方财政贡献的增长水平高于地方财政增长水平的工业企业，由区政府分别给予企业 10 万元、5 万元的奖励。四是对凡落户在武汉天河国际航空物流基地内，且符合产业规划、环保准入的企业（项目），建议由区里直接审批入园，报市里备案。五是在投资政策上根据机场经营性质的不同予以补贴，对公益性项目进行重点支持和投入，对支线机场要给予特殊的政策倾斜和财政补贴；新扩建机场的土地使用要给予最优惠政策扶持；政府应多途径增加机场建设资本金投入，使资本金达到 70% 以上，同时有关政府部门要支持机场探索债券融资、项目融资等低成本融资方式，鼓励社会资金和国外投资进入机场投资领域。上述政策还可进一步完善，对入园企业提供税收（包括关税）、土地、信贷、保险等更加优惠的综合政策，为企业尤其是大型企业提供的良好的激励制度框架。

5. 构建富有活力的创新体系

推进技术创新，为无纸通关创造条件。适应国际物流业的发展，应推进与大通关相关的金融监管、报关、检验检疫改革，规范中介机构、运输等企业的行为，加快信息标准化的建设，构建先进的信息技术平台，保障物流信息畅通，提高通关效率。

推进自主创新，强化研发能力。坚持知识创新与科技创新，形成创新体系，增强创新能力，建立产业高地新优势。在机场商务区打造临空经济的核心创新平台，包括从事通信、电子元器件、汽车电子技术、数控机床仿真等主导产业技术研究的研发中心，从事区域信息安全体系研究的政府信息平台研究机构，其他重点进行临空经济指向产品开发的研究所等机构，以及从事高新技术产业科技孵化的孵化基地等，努力把武汉临空经济区建成具有国际竞争力的新型经济园区。

6. 构建功能完备的基础设施体系

增建道路交通设施。规划根据城市总体规划的布局和航空城的发展要求，在本区构建以快速路和主干道为基础的道路骨架，形成内、外联系便捷的交通格局。快速路包括机场高速公路、绕城公路、汉十高速公路；主干道包括盘龙大道、川龙大道、环湖路、楚天大道、盘天路、横天公路、孝天公路及延长线。其中，规划盘天路为第二机场客运通道，该路跨府河，向南衔接东西湖环湖路与主城的古田二路，向北接入天河机场。

延伸轨道交通设施。根据城市总体规划构建"双快一轨"的交通走廊的设想，规划远景建设主城至天河机场的快速轨道交通机场线路。目前有两个方案：方案一是穿金银湖地区至盘天路，沿盘天路至天河机场；方案二沿马池路—盘龙大道—楚天大道—盘天路至天河机场。

完善市政基础设施。扩大供水：根据城市总体规划的安排，规划本地区从汉口堤角水厂和东西湖白鹤咀水厂引水，沿机场高速公路、楚天大道、盘龙大道铺设给水干管，为航空城的主要水源。同时，改造扩建后湖水厂；加强排污：在后湖北岸建设一处污水处理厂，主要负责处理后湖以北地区生产、生活污水。宋家岗地区的污水主要通过沿楚天大道布置的污水管送至刘店地区的污水处理厂处理；补充燃气：以三金潭分输站为起点，沿楚天大道、盘龙大道、川龙大道铺设燃气干管；增强电力通信：依托该地区电力条件，结合航空城发展要求建设供电网络。建设盘龙城220千伏变电站；根据航空城发展要求新建电信支局等设施。

7. 构建公用、共享的航空物流信息体系

即构筑一个航空物流信息平台，可分为航空物流信息系统和物流商务平台两个方面：

一是构筑天河机场物流信息系统，其基本功能是利用电脑和网络等信息技术，对运输、装卸、配载、分拣、保管、存储、包装、配送、流通加工等物流作业进行统一管理和人力、设备和资金资源合理优化配置，对物流作业的相关信息进行完全的记录、存储、分析、管理和控制，并利用公共网络系统和资源与其他的商务系统构成全国联网和信息共享，实现电子货物跟踪和物流作业的公开、透明化，使物流信息在物流业务链上的相关企业之间实现信息公用和无缝隙交换。同时，利用航空物流信息系统，对货源、航线、效益、市场份额等进行分析，以便及时制定有效的经营策略。

二是构筑天河机场物流商务信息平台。物流商务信息平台是指利用国际互联网络、局域网络、企业内部网络等技术构件，以航空货运物流服务为主的网上虚拟交易市场，即实现物流交易的电子化。物流商务信息平台的参与方包括专业物流公司、货运代理公司、机场航空货运站、销售代理、航空货运承运人、海关、检验检疫等相关部门，银行、保险等涉及航空物流业务链上的方方面面的企业、单位和个人，他们既是信息的接受服务者，同时是物流信息的提供者，这是一个开放的虚拟电子交易平台。

三、东西湖保税物流中心发展规划

（一）东西湖保税物流中心的概况

武汉东西湖保税物流中心于 2008 年 12 月 24 日经国家海关总署、财政部、税务总局和外汇管理局四部委正式批复同意设立，规划面积 740 亩，已建成面积 180 亩，标准库房面积 30600 平方米。2009 年 3 月 26 日，武汉东西湖保税物流中心正式封关运行，从而成为，是中部地区第一家保税物流中心。其主要功能包括：满足国际物流所需求的保税仓储，对境内外进入保税物流中心的货物给予保税；流通性简单加工和增值服务，对货物进行分级分类、分拆分拣、分装、计量、组合包装、打膜、加刷唛马、刷贴标志、改换包装、拼装等辅助性简单作业；国际采购、分拨和配送，对采购的国内货物和进口货物进行分拣、分配或简单的增值处理后向国内外配送和销售；国际中转，对国内、国际货物进行分拣、集拼后，装运至境内外其他目的港；转口贸易，进口货物在保税物流中心存储后不经加工即转手出口到其他目的港；退税功能，境内货物进入保税物流中心视同出口，实施入中心即退税。2010 年，中心累计进出口业务达到 17429 票，货运量 16.34 万吨，总货值 27 亿美元，征收税款 8.72 亿元人民币。

东西湖保税物流中心距武汉长江杨泗港外贸码头 25 公里，距阳逻深水港 50 公里，可供 5000 吨级泊位的船舶停靠，湖北省汉江舵落口港在区南侧，是武汉连接大西北和东抵上海港的水上航运枢纽，具备 1000 吨～3000 吨级的泊位码头，进口集装箱和散装货物可经长江直达武汉，在武汉办理海关手续，运输费用低廉，出口货物可自武汉装箱出关，经长江转海运直达世界各地，年货物吐能力可达 400 万吨。汉渝铁路通过物流中心，舵落口铁路货运站是汉口地区唯一的散装货物货运站，武汉集装箱货运编组枢纽站与物流中心相邻，共设计运量 600 万吨／年～ 2000 万吨／年。在公路交通方面，物流中心可以利用外环线、中环线、107 国道、京珠高速、沪蓉高速、武荆高速等联结汇通的道路网络。另外，物流中心至武汉天河国际机场，全程均为高速公路，只需 20 分钟时间。由此可见，保税物流中心能有效利用周边的水运、铁路、公路和航空交通网，实现其与空港、内河水港、沿海港口等间的联动发展，由简单分拨配送功能向区域性物流枢纽功能转型，增强地区产业经济的辐射能力和服务水平，支持"武汉新港"建设、天河临空经济区建设、长江流域经济带建设。

物流中心东邻以电子信息、机械制造、健康产业为主的台资密集区，西接以绿色食品为主导的农副产业加工区，东西湖区逐步形成的中部地区最大的食品饮料、生物医药、印刷包装和机械电子产业群为保税物流中心提供了巨大的潜在需求。另外，保税物流中心通过武汉中环线连接主城区、东湖高新技术开发区和武汉经济技术开发区，为汽车、钢铁、光电子和家电产业的发展提供物流服务。保税物流中心与各开发区以及海关特殊监管区域间的联动发展，降低湖北省、武汉市外向型制造业的生产、销售成本，推动外贸出口增长，提升其在国际市场的竞争力。

（二）东西湖保税物流中心的规划布局

"十二五"期间，东西湖物流保税区将围绕已有交通网络建设六大园区板块：

1. 物流网科技园

在走马岭南十四支沟以东，汇通大道以南的区域建设武汉物联网科技园。以美国光联公司为龙头，引进 5 家～ 10 家美国光谷、中国台湾的高新技术公司，以信息、电子、科技、机械企业为主。充分发挥保税中心作用，以全国互联、全球互联为目的，大力引进和培育物联网系统集成和信息服务相关企业向园区集聚，促进制造业与服务业融合的物联网产业链全面发展。

2. 电子商务港

在台北二道以北，东吴大道以南，高桥北二路以西，京珠高速公路以东建设以京东商城、苏宁易购和卓越亚马逊为主的电子商务企业集群，吸引新兴电子支付企业，整合新型电子商务企业，打造巨型电子商务港。将园区的物流优势与电子商务有机地结合起来，以实现物流服务的电子化，实现系统之间、物流企业之间以及资金流、物流、信息流之间的无缝链接，促进产业链与物流配套工程的整合。

3. 新能源产业基地

湖北能源将投资 12 亿元，利用园区物流企业的仓库屋顶建设 50 兆瓦的光伏发电项目；引进湖北新捷天然气公司在园区内建设天然气加气站，替代柴油供货车使用，从而不仅使货车的燃料费下降 30%，而且降低了货车尾气碳排放；联合昊诚能源等企业的新能源项目，发展光伏发电、电池制造和电力设备制造，逐步建设新能源产业基地。

4. 国际商品展示交易中心

利用保税平台大力推进专业市场的建设，充分利用保税区展示、展销国际商品的优势政策，打造国内中部地区规模大、档次高的国际商品展示交易中心，形成以免税的国际商品展示为核心、具有一定商品流通渠道的标志性产业集群，为更多国内外商品在保税状态下搭建一个宣传、展示与合作的平台。引进大型批发商及品牌经销商，建立进口红酒、烈性酒集散地，随后逐步建立化妆品、进口食品、高档水果、蔬菜展示中心，以及棉花、椰棕、工程机械、医疗器械等生产资料展示中心，同时在保税区内聚集一批为之配套的相关企业。

5. 湖北白云边工业园

湖北白云边工业园将集产品展示、生产灌装、仓储物流、商品贸易为一体，年产值将达 10 亿元左右。项目靠近食品加工区，不仅实现了食品产业的连片发展，加大了产业的聚集优势，更促进了快速消费品的物流发展，与园区的物流优势形成了无缝对接，这样既可以形成多赢局面，也为白云边后期产业布局打下基础。

6. 苏宁工业园

在十九支沟以东，金山大道以南，十六支沟以西，东吴大道以北规划 1500 亩，投资 50 亿元建设苏宁工业园，武汉苏宁电器工业园是 OEM、

ODM 家电制造基地及结算中心，其中包括空调、冰箱、洗衣机、小家电，后期逐步扩大到相机、手机、电脑等，投产后年产值可达 300 亿元。

（三）东西湖保税物流中心的发展措施

1. 关于招商引资工作

第一，吸引 1 家 ~ 2 家具有国际视野和土地经营管理经验的国际物流地产开发商与保税物流中心合作，借助他们的资金优势、管理经验和客户资源吸引一批国际物流企业入驻。在物流地产商方面，选择具有国内外良好声誉的企业，如 AMB、和记黄埔、珠江投资、富力地产等。另外，还需要投资银行的融资支持，例如新加坡丰树物流基金、腾飞基金和麦格里亚洲投资基金等。

第二，吸引具有实力的国际物流服务商，招商引资的重点对象是汽车及零部件物流企业、奢侈品、高级酒和化妆品的国际分销商，以及电子信息等高新技术产品的全球采购商等，建立国际知名企业的采购与分销基地。

第三，吸引符合武汉保税物流产业发展分析的大型跨国生产制造企业，在运营阶段，以合同形式向跨国公司转让部分物流设施的使用权。招商引资重点面向培育国际汽车成车中心和汽车零部件捆包配送中心的企业，还包括轻工业、电子信息与机电制造业。具体包括本地大型国有企业及正有意向中部进行产业转移的长三角、珠三角制造企业以及国外大型生产制造企业。

2. 关于基础设施与环境建设

第一，对保税物流中心周边交通基础设施提档升级，打通保税物流中心与京珠高速公路和 107 国道等主要干道的连接，纳入全省全市的统一规划建设。

第二，建立统一的信息平台，集数据交换、信息发布服务、会员服务、在线交易、信息融合、通关等基本功能和智能辅助配送、货物跟踪、仓储管理、决策分析、金融服务、现有资源整合等扩展功能于一体，实现海关、检验检疫、国税、外管、铁路、港口、货代等的联网和资料共享，重点突出公共信息平台的电子报关、区港联动、区区联动、虚拟空港快速通关机制等的业务模式功能。

第三，创新行政管理运行机制，按照区政府实行"一站式"服务制度，主动跟踪服务，对入驻企业推行无干扰服务，逐步建立和完善园区的中介服务机制，发展一批会计、法律、金融、技术咨询、人才培训等中介服务组织，形成园区完备的社会服务支撑体系。

第四，加强园区环卫队伍的建设，强化培训以提高整体素质，绿化道路、美化园区，以确保园区优良的环境卫生质量。对园区企业加强管理，要求工业废水全部达标排放，地表水达到三类水体，园区大气质量达到国家大气质量二级标准，园区环境噪声全面达标。

3.关于科技创新与人才政策

在普及现代物流、保税经济知识的基础上，采取正规教育和在职教育相结合的方式，加快国际物流、出口加工贸易人才的培养，同时吸引国内外人才加盟。从在职人员中选拔业务骨干脱产培训，开办相关专业课程，培养一批熟悉物流与国际贸易业务，具有跨学科综合能力的物流与贸易管理人员和专业技术人员。充分依托武汉理工大学、武汉大学和华中科技大学等高校在物流、国际贸易、企业经营管理等学科，通过设立奖学金制度以及校企合作方式，有针对地为东西湖保税物流中心培养和储备物流、出口加工和贸易相关的人才。

4.关于园区的管理制度与文化建设

首先，在园区建立科学合理的现代管理制度：一是激励机制，根据按资、按劳、按绩效分配的原则，通过改革分配制度提高管理者的积极性和创造性；二是约束机制，通过建立各个环节的严格责任制度、加强考核和督促检查来加强对园区管理的监控；三是竞争机制，通过实行竞聘上岗、优化组合来提高克服管理的僵化；四是健全决策、执行和监督体系，提高园区的自主性和应变能力；五是动力机制，通过实施目标责任管理、物质奖励和精神鼓舞来为园区提供可持续动力。

其次，形成并弘扬园区自身的先进文化：一是在追求经济效益最大化的同时兼顾社会效益的最大化，义利相融，回报国家和社会，增强员工的社会责任感和使命感；二是培育追求卓越、勇于创新、大胆开拓的经营理念；三市树立奋斗不息的创业观，培养高度负责的敬业精神，营造蓬勃向上的环境氛围；四是通过实施人性化管理、强化亲和力和向心力，增强员工的自豪感和归属感，激发员工的积极性、主动性和创造性。

附录　现代物流业相关政策法规汇编

附录1　国务院关于促进我国物流业发展的意见①

加快发展现代物流业，是我国应对经济全球化和加入世界贸易组织的迫切需要，对于提高我国经济运行质量和效益，优化资源配置，改善投资环境，增强综合国力和企业竞争力具有重要意义。为进一步推进我国现代物流业的发展，在全国范围内尽快形成物畅其流、快捷准时、经济合理、用户满意的社会化、专业化的现代物流服务体系，特提出以下意见。

一、营造有利于现代物流业发展的良好环境

（一）调整现行行政管理方式

1. 规范企业登记注册前置性审批。工商行政管理部门在为物流企业办理登记注册时，除国家法律、行政法规和国务院发布决定规定外，其他前置性审批事项一律取消。

2. 改革货运代理行政性管理。取消经营国内铁路货运代理、水路货运代理和联运代理的行政性审批，加强对货运代理经营资质和经营行为的监督检

①国家发展和改革委员会、商务部、公安部、铁道部、交通部、海关总署、税务总局、民航总局、工商总局联合制定的《关于促进我国现代物流业发展的意见的通知》之附件（2004年8月5日印发）。

165

查。取消国际货运代理企业经营资格审批，加强后续监督和管理。改革民航货运销售代理审批制度，由民航总局会同有关部门制定新的民航货运代理管理办法。对危险品等特种货物的运输代理严格按照国家有关规定办理。

（二）完善物流企业税收管理

1.合理确定物流企业营业税计征基数。物流企业将承揽的运输、仓储等业务分包给其他单位并由其统一收取价款的，应以该企业取得的全部收入减去其他项目支出后的余额，为营业税的计税的基数。具体办法由国家税务总局制定。

2.允许符合条件的物流企业统一缴纳所得税。物流企业在省、自治区、直辖市范围内设立的跨区域分支机构，凡在总部领导下统一经营、统一核算，不设银行结算账户、不编制财务报表和账簿的，并与总部微机联网、实行统一规范管理的企业，其企业所得税由总部统一缴纳。

（三）整顿规范市场秩序，加强收费管理

1.加快引入竞争机制，建立统一开放、公平竞争、规范有序的现代物流市场体系。废除各类不符合国家法律、法规规定的由部门或地方制定的地区封锁、行业垄断、市场分割的有关规定，为物流企业的经营和发展创造宽松的外部环境。

2.加强收费管理，全面清理向货运车辆收取的行政事业性收费、政府性集资、政府性基金、罚款项目，取消不符合国家规定的各种收费项目。全面整顿道路收费站点。对违反国家规定设置的收费站点，要立即停止收费并限期拆除相应设施。严禁向物流企业乱检查、乱收费、乱摊派、乱罚款、乱评比。凡违规设置站点，擅立收费项目，向货运车辆及物流企业等乱收费用的，要依法予以严处。

二、采取切实有效措施，促进现代物流业发展

1.鼓励工商企业逐步将原材料采购、运输、仓储等物流服务业务分离出来，利用专业物流企业承担。鼓励交通运输、仓储配送、货运代理、多式联运企业通过兼并、联合等形式进行资产重组，发展具有一定规模的物流企业。对被兼并、重组的国有企业，当地政府和有关部门要给予积极支持。

2. 积极拓宽融资渠道。支持物流企业利用境内外资本市场融资或募集资金发展社会化、专业化的物流企业。对资产质量好、经营管理好、具有成长潜力的物流企业要支持鼓励上市。各类金融机构应对效益好、有市场的物流企业给予重点支持。

3. 积极推进物流市场的对外开放。按照我国加入世界贸易组织的承诺，扩大物流领域的对外开放。鼓励国外大型物流企业根据我国法律、法规的有关规定到国内设立物流企业。鼓励利用国外的资金、设备和技术，参与国内物流设施的建设或经营。

4. 支持工商企业优化物流管理。鼓励有条件的国有大中型工商企业将企业的物流资产从主业中分离出来，整合资源，优化流程，创新物流管理模式，特别是商业连锁企业要提高商品统一配送率。对实行主辅分离、辅业改制的企业，符合有关条件的，可享受国务院八部门联合下发的《国有大中型企业主辅分离、辅业改制、分流安置富余人员的实施办法》中的扶持政策。

5、加快物流设施整合和社会化区域物流中心建设。采取必要的调控措施，推动各地区工业、商业、运输、货代、联运、物资、仓储等行业物流资源的整合，合理规划建设区域物流中心，开展社会化、专业化的公共服务。对符合条件的此类项目，各级政府要给予重点支持。

6. 简化通关程序。优化口岸通关作业流程，完善口岸快速通关改革，推行物流企业与口岸通关监管部门信息联网，对进出口货物实施"提前报检、提前报关、货到验放"的通关新模式，提高信息化应用和管理水平。边防、海关、检验检疫、税务、外汇管理等部门要在有效监管的前提下简化作业程序，实现信息共享，加快通关速度。鼓励建立集海关监管、商品检疫、地面服务一体化的货物进出境快速处理机制。

7. 优化城市配送车辆交通管理。公安交通管理部门要加强对道路交通流的科学组织，根据当地的交通状况和物流业务发展情况，研究制定配送车辆在市区通行和停靠的具体措施，提供在市区通行、停靠的便利。

三、加强基础性工作，为现代物流发展提供支撑和保障

1. 建立和完善物流技术标准化体系。加快制定和推进物流基础设施、技

术装备、管理流程、信息网络的技术标准，尽快形成协调统一的现代物流技术标准化体系。广泛采用标准化、系列化、规范化的运输、仓储、装卸、包装机具设施和条形码、信息交换等技术。

2. 推广先进适用的物流专用车辆和设备。大力发展集装箱运输，广泛采用厢式货车、专用车辆和物流专用设备，积极开发推广先进适用的仓储、装卸等标准化专用设备。

3. 提高物流信息化水平。鼓励建设公共的网络信息平台，支持工商企业和物流企业采用互联网等先进技术，实现资源共享、数据共用、信息互通。推广应用智能化运输系统，加快构筑全国和区域性物流信息平台，优化供应链管理。

4. 提高从业人员素质。加强对物流企业从业人员的岗前培训、在职培训等，通过不同方式和各种渠道，培育市场急需的物流管理人才。要采取多种形式，加速人力资源的开发和培养，加快发展学历教育，鼓励高等院校开展物流专业本科、硕士、博士等多层次的专业学历教育。积极探索物流职业资格认证工作，借鉴或引进国外成熟的相应职业资格认证系统。

四、加强对现代物流工作的综合组织协调

现代物流是一个新兴的复合性产业，涉及运输、仓储、货代、联运、制造、贸易、信息等行业，政策上关联许多部门。为加强综合组织协调，建立由国家发展改革委牵头，商务部等有关部门和协会参加的全国现代物流工作协调机制。成员由国家发展改革委、商务部、铁道部、交通部、信息产业部、民航总局、公安部、财政部、工商总局、税务总局、海关总署、质检总局、国家标准委等部门及有关协会组成，主要职能是提出现代物流发展政策、协调全国现代物流发展规划、研究解决发展中的重大问题，组织推动现代物流业发展等。

本文所称物流企业是指具备或租用必要的运输工具和仓储设施。至少具有从事运输（或运输代理）和仓储两种以上经营范围，能够提供运输、代理、仓储、装卸、加工、整理、配送等一体化服务并具有与自身业务相适应的信息管理系统，经工商行政管理部门登记注册，实行独立核算、自负盈

亏、独立承担民事责任的经济组织。

附录2　国务院关于物流业调整和振兴规划

国发〔2009〕8号

（2009年3月10日印发）

物流业是融合运输业、仓储业、货代业和信息业等的复合型服务产业，是国民经济的重要组成部分，涉及领域广，吸纳就业人数多，促进生产、拉动消费作用大，在促进产业结构调整、转变经济发展方式和增强国民经济竞争力等方面发挥着重要作用。

为应对国际金融危机的影响，落实党中央、国务院保增长、扩内需、调结构的总体要求，促进物流业平稳较快发展，培育新的经济增长点，特制订本规划，作为物流产业综合性应对措施的行动方案。规划期为2009—2011年。

一、发展现状与面临的形势

（一）发展现状。

进入新世纪以来，我国物流业总体规模快速增长，服务水平显著提高，发展的环境和条件不断改善，为进一步加快发展奠定了坚实基础。

1. 物流业规模快速增长。2008年，全国社会物流总额达89.9万亿元，比2000年增长4.2倍，年均增长23%；物流业实现增加值2.0万亿元，比2000年增长1.9倍，年均增长14%。2008年，物流业增加值占全部服务业增加值的比重为16.5%，占GDP的比重为6.6%。

2. 物流业发展水平显著提高。一些制造企业、商贸企业开始采用现代物流管理理念、方法和技术，实施流程再造和服务外包；传统运输、仓储、货代企业实行功能整合和服务延伸，加快向现代物流企业转型；一批新型的物流企业迅速成长，形成了多种所有制、多种服务模式、多层次的物流企业群体。全社会物流总费用与 GDP 的比率，由 2000 年的 19.4% 下降到 2008 年的 18.3%，物流费用成本呈下降趋势，促进了经济运行质量的提高。

3. 物流基础设施条件逐步完善。交通设施规模迅速扩大，为物流业发展提供了良好的设施条件。截至 2008 年底，全国铁路营业里程 8.0 万公里，高速公路通车里程 6.03 万公里，港口泊位 3.64 万个，其中沿海万吨级以上泊位 1167 个，拥有民用机场 160 个。物流园区建设开始起步，仓储、配送设施现代化水平不断提高，一批区域性物流中心正在形成。物流技术设备加快更新换代，物流信息化建设有了突破性进展。

4. 物流业发展环境明显好转。国家"十一五"规划纲要明确提出"大力发展现代物流业"，中央和地方政府相继建立了推进现代物流业发展的综合协调机制，出台了支持现代物流业发展的规划和政策。物流统计核算和标准化工作，以及人才培养和技术创新等行业基础性工作取得明显成效。

但是，我国物流业的总体水平仍然偏低，还存在一些突出问题。一是全社会物流运行效率偏低，社会物流总费用与 GDP 的比率高出发达国家 1 倍左右；二是社会化物流需求不足和专业化物流供给能力不足的问题同时存在，"大而全"、"小而全"的企业物流运作模式还相当普遍；三是物流基础设施能力不足，尚未建立布局合理、衔接顺畅、能力充分、高效便捷的综合交通运输体系，物流园区、物流技术装备等能力有待加强；四是地方封锁和行业垄断对资源整合和一体化运作形成障碍，物流市场还不够规范；五是物流技术、人才培养和物流标准还不能完全满足需要，物流服务的组织化和集约化程度不高。

2008 年下半年以来，随着国际金融危机对我国实体经济的影响逐步加深，物流业作为重要的服务产业也受到了严重冲击。物流市场需求急剧萎缩，运输和仓储等收费价格及利润大幅度下跌，一大批中小物流企业经营出现困难，提供运输、仓储等单一服务的传统物流企业受到严重冲击。整体来看，国际金融危机不但造成物流产业自身发展的剧烈波动，而且对其他产业的物流服务供给也产生了不利影响。

（二）面临的形势。

应该看到，实施物流业的调整和振兴、实现传统物流业向现代物流业的转变，不仅是物流业自身结构调整和产业升级的需要，也是整个国民经济发展的必然要求。

1. 调整和振兴物流业是应对国际金融危机的迫切需要。一是要解决当前物流企业面临的困难，需要加快企业重组步伐，做强做大，提高产业集中度和抗风险能力，保持产业的平稳发展；二是物流业自身需要转变发展模式，向以信息技术和供应链管理为核心的现代物流业发展，通过提供低成本、高效率、多样化、专业化的物流服务，适应复杂多变的市场环境，提高自身竞争力；三是物流业对其他产业的调整具有服务和支撑作用，发展第三方物流可以促进制造业和商贸业优化内部分工、专注核心业务、降低物流费用，提高这些产业的竞争力，增强其应对国际金融危机的能力。

2. 调整和振兴物流业是适应经济全球化趋势的客观要求。一是随着经济全球化的发展和我国融入世界经济的步伐加快，全球采购、全球生产和全球销售的发展模式要求加快发展现代物流业，优化资源配置，提高市场响应速度和产品供给时效，降低企业物流成本，增强国民经济的竞争力。二是为了适应国际产业分工的变化，要求加快发展现代物流业，完善物流服务体系，改善投资环境，抓住国际产业向我国转移的机遇，吸引国际投资，促进我国制造业和高技术产业的发展。三是随着全球服务贸易的迅猛发展，要求加快发展现代物流业，培育国内现代物流服务企业，提高物流服务能力，应对日益激烈的全球物流企业竞争。

3. 调整和振兴物流业是国民经济持续快速发展的必要保证。根据全面建设小康社会的新要求，我国经济规模将进一步扩大，居民消费水平将进一步提高，货物运输量、社会商品零售额、对外贸易额等将大幅度增长，农产品、工业品、能源、原材料和进出口商品的流通规模将显著增加，对全社会物流服务能力和物流效率提出了更高的要求。同时，中西部地区要求改善物流条件，缩小与东部地区的物流成本差距，承接东部沿海地区产业梯度转移，促进区域间协调和可持续发展。

4. 调整和振兴物流业是贯彻落实科学发展观和构建社会主义和谐社会的重要举措。调整和振兴物流业，有利于加快商品流通和资金周转，降低社会物流成本，优化资源配置，提高国民经济的运行质量；有利于提高服务业比重，优化产业结构，促进经济发展方式的转变；有利于增加城乡就业岗位，扩大社会就业；有利于提高运输效率，降低能源消耗和废气排放，缓解交通拥堵，实现经济和社会的协调发展；有利于促进国内外、城乡和地区间商品流通，满足人民群众对多样化、高质量的物流服务需求，扩大居民消费；有利于国家救灾应急、处理突发性事件，保障经济稳定和社会安全。

二、指导思想、原则和目标

（一）指导思想。

以邓小平理论和"三个代表"重要思想为指导，深入贯彻落实科学发展观，按照保增长、扩内需、调结构的总体部署，以应对国际金融危机对我国经济的影响为切入点，以改革开放为动力，以先进技术为支撑，以物流一体化和信息化为主线，积极营造有利于物流业发展的政策环境，加快发展现代物流业，建立现代物流服务体系，以物流服务促进其他产业发展，为全面建设小康社会提供坚实的物流体系保障。

（二）基本原则。

1. 立足应对危机，着眼长远发展。既要应对国际金融危机，解决当前物流业发展面临的突出问题，保先进生产力，保重点骨干企业，促进企业平稳发展；又要从产业长远发展的角度出发，解决制约物流产业振兴的体制、政策和设施瓶颈，促进产业升级，提高产业竞争力。

2. 市场配置资源，政府营造环境。充分发挥市场配置资源的作用，调动企业的积极性，从满足物流需求的实际出发，注重投资的经济效益。政府要为物流业的发展营造良好的政策环境，扶持重要的物流基础设施项目建设。

3. 加强规划指导，注重协调联动。统筹国内与国际、全国与区域、城市与农村物流协调发展，做好地区之间、行业之间和部门之间物流基础设施建设与发展的协调和衔接，走市场化、专业化、社会化的发展道路，合理布局重大项目。各地区要从本地区经济发展的实际出发，因地制宜，统筹规划，科学引导物流业的发展，防止盲目攀比和重复建设。

4. 打破分割封锁，整合现有资源。改革现行物流业相关行业管理体制，打破部门间和地区间的分割和封锁，创造公平的竞争环境，促进物流服务的社会化和资源利用的市场化，优先整合和利用现有物流资源，提高物流设施的利用率。

5. 建立技术标准，推进一体化运作。按照现代物流理念，加快技术标准体系建设，综合集成仓储、运输、货代、包装、装卸、搬运、流通加工、配送、信息处理等多种功能，推进物流一体化运作，提高物流效率。

6. 创新服务方式，坚持科学发展。以满足生产者和消费者不断增长的物流需求为出发点，不断创新物流服务方式，提升服务水平。积极推进物流服务的信息化、现代化、合理化和企业社会责任建设，坚持最严格的节约用地制度，注重节约能源，保护环境，减少废气污染和交通拥堵，保证交通安全，实现经济和社会可持续协调发展。

（三）规划目标。

力争在 2009 年改善物流企业经营困难的状况，保持产业的稳定发展。到 2011 年，培育一批具有国际竞争力的大型综合物流企业集团，初步建立起布局合理、技术先进、节能环保、便捷高效、安全有序并具有一定国际竞争力的现代物流服务体系，物流服务能力进一步增强；物流的社会化、专业化水平明显提高，第三方物流的比重有所增加，物流业规模进一步扩大，物流业增加值年均递增 10% 以上；物流整体运行效率显著提高，全社会物流总费用与 GDP 的比率比目前的水平有所下降。

三、主要任务

（一）积极扩大物流市场需求。

进一步推广现代物流管理，努力扩大物流市场需求。运用供应链管理与现代物流理念、技术与方法，实施采购、生产、销售和物品回收物流的一体化运作。鼓励生产企业改造物流流程，提高对市场的响应速度，降低库存，加速周转。合理布局城乡商业设施，完善流通网络，积极发展连锁经营、物流配送和电子商务等现代流通方式，促进流通企业的现代化。在农村广泛应用现代物流管理技术，发展农产品从产地到销地的直销和配送，以及农资和农村日用消费品的统一配送。

（二）大力推进物流服务的社会化和专业化。

鼓励生产和商贸企业按照分工协作的原则，剥离或外包物流功能，整合物流资源，促进企业内部物流社会化。推动物流企业与生产、商贸企业互动发展，促进供应链各环节有机结合。鼓励现有运输、仓储、货代、联运、快递企业的功能整合和服务延伸，加快向现代物流企业转型。积极发展多式联运、集装箱、特种货物、厢式货车运输以及重点物资的散装运输等现代运输方式，加强各种运输方式运输企业的相互协调，建立高效、安全、低成本的运输系统。加强运输与物流服务的融合，为物流一体化运作与管理提供条件。鼓励邮政企业深化改革，做大做强快递物流业务。大力发展第三方物流，提高企业的竞争力。

（三）加快物流企业兼并重组。

鼓励中小物流企业加强信息沟通，创新物流服务模式，加强资源整合，满足多样性的物流需要。加大国家对物流企业兼并重组的政策支持力度，缓解当前物流企业面临的困难，鼓励物流企业通过参股、控股、兼并、联合、合资、合作等多种形式进行资产重组，培育一批服务水平高、国际竞争力强的大型现代物流企业。

（四）推动重点领域物流发展。

加强石油、煤炭、重要矿产品及相关产品物流设施建设，建立石油、煤炭、重要矿产品物流体系。加快发展粮食、棉花现代物流，推广散粮运输和棉花大包运输。加强农产品质量标准体系建设，发展农产品冷链物流。完善农资和农村日用消费品连锁经营网络，建立农村物流体系。发展城市统一配送，提高食品、食盐、烟草和出版物等的物流配送效率。实行医药集中采购和统一配送，推动医药物流发展。加强对化学危险品物流的跟踪与监控，规范化学危险品物流的安全管理。推动汽车和零配件物流发展，建立科学合理的汽车综合物流服务体系。鼓励企业加快发展产品与包装物回收物流和废弃物物流，促进资源节约与循环利用。鼓励和支持物流业节能减排，发展绿色物流。发挥邮政现有的网络优势，大力发展邮政物流，加快建立快递物流体系，方便生产生活。加强应急物流体系建设，提高应对战争、灾害、重大疫情等突发性事件的能力。

（五）加快国际物流和保税物流发展。

加强主要港口、国际海运陆运集装箱中转站、多功能国际货运站、国际机场等物流节点的多式联运物流设施建设，加快发展铁海联运，提高国际货物的中转能力，加快发展适应国际中转、国际采购、国际配送、国际转口贸易业务要求的国际物流，逐步建成一批适应国际贸易发展需要的大型国际物流港，并不断增强其配套功能。在有效监管的前提下，各有关部门要简化审批手续，优化口岸通关作业流程，实行申办手续电子化和"一站式"服务，提高通关效率。充分发挥口岸联络协调机制的作用，加快"电子口岸"建设，积极推进大通关信息资源整合。统筹规划、合理布局，积极推进海关特殊监管区域整合发展和保税监管场所建设，建立既适应跨国公司全球化运作又适应加工制造业多元化发展需求的新型保税物流监管体系。积极促进口岸物流向内地物流节点城市顺畅延伸，促进内地现代物流业的发展。

（六）优化物流业发展的区域布局。

根据市场需求、产业布局、商品流向、资源环境、交通条件、区域规划等因素，重点发展九大物流区域，建设十大物流通道和一批物流节点城市，优化物流业的区域布局。

九大物流区域分布为：以北京、天津为中心的华北物流区域，以沈阳、大连为中心的东北物流区域，以青岛为中心的山东半岛物流区域，以上海、南京、宁波为中心的长江三角洲物流区域，以厦门为中心的东南沿海物流区域，以广州、深圳为中心的珠江三角洲物流区域，以武汉、郑州为中心的中部物流区域，以西安、兰州、乌鲁木齐为中心的西北物流区域，以重庆、成都、南宁为中心的西南物流区域。十大物流通道为：东北地区与关内地区物流通道，东部地区南北物流通道，中部地区南北物流通道，东部沿海与西北地区物流通道，东部沿海与西南地区物流通道，西北与西南地区物流通道，西南地区出海物流通道，长江与运河物流通道，煤炭物流通道，进出口物流通道。

要打破行政区划的界限，按照经济区划和物流业发展的客观规律，促进物流区域发展。积极推进和加深不同地区之间物流领域的合作，引导物流资源的跨区域整合，逐步形成区域一体化的物流服务格局。长江三角洲、珠江三角洲物流区域和华北、山东半岛、东北、东南沿海物流区域，要加强技术自主创新，加快发展制造业物流、国际物流和商贸物流，培育一批具有国际竞争力的现代物流企业，在全国率先做强。中部物流区域要充分发挥中部地区承东启西、贯通南北的区位优势，加快培育第三方物流企业，提升物流产业发展水平，形成与东部物流区域的有机衔接。西北、西南物流区域要加快改革步伐，进一步推广现代物流管理理念和技术，按照本区域承接产业转移和发挥资源优势的需要，加快物流基础设施建设，改善区域物流环境，缩小与东中部地区差距。

物流节点城市分为全国性物流节点城市、区域性物流节点城市和地区性物流节点城市。全国性和区域性物流节点城市由国家确定，地区性物流节点城市由地方确定。全国性物流节点城市包括：北京、天津、沈阳、大连、青岛、济南、上海、南京、宁波、杭州、厦门、广州、深圳、郑州、武汉、重庆、成都、南宁、西安、兰州、乌鲁木齐共21个城市。区域性物流节点城市包括：哈尔滨、长春、包头、呼和浩特、石家庄、唐山、太原、合肥、福州、南昌、长沙、昆明、贵阳、海口、西宁、银川、拉萨共17个城市。物流节点城市要根据本地的产业特点、发展水平、设施状况、市场需求、功能定位等，完善城市物流设施，加强物流园区规划布局，有针对性地建设货运服务型、生产服务型、商业服务型、国际贸易服务型和综合服务型的物流园区，优化城市交通、生态环境，促进产业集聚，努力提高城市的物流服务水平，带动周边所辐射区域物流业的发展，形成全国性、区域性和地区性物流中心和三级物流节点城市网络，促进大中小城市物流业的协调发展。

（七）加强物流基础设施建设的衔接与协调。

按照全国货物的主要流向及物流发展的需要，依据《综合交通网中长期发展规划》、《中长期铁路网规划》、《国家高速公路网规划》、《全国沿海港口布局规划》、《全国内河航道与港口布局规划》及《全国民用机场布局规划》，加强交通运输设施建设，完善综合运输网络布局，促进各种运输方式的衔接和配套，提高资源使用效率和物流运行效率。发展多式联运，加强集疏运体系建设，使铁路、港口码头、机场及公路实现"无缝对接"，着力提高物流设施的系统性、兼容性。充分发挥市场机制的作用，整合现有运输、仓储等物流基础设施，加快盘活存量资产，通过资源的整合、功能的拓展和服务的提升，满足物流组织与管理服务的需要。加强新建铁路、港口、公路和机场转运设施的统一规划和建设，合理布局物流园区，完善中转联运设施，防止产生新的分割和不衔接。加强仓储设施建设，在大中城市周边和制造业基地附近合理规划、改造和建设一批现代化的配送中心。

（八）提高物流信息化水平。

积极推进企业物流管理信息化，促进信息技术的广泛应用。尽快制订物流信息技术标准和信息资源标准，建立物流信息采集、处理和服务的交换共享机制。加快行业物流公共信息平台建设，建立全国性公路运输信息网络和航空货运公共信息系统，以及其他运输与服务方式的信息网络。推动区域物流信息平台建设，鼓励城市间物流平台的信息共享。加快构建商务、金融、税务、海关、邮政、检验检疫、交通运输、铁路运输、航空运输和工商管理等政府部门的物流管理与服务公共信息平台，扶持一批物流信息服务企业成长。

（九）完善物流标准化体系。

根据物流标准编制规划，加快制订、修订物流通用基础类、物流技术类、物流信息类、物流管理类、物流服务类等标准，完善物流标准化体系。密切关注国际发展趋势，加强重大基础标准研究。要对标准制订实施改革，加强物流标准工作的协调配合，充分发挥企业在制订物流标准中的主体作用。加快物流管理、技术和服务标准的推广，鼓励企业和有关方面采用标准化的物流计量、货物分类、物品标识、物流装备设施、工具器具、信息系统和作业流程等，提高物流的标准化程度。

（十）加强物流新技术的开发和应用。

大力推广集装技术和单元化装载技术，推行托盘化单元装载运输方式，大力发展大吨位厢式货车和甩挂运输组织方式，推广网络化运输。完善并推广物品编码体系，广泛应用条形码、智能标签、无线射频识别（RFID）等自动识别、标识技术以及电子数据交换（EDI）技术，发展可视化技术、货物跟踪技术和货物快速分拣技术，加大对 RFID 和移动物流信息服务技术、标准的研发和应用的投入。积极开发和利用全球定位系统（GNSS）、地理信息系统（GIS）、道路交通信息通信系统（VICS）、不停车自动交费系统（ETC）、智能交通系统（ITS）等运输领域新技术，加强物流信息系统安全体系研究。加强物流技术装备的研发与生产，鼓励企业采用仓储运输、装卸搬运、分拣包装、条码印刷等专用物流技术装备。

四、重点工程

（一）多式联运、转运设施工程。

依托已有的港口、铁路和公路货站、机场等交通运输设施，选择重点地区和综合交通枢纽，建设一批集装箱多式联运中转设施和连接两种以上运输方式的转运设施，提高铁路集装箱运输能力，重点解决港口与铁路、铁路与公路、民用航空与地面交通等枢纽不衔接以及各种交通枢纽相互分离带来的货物在运输过程中多次搬倒、拆装等问题，促进物流基础设施协调配套运行，实现多种运输方式"无缝衔接"，提高运输效率。

（二）物流园区工程。

在重要物流节点城市、制造业基地和综合交通枢纽，在土地利用总体规划、城市总体规划确定的城镇建设用地范围内，按照符合城市发展规划、城乡规划的要求，充分利用已有运输场站、仓储基地等基础设施，统筹规划建设一批以布局集中、用地节约、产业集聚、功能集成、经营集约为特征的物流园区，完善专业化物流组织服务，实现长途运输与短途运输的合理衔接，优化城市配送，提高物流运作的规模效益，节约土地占用，缓解城市交通压力。物流园区建设要严格按规划进行，充分发挥铁路运输优势，综合利用已有、规划和在建的物流基础设施，完善配套设施，防止盲目投资和重复建设。

（三）城市配送工程。

鼓励企业应用现代物流管理技术，适应电子商务和连锁经营发展的需要，在大中城市发展面向流通企业和消费者的社会化共同配送，促进流通的现代化，扩大居民消费。加快建设城市物流配送项目，鼓励专业运输企业开展城市配送，提高城市配送的专业化水平，解决城市快递、配送车辆进城通行、停靠和装卸作业问题，完善城市物流配送网络。

（四）大宗商品和农村物流工程。

加快煤炭物流通道建设，以山西、内蒙古、陕西煤炭外运为重点，形成若干个煤电路港一体化工程，完善煤炭物流系统。加强油气码头和运输管网建设，提高油气物流能力。加强重要矿产品港口物流设施建设，改善大型装备物流设施条件。加快粮食现代物流设施建设，建设跨省粮食物流通道和重要物流节点。加大投资力度，加快建设"北粮南运"和"西煤东运"工程。加强城乡统筹，推进农村物流工程。进一步加强农副产品批发市场建设，完善鲜活农产品储藏、加工、运输和配送等冷链物流设施，提高鲜活农产品冷藏运输比例，支持发展农资和农村消费品物流配送中心。

（五）制造业与物流业联动发展工程。

加强对制造业物流分离外包的指导和促进，支持制造企业改造现有业务流程，促进物流业务分离外包，提高核心竞争力。培育一批适应现代制造业物流需求的第三方物流企业，提升物流业为制造业服务的能力和水平。制定鼓励制造业与物流业联动发展的相关政策，组织实施一批制造业与物流业联动发展的示范工程和重点项目，促进现代制造业与物流业有机融合、联动发展。

（六）物流标准和技术推广工程。

加快对现有仓储、转运设施和运输工具的标准化改造，鼓励企业采用标准化的物流设施和设备，实现物流设施、设备的标准化。推广实施托盘系列国家标准，鼓励企业采用标准化托盘，支持专业化企业在全国建设托盘共用系统，开展托盘的租赁回收业务，实现托盘标准化、社会化运作。鼓励企业采用集装单元、射频识别、货物跟踪、自动分拣、立体仓库、配送中心信息系统、冷链等物流新技术，提高物流运作管理水平。实施物流标准化服务示范工程，选择大型物流企业、物流园区开展物流标准化试点工作并逐步推广。

（七）物流公共信息平台工程。

加快建设有利于信息资源共享的行业和区域物流公共信息平台项目，重点建设电子口岸、综合运输信息平台、物流资源交易平台和大宗商品交易平台。鼓励企业开展信息发布和信息系统外包等服务业务，建设面向中小企业的物流信息服务平台。

（八）物流科技攻关工程。

加强物流新技术的自主研发，重点支持货物跟踪定位、智能交通、物流管理软件、移动物流信息服务等关键技术攻关，提高物流技术的自主创新能力。适应物流业与互联网融合发展的趋势，启动物联网的前瞻性研究工作。加快先进物流设备的研制，提高物流装备的现代化水平。

（九）应急物流工程。

建立应急生产、流通、运输和物流企业信息系统，以便在突发事件发生时能够紧急调用。建立多层次的政府应急物资储备体系，保证应急调控的需要。加强应急物流设施设备建设，提高应急反应能力。选择和培育一批具有应急能力的物流企业，建立应急物流体系。

五、政策措施

（一）加强组织和协调。

现代物流业是新型服务业，涉及面广。要加强对现代物流业发展的组织和协调，在相关部门各司其职、各负其责的基础上，发挥由发展改革委牵头、有关部门参加的全国现代物流工作部际联席会议的作用，研究协调现代物流业发展的有关重大问题和政策。各省、自治区、直辖市政府也要建立相应的协调机制，加强对地方现代物流业发展有关问题的研究和协调。

（二）改革物流管理体制。

继续深化铁路、公路、水运、民航、邮政、货代等领域的体制改革，按照精简、统一、高效的原则和决策、执行、监督相协调的要求，建立政企分开、决策科学、权责对等、分工合理、执行顺畅、监督有力的物流综合管理体系，完善政府的公共服务职能，进一步规范运输、货代等行业的管理，促进物流服务的规范化、市场化和国际化。改革仓储企业经营体制，推进仓储设施和业务的社会化。打破行业垄断，消除地区封锁，依法制止和查处滥用行政权力阻碍或限制跨地区、跨行业物流服务的行为，逐步建立统一开放、竞争有序的全国物流服务市场，促进物流资源的规范、公平、有序和高效流动。加强监管，规范物流市场秩序，强化物流环节质量安全管理。进一步完善对物流企业的交通安全监管机制，督促企业定期对车辆技术状况、驾驶人资质进行检查，从源头上消除安全隐患，落实企业的安全生产主体责任。

（三）完善物流政策法规体系。

在贯彻落实好现有推动现代物流业发展有关政策的基础上，进一步研究制定促进现代物流业发展的有关政策。加大政策支持力度，抓紧解决影响当前物流业发展的土地、税收、收费、融资和交通管理等方面的问题。引导和鼓励物流企业加强管理创新，完善公司治理结构，实施兼并重组，尽快做强做大。针对当前产业发展中出现的新情况和新问题，研究制定系统的物流产业政策。清理有关物流的行政法规，加强对物流领域的立法研究，完善物流的法律法规体系，促进物流业健康发展。

（四）制订落实专项规划。

有关部门要制订专项规划，积极引导和推动重点领域和区域物流业的发展。发展改革委会同有关部门制订煤炭、粮食、农产品冷链、物流园区、应急物流等专项规划，商务部会同供销总社等有关部门制订商贸物流专项规划，国家标准委会同有关部门制订物流标准专项规划。物流业发展的重点地区，各级地方政府也要制订本地区物流业规划，指导本地区物流业的发展。

（五）多渠道增加对物流业的投入。

物流业的发展，主要依靠企业自身的投入。要加快发展民营物流企业，扩大对外开放步伐，多渠道增加对物流业的投入。对列入国家和地方规划的物流基础设施建设项目，鼓励其通过银行贷款、股票上市、发行债券、增资扩股、企业兼并、中外合资等途径筹集建设资金。银行业金融机构要积极给予信贷支持。对涉及全国性、区域性重大物流基础设施项目，中央和地方政府可根据项目情况和财力状况适当安排中央和地方预算内建设投资，以投资补助、资本金注入或贷款贴息等方式给予支持，由企业进行市场化运作。

（六）完善物流统计指标体系。

进一步完善物流业统计调查制度和信息管理制度，建立科学的物流业统计调查方法和指标体系。加强物流统计基础工作，开展物流统计理论和方法研究。认真贯彻实施社会物流统计核算与报表制度。积极推动地方物流统计工作，充分发挥行业组织的作用和力量，促进物流业统计信息交流，建立健全共享机制，提高统计数据的准确性和及时性。

（七）继续推进物流业对外开放和国际合作。

充分利用世界贸易组织、自由贸易区和区域经济合作机制等平台，与有关国家和地区相互进一步开放与物流相关的分销、运输、仓储、货代等领域，特别是加强与日韩、东盟和中亚国家的双边和区域物流合作，开展物流方面的政策协调和技术合作，推动物流业"引进来"和"走出去"。加强国内物流企业同国际先进物流企业的合资、合作与交流，引进和吸收国外促进现代物流发展的先进经验和管理方法，提高物流业的全球化与区域化程度。加强国际物流"软环境"建设，包括鼓励运用国际惯例、推动与国际贸易规则及货代物流规则接轨、统一单证、加强风险控制和风险转移体系建设等。建立产业安全保障机制，完善物流业外资并购安全审查制度。

（八）加快物流人才培养。

要采取多种形式，加快物流人才的培养。加强物流人才需求预测和调查，制订科学的培养目标和规划，发展多层次教育体系和在职人员培训体系。利用社会资源，鼓励企业与大学、科研机构合作，编写精品教材，提高实际操作能力，强化职业技能教育，开展物流领域的职业资质培训与认证工作。加强与国外物流教育与培训机构的联合与合作。

（九）发挥行业社团组织的作用。

物流业社团组织应履行行业服务、自律、协调的职能，发挥在物流规划制订、政策建议、规范市场行为、统计与信息、技术合作、人才培训、咨询服务等方面的中介作用，成为政府与企业联系的桥梁和纽带。

六、规划实施

国务院各有关部门要按照《规划》的工作分工，加强沟通协商，密切配合，尽快制定和完善各项配套政策措施，明确政策措施的实施范围和进度，并加强指导和监督，确保实现物流业调整和振兴目标。有关部门要适时开展《规划》的后评价工作，及时提出评价意见。

各地区要按照《规划》确定的目标、任务和政策措施，结合当地实际抓紧制订具体工作方案，细化落实，确保取得实效。各省、自治区、直辖市要将具体工作方案和实施过程中出现的新情况、新问题及时报送发展改革委和交通运输、商务等有关部门。

附录3　国务院关于上海发展现代物流业的有关意见

国务院关于推进上海加快发展现代服务业和先进制造业建设国际金融中心和国际航运中心的意见

国发〔2009〕19号

各省、自治区、直辖市人民政府，国务院各部委、各直属机构：

上海有比较完备的金融市场体系、金融机构体系和金融业务体系，有雄厚的制造业基础和技术创新能力，有先进的现代航运基础设施网络。推进上海加快发展现代服务业和先进制造业，加快建设国际金融中心、国际航运中心和现代国际大都市，是我国现代化建设和继续推动改革开放的重要举措；是贯彻落实科学发展观，转变经济发展方式，突破资源环境承载能力制约，实现全面协调可持续发展，继续发挥上海在全国的带动和示范作用的必然选择。在当前应对国际金融危机的关键时期，要站在全局和战略的高度，充分认识加快上海国际金融中心和国际航运中心建设的重要性，努力推进上海率先实现产业结构优化和升级，率先实现经济发展方式的转变。为此，提出以下意见：

一、推进上海加快发展现代服务业和先进制造业，建设国际金融中心和国际航运中心的重大意义

（一）推进上海加快发展现代服务业和先进制造业，建设国际金融中心和国际航运中心，既是上海实现又好又快发展的需要，也是更好地服务于全国发展的需要。现代服务业和先进制造业发展水平，是衡量一个国家经济社

会发达程度的重要标志，是一个国家综合实力、国际竞争力和抗风险能力的集中体现。提高现代服务业和先进制造业就业比重和产值比重，提升产业附加值和国际竞争力，是推进产业结构升级、加快转变经济发展方式的必由之路；是适应全球化新格局和对外开放新形势，加快构筑新的竞争优势，提高国家整体竞争力的有效途径。推进上海加快发展现代服务业和先进制造业，建设国际金融中心和国际航运中心，有利于上海突破资源环境承载力逐渐下降的制约，增强可持续发展的能力；有利于拓展金融资源运作空间，提高金融资产配置效率，更好地维护国家经济金融安全；有利于强化航运枢纽中心地位，更好地满足周边地区和全国的国际航运要求；有利于通过改革开放和创新的先行先试，加快形成更具活力、更富效率、更加开放的体制机制，奠定科学发展的体制基础。

（二）推进上海加快发展现代服务业和先进制造业，建设国际金融中心和国际航运中心，有利于更好地夯实并充分发挥上海的比较优势。上海具有比较完善的现代市场体系、现代金融体系、先进的港口基础设施、高效的航运服务体系，以及便捷的交通运输网络；有广泛参与全球竞争的周边经济腹地，具有加快形成国际金融中心和国际航运中心的有利条件。采取有力措施，加快推进上海国际金融中心和国际航运中心建设，大力发展金融业、航运业等现代服务业和先进制造业，率先转变经济发展方式，可以使上海更好地发挥综合优势，更好地发挥带动示范作用，更好地服务长三角地区、服务长江流域、服务全国。

二、推进上海加快发展现代服务业和先进制造业，建设国际金融中心和国际航运中心的指导思想和原则

（三）指导思想：高举中国特色社会主义伟大旗帜，以邓小平理论和"三个代表"重要思想为指导，深入贯彻落实科学发展观，进一步解放思想，进一步改革开放，进一步发挥优势，继续当好全国改革开放的排头兵，充分发挥对长三角地区乃至全国的带动和示范作用。要坚持科学发展，不断扩大发展规模，完善发展机制，提高发展水平；要在发展中优化经济结构，优先发展金融、航运等现代服务业，以及以高端制造和研发为主的先进制造业，不

断增强服务功能，提高核心竞争力；要在发展中创新发展思路，坚持先行先试，不断创新体制机制，提高体制运行效率；要在发展中坚持市场化、国际化和法治化，不断改善投资环境，提高对外吸引力；要在发展中发挥比较优势，努力完善区域分工，不断扩大辐射带动效应，提高专业分工和协作水平。

（四）把握的原则：处理好深化改革与加快发展的关系，坚持以改革促发展，以改革解难题，以改革建制度，为现代服务业和先进制造业发展营造良好体制环境；处理好先行先试与制度规范的关系，通过创新和探索，加快与国际惯例接轨，为全国性的制度规范奠定实践基础，发挥示范作用；处理好突出重点与全面推进的关系，以金融业、航运业和先进制造业为重点，不断创新服务业态，不断提高制造业的核心竞争力和附加值，全面提升现代服务业和先进制造业的发展水平；处理好加快发展现代服务业与发展先进制造业的关系，形成现代服务业与先进制造业相互支撑、相互带动的产业发展格局；处理好推进金融创新与完善金融监管的关系，在推进金融改革、创新和开放过程中，努力维护金融体系的安全和稳定；处理好推进上海自身发展与区域协作发展的关系，按照国家明确的战略定位和分工，加强上海与长三角地区以及国内其他中心城市的相互协作和支持，加强与香港的优势互补和战略合作，形成分工合理、相互促进、共同发展的格局。

三、国际金融中心和国际航运中心建设的总体目标

（五）国际金融中心建设的总体目标是：到2020年，基本建成与我国经济实力以及人民币国际地位相适应的国际金融中心；基本形成国内外投资者共同参与、国际化程度较高，交易、定价和信息功能齐备的多层次金融市场体系；基本形成以具有国际竞争力和行业影响力的金融机构为主体、各类金融机构共同发展的金融机构体系；基本形成门类齐全、结构合理、流动自由的金融人力资源体系；基本形成符合发展需要和国际惯例的税收、信用和监管等法律法规体系，以及具有国际竞争力的金融发展环境。

（六）国际航运中心建设的总体目标是：到2020年，基本建成航运资源高度集聚、航运服务功能健全、航运市场环境优良、现代物流服务高效，具有全球航运资源配置能力的国际航运中心；基本形成以上海为中心、以江浙

为两翼，以长江流域为腹地，与国内其他港口合理分工、紧密协作的国际航运枢纽港；基本形成规模化、集约化、快捷高效、结构优化的现代化港口集疏运体系，以及国际航空枢纽港，实现多种运输方式一体化发展；基本形成服务优质、功能完备的现代航运服务体系，营造便捷、高效、安全、法治的口岸环境和现代国际航运服务环境，增强国际航运资源整合能力，提高综合竞争力和服务能力。

四、国际金融中心建设的主要任务和措施

（七）加强金融市场体系建设。上海国际金融中心建设的核心任务是，不断拓展金融市场的广度和深度，形成比较发达的多功能、多层次的金融市场体系。不断丰富金融市场产品和工具，大力发展企业（公司）债券、资产支持债券，开展项目收益债券试点，研究发展外币债券等其他债券品种；促进债券一、二级市场建设及其协调发展；加快银行间债券市场和交易所债券市场互联互通，推进上市商业银行进入交易所债券市场试点。根据投资者资产配置和风险管理的需要，按照高标准、稳起步和严监管的原则，研究探索并在条件成熟后推出以股指、汇率、利率、股票、债券、银行贷款等为基础的金融衍生产品。加大期货市场发展力度，做深做精现有期货品种，有序推出新的能源和金属类大宗产品期货，支持境内期货交易所在海关特殊监管区内探索开展期货保税交割业务。拓宽上市公司行业和规模覆盖面，适应多层次市场发展需要，研究建立不同市场和层次间上市公司转板机制，逐步加强上海证券交易所的主板地位和市场影响力。研究探索推进上海服务长三角地区非上市公众公司股份转让的有效途径。优化金融市场参与者结构，积极发展证券投资基金、社保基金、保险资产、企业年金、信托计划等各类机构投资者。根据国家资本账户和金融市场对外开放的总体部署，逐步扩大境外投资者参与上海金融市场的比例和规模，逐步扩大国际开发机构发行人民币债券规模，稳步推进境外企业在境内发行人民币债券，适时启动符合条件的境外企业发行人民币股票。在内地与香港金融合作框架下，积极探索上海与香港的证券产品合作，推进内地与香港的金融合作和联动发展。积极发展上海再保险市场，鼓励发展中资和中外合资的再保险公司，吸引国际知名的再保险公司在

上海开设分支机构，培育发展再保险经纪人，积极探索开展离岸再保险业务。

（八）加强金融机构和业务体系建设。根据金融市场体系建设的需要，大力发展各类金融机构，重点发展投资银行、基金管理公司、资产管理公司、货币经纪公司、融资租赁公司、企业集团财务公司等有利于增强市场功能的机构。积极推进符合条件的金融企业开展综合经营试点，培育和吸引具有综合经营能力和国际竞争力的金融控股集团，在试点过程中探索建立金融监管协调机制。鼓励发展各类股权投资企业（基金）及创业投资企业，做好上海金融发展投资基金试点工作。积极拓展各类金融业务，推动私人银行、券商直投、离岸金融、信托租赁、汽车金融等业务的发展，有序开发跨机构、跨市场、跨产品的金融业务。开展商业银行并购贷款业务，为企业并购活动提供资金支持。鼓励个人购买商业养老保险，由财政部、税务总局、保监会会同上海市研究具体方案，适时开展个人税收递延型养老保险产品试点。根据国家金融对外开放总体进程，稳步推进金融服务业对外开放，支持设在上海的合资证券公司、合资基金公司率先扩大开放范围。

（九）提升金融服务水平。健全金融服务方式和手段，大力发展电子交易，促进各类金融信息系统、市场交易系统互联互通，降低交易成本，提高交易效率。完善金融服务设施和布局规划，进一步健全为市场交易服务的登记、托管、清算、结算等统一高效的现代化金融支持体系，提高上海金融市场效率和服务能力。加强陆家嘴等重要金融集聚区的规划和建设，全面提升金融集聚区的服务功能。规范发展中介服务，加快发展信用评级、资产评估、融资担保、投资咨询、会计审计、法律服务等中介服务机构，加强监管，增强行业自律，规范执业行为。在上海建立我国金融资讯信息服务平台和全球金融信息服务市场。充分发挥上海金融市场种类齐全、金融机构体制健全、金融发展环境良好的优势，先行在上海开展金融市场、金融机构、金融产品等方面的改革和创新。制定并完善促进金融创新的政策，形成以市场需求为导向、金融市场和金融企业为主体的金融创新机制。

（十）改善金融发展环境。加强金融法制建设，加快制定既切合我国实际又符合国际惯例的金融税收和法律制度。完善金融执法体系，建立公平、公正、高效的金融纠纷审理、仲裁机制，探索建立上海金融专业法庭、仲裁机构。加强社会信用体系建设，以金融业统一征信平台为载体，完善企业和个人信用信息基础数据库建设，促进信用信息共享。适应上海金融改革和创新的需要，不断完善金融监管体系，改进监管方式，建立贴近市场、促进创新、信息共享、风险可控的金融监管平台和制度。加强跨行业、跨市场监管协作，加强地方政府与金融管理部门的协调，维护金融稳定和安全。

五、国际航运中心建设的主要任务和措施

（十一）优化现代航运集疏运体系。适应区域经济一体化要求，在继续加强港口基础设施建设基础上，整合长三角港口资源，形成分工合作、优势互补、竞争有序的港口格局，增强港口综合竞争能力。加快洋山深水港区等基础设施建设，扩大港口吞吐能力。推进内河航道、铁路和空港设施建设，优化运输资源配置，适当增加高速公路通道，大力发展中远程航空运输，增强综合运输能力。促进与内河航运的联动发展，充分利用长江黄金水道，加快江海直达船型的研发和推广，从船舶技术和安全管理方面采取措施，推动洋山深水港区的江海直达，大力发展水水中转。充分发挥上海芦潮港集装箱中心站及铁路通道作用，做好洋山深水港区铁路上岛规划研究，逐步提高铁水联运比例。

（十二）发展现代航运服务体系。积极研究采取措施，降低国际集装箱中转成本，鼓励我国外贸集装箱在上海国际航运中心转运。充分发挥上海靠近国际主航线的区位优势，以及工业基础、人才资源、商务环境等方面的综合优势，大力发展船舶交易、船舶管理、航运经纪、航运咨询、船舶技术等各类航运服务机构，拓展航运服务产业链，延伸发展现代物流等关联产业，不断完善航运服务功能。完善航运服务规划布局，进一步拓展洋山保税港区的功能，发展北外滩、陆家嘴、临港等航运服务集聚区。引导和规范船舶交易市场健康发展，充分发挥上海航运交易所的船舶交易和运价信息发布功能，加快建设全国性船舶交易信息平台，在上海形成具有示范作用的船舶交易市场。建立上海国际航运中心综合信息共享平台，促进形成便捷高效的长三角区域及长江干线港口、航运信息交换系统。

（十三）探索建立国际航运发展综合试验区。研究借鉴航运发达国家

（地区）的航运支持政策，提高我国航运企业的国际竞争力。实施国际航运相关业务支持政策。将中资"方便旗"船特案减免税政策的执行截止日期由 2009 年 6 月 30 日延长至 2011 年 6 月 30 日。对注册在洋山保税港区内的航运企业从事国际航运业务取得的收入，免征营业税；对注册在洋山保税港区内的仓储、物流等服务企业从事货物运输、仓储、装卸搬运业务取得的收入，免征营业税。允许企业开设离岸账户，为其境外业务提供资金结算便利。在完善相关监管制度和有效防止骗退税措施前提下，实施启运港退税政策，鼓励在洋山保税港区发展中转业务。探索创新海关特殊监管区域的管理制度，更好地发挥洋山保税港区的功能。

（十四）完善现代航运发展配套支持政策。加快发展航运金融服务，支持开展船舶融资、航运保险等高端服务。积极发展多种航运融资方式，探索通过设立股权投资基金等方式，为航运服务业和航运制造业提供融资服务。允许大型船舶制造企业参与组建金融租赁公司，积极稳妥鼓励金融租赁公司进入银行间市场拆借资金和发行债券。积极研究有实力的金融机构、航运企业等在上海成立专业性航运保险机构。优化航运金融服务发展环境，对注册在上海的保险企业从事国际航运保险业务取得的收入，免征营业税。积极研究从事国际航运船舶融资租赁业务的融资租赁企业的税收优惠政策，条件具备时，可先行在上海试点。研究进出口企业海上货物运输保费的有关税收政策问题。丰富航运金融产品，加快开发航运运价指数衍生品，为我国航运企业控制船运风险创造条件。

（十五）促进和规范邮轮产业发展。允许境外国际邮轮公司在上海注册设立经营性机构，开展经批准的国际航线邮轮服务业务。鼓励境外大型邮轮公司挂靠上海及其他有条件的沿海港口，逐步发展为邮轮母港。为邮轮航线经营人开展业务提供便利的经营环境。研究建立邮轮产业发展的金融服务体系，在保险、信贷等方面开设邮轮产业专项目录，促进邮轮产业健康有序发展。

六、加快推进先进制造业和技术先进型服务企业的发展

（十六）以现有制造能力为基础，以调整、优化和提高为方向，以研发、创新和增值为重点，不断提高制造业的核心竞争力和产业附加值。大力发展

先进制造技术，着力提升汽车、装备、船舶、电子信息等优势制造业的研发能力和核心竞争力；加快发展航空航天、生物医药、新能源、新材料等新兴制造业和战略产业；优化发展精品钢材、石油化工等基础制造业；增强先进制造业发展的技术支撑和服务能力。在浦东新区开展鼓励技术先进型服务企业发展政策试点工作，支持从事软件研发及服务、产品技术研发及工业设计服务、信息技术研发及外包服务、技术性业务流程外包服务等业务的技术先进型服务企业的发展。自 2009 年 1 月 1 日起至 2013 年 12 月 31 日止，对符合条件的技术先进型服务企业，减按 15% 的税率征收企业所得税；技术先进型服务企业职工教育经费按不超过企业工资总额 8% 的比例据实在企业所得税税前扣除；对技术先进型服务企业离岸服务外包业务收入免征营业税。设立政府创业投资引导基金，引导创业投资企业加大对先进制造和先进技术服务领域初创期企业的资本投入。

七、加强组织领导和协调服务

（十七）建立健全上海国际金融中心和国际航运中心建设的指导协调机制。建立由发展改革委牵头，有关部门参加的协调机制，加强对上海国际金融中心和国际航运中心建设的指导、协调和服务。进一步细化相关政策措施，认真研究解决推进上海国际金融中心和国际航运中心建设过程中出现的新情况和新问题。

（十八）转变政府职能，加强政府服务，营造良好环境。上海市政府要从全局和战略的高度，充分认识上海国际金融中心和国际航运中心建设的长期性和艰巨性，增强责任感、紧迫感和使命感，精心筹划实施方案，扎实推进各项工作。要加快政府职能转变和管理创新，加快事业单位改革，加快构建服务型政府，深入推进浦东综合配套改革，使上海成为全国行政效能最高和行政收费最少的地区，成为中介服务最发达的地区。要加快淘汰落后产业和弱势产业，积极推进产业转移和产业升级，积极推进国有企业改革和重组，完善有利于现代服务业和先进制造业加快发展的政策和体制环境。要建立健全有利于人才集聚的机制，研究制定吸引各类高层次人才的配套措施，加强职业教育和培训，营造良好、便利的工作和生活环境，使上海成为国际化高端人才的集聚地，为上海国际金融中心和国际航运中心建设提供人才支撑。

国务院

二〇〇九年四月十四日

附录4　关于加快浙江省现代物流业发展的若干意见

浙江省人民政府

浙政发〔2008〕64号

加快发展现代物流业，对于提高浙江省经济运行质量和效益，优化资源配置，改善投资环境，增强综合竞争力具有重要战略意义。贯彻落实科学发展观，深入实施"八八战略"和"平安浙江"，加快培育新的经济增长点，推动产业结构调整，根据国家发展改革委等九部委《印发关于促进我国现代物流业发展的意见和通知》精神，现就加快浙江省现代物流业发展提出如下实施意见。

1. 规范物流企业注册审批。工商行政管理部门在办理物流企业登记注册时，要按行政许可法要求，简化程序，完善服务。除国家法律、行政法规和国务院发布决定规定外，其他各种企业登记前置性审批一律取消。改革货运代理行政性管理，取消经营国内铁路货运代理，水路货运代理和联运代理的行政性审批，加强对货运经营资质和经营行为的监督检查。取消国际货运代理企业经营资格审批，加强后续监督和管理。

2. 整顿规范收费管理。全面清理向货运车辆收取的各种行政事业性收费、政府性集资、政府性基金和罚款项目，取消不符合国家规定的各种收费项目。严禁向物流企业乱检查、乱收费、乱摊派、乱罚款、乱评比。企业集团内部物流业务剥离，实行主辅分离、辅业改制的工商企业，符合有关条件的，报请有关部门审批后，可享受国务院八部委下发的《关于国有大中型企业主辅分离、辅业改制、分流安置富余人员的实施办法》中的各项减免扶持政策。

适当降低浙江省营业性大吨位车辆、集装箱、厢式车辆、专用车辆的养路费。

3. 提供税收优惠。物流企业将承揽的运输、仓储等业务分包给其他单位并由其统一收取价款的，应以该企业取得的全部收入减去其他项目支出后的余额，为营业税的计税基数。物流企业在本省范围内设立的跨区域分支机构，凡在总部领导下统一经营、统一核算、不设银行结算帐户、不编制财务报表和帐簿的，并与总部微机联网、实行统一规范管理的企业，其企业所得税由总部统一缴纳。对于符合国家减免税政策的物流企业，需引进国外先进设备的，给予免征进口设备关税和进口环节增值税。物流企业技改项目符合国家产业政策，经审批同意后可享受国产设备投资抵免企业所得税的政策。

4. 规范物流市场秩序。努力形成公平竞争、规范有序的现代物流市场体系。统一市场准入标准，打破地区封锁、行业垄断、市场分割，允许不同区域、不同所有制企业开展物流服务业务。规范物流企业的经营行为，形成公平竞争的市场机制。加大监管和执法力度，维护物流市场信用，为物流市场的发展创造良好的环境。

5. 优化城市配送车辆管理。各市公安机关交通管理部门要根据本地交通实际状况制定便于配送车辆市区通行和停靠的具体措施，提高物流配送效率。同时，物流企业要充分利用夜间城市道路交通流量较小的时段进行配送货物，以减少白天货运车辆进城对交通的影响。

6. 提高口岸通关速度。深化口岸快速通关改革，积极探索有浙江特色的通关模式，改善通关环境，提高通关速度。认真贯彻《浙江省进一步推进"大通关"建设实施意见》，凡符合通关提速条件的口岸，海运进出口货物通关提发货要在 24 小时内完成，空运在 10 小时内完成，特殊区域行业在 8 小时内完成。重点口岸逐步实行"5+2"、24 小时工作制并在海关继续推行 24 小时预约通关制度。充分发挥内陆物流中心的作用，实行报检、报关、订舱、提箱、验货、仓储等一条龙服务。

7. 扩大现代物流业对外开放。按照我国加入世界贸易组织的承诺，扩大物流领域的对外开放。鼓励国外物流企业根据我国法律、法规的有关规定到省内设立物流企业。鼓励利用国外的资金、设备、技术，参与省内物流项目的建设或经营。大力支持省内物流企业"走出去"拓展国际市场，提高浙江省现代物流业的国际化水平。

8. 积极拓宽融资渠道。金融部门应按照商业化原则，合理增加对现代物流项目的资金投入。各金融机构对具备较高信用等级资质的物流企业应给予重点支持。融资担保机构要为物流企业提供信贷担保。支持物流企业利用境内外资本市场融资或募集资金。支持省认定的重点物流业。支持民间资本参与物流项目建设。

9. 提供必要的建设用地。对省重点物流建设项目批准后，在符合当地土地利用总体规划的前提下，应按照仓储、运输等相关行业标准控制用地规模；新增建设用地的，可以采用协议出让方式给予供地；涉及农用地转为建设用地的，年度农转用指标可在省留机动指标中统筹安排。

10. 加强财政扶持。省财政在每年安排的流通业贴息资金中，应明确其中一部分专项用于物流行业的发展，主要用于重点物流企业发展和重点物流项目、公共物流信息系统、物流人才培训、物流标准化、物流统计体系建设等。各市、县（市、区）应供应相应的财政专项资金扶持现代物流业发展。省、市、县各级要为扶持物流企业发展的国债项目做好资金配套。省级有关部门每年要安排一定数量的科研资金，用于现代物流理论和技术开发研究。对企业采用物流信息管理系统、自动分拣系统等先进物流技术和设备的，列入省政府科技项目经费和技术改造项目计划。

11. 积极鼓励物流企业发展。培育现代物流企业，是加快发展现代物流业的基础。按照专业化、信息化、智能化要求，加快培育和发展具有国际竞争力的现代物流企业。积极引导多种所有制经济以多种形式进入现代物流服务领域，创办一批现代物流企业。积极鼓励有条件的交通运输、仓储配送、货运代理等企业通过兼并、联合等形式，重组一批具有一定规模和势力的物流企业。大力支持省现代物流重点联系企业进行资源整合，组建现代物流企业集团。

12. 努力扩大现代物流市场需求。积极鼓励工商企业分离原材料采购、运输、仓储、包装、配送等物流业务，交由专业物流企业承担。鼓励农副产品及食品、电子信息、医药、石化、纺织、服装、烟草等行业深化流通改革，增加物流配送的服务需求。支持专业市场交易方式与功能创新，扩大专业市场的物流需求，支持连锁经营、电子商务等现代商业模式的发展，拓展物流服务新的需求。引导广大消费者转变消费观念，利用现代流通方式，挖掘消费者物流需求，提高生活质量。

13. 积极培育现代物流市场中介。支持专业人才领办或创办从事物流信息传播、网络信息系统应用、物流技术服务、专业人才引入、从业人员培训、企业信用签证、行业资质论证、市场行情分析、国际物流交流、法律规章咨询等方面中介物流服务组织。引导现有中介组织增加服务功能，扩大服务范围，促进现代物流业发展。

14. 着力建设现代物流中心。加强现代物流规划引导，结合省市土地利用总体规划、城市总体规划和道路及运输总体规划，做好全省港口货运集疏运网络、干线公路集疏运网络，城市配送网络布局。围绕"四个物流枢纽"（杭州、宁波、温州、金华—义乌）以及产业基地和大型专业批发市场等，通过新建、改建、扩建、整合的方法，培育发展一批现代物流企业聚集的区域性、国际性物流中心。

15. 努力提高物流信息化水平。以建设"数字浙江"为契机，运用现代信息技术，努力构筑全省性、区域性、行业性的物流公共信息平台，支持企业运用现代化信息技术、现代物流管理理念和方法，开发应用企业内部的网络信息系统，实现企业内部、企业之间信息资源的传输、交互与共享。支持企业广泛应用电子数据交换（EDI）、条码（CODE）与射频识别（RFID）、电子订货系统（EOS）、供应链管理（SCM）、全球卫星定位系统（GPS）、地理信息系统（GIS）等先进物流技术。支持企业采用自动化、智能化的物流设施设备，全面提升浙江省物流信息化水平。

16. 积极推广物流技术和设备标准。鼓励物流领域应用国家和国际性的物流术语标准、物品编码标准、表格与单证标准、计量标准、技术标准、数据传输标准、物流作业和服务标准。推进物流领域广泛采用标准化、系列化、规范化的运输、仓储、装卸、包装机具设施和信息交换等技术，遵守国际通用条码标准体系。鼓励研究机构开发先进适用的运输、仓储、装卸等标准化物流专用设备，大力发展集装箱运输和甩挂运输，广泛采用厢式货车、专用车辆和物流专用设备，不断提高浙江省物流技术和设施设备的标准化水平。

17. 加快现代物流人才培养。积极鼓励省内高等院校开设物流专业，开展本科、硕士、博士等多层次的学历教育，培养现代物流业高级管理人才和专业技术人才。充分利用国内外教育资源和现代教育手段，开展现代物流教育和短期培训，不断提高物流从业人员的整体素质。制定并推行物流职业资格证制度，规范对物流职业资格认证主体的管理。大力引进国内外优秀物流专业人才，对引进的物流中高级技术人员与高级管理人员，给予省引进人才政策规定的相关待遇。

18. 加强对现代物流工作的领导和舆论宣传。现代物流业是一个新兴的复合性产业，涉及运输、仓储、货代、联运、制造、贸易、信息等行业，政策上关联许多部门。各级政府要把加快推进现代物流业发展作为调整经济结构、转变增长方式的实际工作，摆上重要议事日程，切实加强领导。省现代物流发展联席会议办公室要加强与各成员单位的沟通与交流，进一步发挥综合组织协调作用，研究解决现代物流业发展过程中出现的实际问题。各地政府要成立现代物流发展综合协调机构，深入开展调查研究，认真做好协调，指导和服务，要重视和培育重点物流企业发展，发挥示范带动作用。对于现代物流发展规划审批，杭州、宁波、温州和金华—义乌四个物流枢纽的规划由省现代物流发展联席会议审查批复，其他各市及扩权县的规划经省物流办组织审查提出意见，由当地政府审批。物流行业协会要发挥桥梁纽带作用，加强行业自律。新闻机构要加强对现代物流发展的宣传，营造良好的舆论氛围，共同推进全省现代物流业发展。

附录5　杭州市关于进一步加快现代物流业发展的若干意见

杭州市人民政府

杭政〔2008〕8号

各区、县（市）人民政府，市政府各部门、各直属单位：

现代物流业作为国民经济的重要产业和新的经济增长点，对于优化资源配置、改善发展环境、提高经济效益、增强综合竞争力具有重要的战略意义。为加快我市经济结构调整，促进现代物流业又好又快发展，根据《浙江省人民政府关于进一步加快发展现代物流业的若干意见》（浙政发〔2008〕64号）精神，结合我市实际，特提出如下意见。

（一）进一步提高对发展现代物流业重要性的认识

1. 重要意义。现代物流业发展水平是衡量一个国家和地区综合竞争力的重要标志。在经济全球化、信息化加快推进的背景下，供应链竞争已成为产品市场竞争的重要形式。发展现代物流业已成为推进我市工业化、城市化、市场化和国际化进程，进而提升综合实力和国际竞争力的重要举措。加快发展现代物流业，有助于降低物流成本，提高物流效率；有助于推动比较优势转化为竞争优势；有助于改善发展环境，满足社会多样化的服务需求；有助于实现集约式发展，提高经济竞争能力和人民生活质量。各级各部门要从全局的高度认识发展现代物流业的重要性，密切配合，通力协作，推进现代物流业又好又快发展。

（二）加快现代物流业发展的指导思想

2. 指导思想。紧紧围绕全面建设小康社会、率先基本实现现代化的目标，以科学发展观为统领，抓住经济全球化和长三角一体化的发展机遇，以完善大都市物流功能、增强大都市综合竞争力为重点，以企业为主体，以需求为导向，以降低物流成本和提高物流效率为核心，统筹规划，整合资源，优化物流空间布局，进一步完善现代物流市场体系、现代物流设施网络体系和现代物流信息体系，充分发挥省会城市和全国重要区域性综合交通枢纽的作用，利用制造业（特别是高新技术产业）相对发达的优势，把杭州建设成为长三角综合交通物流中心。

（三）优化物流业的发展环境

3. 把好市场准入关并加强后续管理。根据《行政许可法》、《中华人民共和国道路运输条例》、《中华人民共和国水路运输管理条例》的有关规定，规范运输企业前置审批，把好市场准入关。加强对运输企业经营资质、经营行为的后续管理。加强物流企业规范化管理，大力推广应用国家《物流术语》和《物流企业分类与评估指标标准》，鼓励物流企业做大做强。对货运代理行政性管理体制改革进行研究。

4.加快推进物流标准化和信息化建设。以发展第三方物流为重点，选择开展物流服务标准化试点。加强物流标准制定和推广应用。围绕现代物流业的发展，引导试点单位建立适应发展需求的物流标准体系。重点抓好物流标准的宣传推广和试点单位的应用，使物流技术、装备、信息、管理、服务和安全等环节都有标准可依，通过标准化管理提升管理服务水平。以建设"数字杭州"为契机，运用现代信息技术，努力构筑区域性、行业性的物流公共信息平台。支持企业运用现代化信息技术、物流管理理念和方法，开发应用企业内部的网络信息系统，实现企业内部、企业之间信息资源的传输、交互与共享。加快标准化物流软件建设，发挥杭州物流网、电子口岸、交通物流公共信息系统等平台的作用。支持企业采用自动化、智能化的物流设施设备，全面提升物流信息化水平。

5.继续整顿规范收费管理。研究制定集装箱车、轿运车、专用车、厢式车、甩挂车的规费、通行费优惠政策，鼓励节能减排型车辆发展。对车辆总吨位在2000吨以上且平均吨位在8吨以上或拥有50辆以上大型专用车的第三方物流企业，其营运货车的货运附加费实行全年9个月包缴。对我市内河自有运力达到5000吨以上的航运企业的运管费予以适当优惠。加强对报废车辆企业的监督检查，规范回收价格行为，杜绝报废车辆的不规范处理。

6.加快物流基地建设。在城市东部（下沙、临平区域）尽快规划综合物流基地，减轻因城市东移带来的货物存储、周转、运输、配送、加工、集散、信息、交通等快速增长的压力，减缓公路物流瓶颈制约，确保杭州物流通畅。在余杭、萧山绕城线外设立专业的、适合现代铁路运输需要的暂存、转运、收发高效的铁路专用线货场，充分发挥铁路运输高效快捷的作用，为杭州的制造商、贸易商和加工批发企业提供现代铁路货运新平台。

7.扶持物流企业发展。鼓励和支持第三方物流企业提供增值服务，并在税收上给予相关优惠。对物流企业未参与运输劳务的，其计税营业额为取得的全部业务收入扣除支付给承运者与运输标的有关的直接费用后的余额，以推动现代第三方物流企业快速发展。物流业用水、用气价格与一般工业同价。2008 年年底前实现物流业用电价格与一般工业用电价格基本并轨。

被评为国家 3A 级的物流企业在向有关部门办理相关免征手续后，两年内暂免征收仓储运管费，两年后视情况决定是否继续减免。五年内暂停出台新的面向物流企业征收的行政事业性收费。鼓励物流企业做强做大，对作出突出贡献的物流企业和优秀经营者、达到行业培育目标的物流企业给予表彰奖励。

8. 培育现代物流市场中介。积极支持和培育现代物流行业协会发展，充分发挥行业协会在普及行业管理规范、推广技术标准、交流行业发展信息、沟通和联系行业内企业等方面的作用，促进行业自律。规范企业运费运价，切实维护货运市场秩序。支持创办从事物流信息传播、网络软件应用、物流技术服务、专业人才引进、从业人员培训、企业信用鉴证、行业资质论证、市场行情分析等服务的企业，促进现代物流业发展。对新办从事物流软件开发、物流技术和咨询服务、物流信息服务的企业，开业 1 至 2 年内免征所得税。

9. 完善城市物流配送。市公安交警、交通管理部门要为现代物流企业的交通运输提供便利，优先发放货车通行证。市物流办和公安交警、交通管理等部门要根据城市交通状况和物流业务发展情况，加强城市物流配送体系建设研究，制定有利于缓解城市交通压力、有利于城市物流配送车辆在市区通行及停靠的具体措施和运作机制，提高物流配送效率。道路运输管理部门要加大对杭州城市货运市场的整治力度，整合货运市场资源，规范发展货运市场，鼓励城市物流配送实行品牌化、集约化、网络化经营，培育"城市快运"品牌，引导城市物流配送企业统一标识、统一车型，并实行公司化管理，采用封闭两厢式货车运输。

10. 培养和引进现代物流人才。鼓励和支持市内高等院校开展物流专业多层次学历教育，培养现代物流管理人才和专业技术人才；采取多种形式，积极开展在职培训；进一步完善人才引进政策，引进的物流中高级技术人员与高级管理人员，可享受市引进人才政策。制定并推行物流职业资格证制度，规范对物流职业资格认证主体的管理。

11. 推动制造业与第三方物流业联动。由政府出面，联合制造业与第三方物流业定期或不定期举办活动，促使第三方物流企业更好地整合社会资源，降低社会物流成本。引导和支持工商企业剥离低效的运输仓储功能和业务，积极发展专业化、社会化物流服务企业。在工业转型升级中鼓励制造业与物流业联动发展。

12.积极发展多式联运，以综合运输优势构筑低成本、快响应的物流优势。大力发展江河海国际联运、内陆港铁联运、高速公铁联运等多式联运，尽快实现货物联运的"无缝对接"，切实降低物流成本。

（四）科学规划物流业发展布局

13.加强规划引导。加快修订杭州市现代物流规划，研究编制相关物流专项规划，整合资源，优化布局。加强与全市土地利用总体规划、城乡规划（县域总体规划）和交通发展规划的衔接；重视公路港物流、港口物流、航空物流、铁路物流、保税物流以及城乡物流配送等规划之间的衔接。以新的铁路规划为基础，加快制定公路物流规划；以运河港为基础，整合码头资源，做好港口物流规划；积极推进杭州空港国际物流中心建设。做好全市物流网络布局规划，实现港口货运集疏运网络、干线公路集疏运网络和城市及农村配送网络的有效衔接，充分发挥铁路、公路、水运、民航等多式联运的作用。

14.加快编制物流功能区规划。根据"近期与长远相结合，集中与分散相结合，新建与改造相结合"的原则，由市发改委负责组织物流功能区发展布局规划（或修建性详规）的研究编制工作。近期重点围绕下沙、余杭、江南三个重点区域抓好物流功能区规划，并在物流功能区内设立物流示范园区，引导国家3A级以上的物流企业相对集中，促进物流设备、物流软件、物流科技、物流办公和物流人才的聚集，推动物流企业发展。

15.支持重点物流项目建设。市发改委要严格按照杭州城市分区规划和杭州市现代物流发展规划的要求，对物流功能区、物流配送中心、大型第三方物流企业等重大物流建设项目，区别不同情况实施立项审批、核准或备案。对杭州市经济发展具有较强推动作用、被确认为重点物流发展项目的，在符合土地利用总体规划和城市总体规划的前提下，可优先安排用地指标。重点物流建设项目经规划确定为工业（仓储）用地的，可参照工业用地实施招拍挂出让；对经规划确定为商业、办公用地的，按照经营性用地实施招拍挂出让。经市物流发展领导小组确认的物流重点建设项目，可列入市重点工程建设项目，按市重点建设项目有关规定组织实施，享受有关优惠政策。

（五）着力提高物流业对外开放水平

16. 扩大现代物流业对外开放。按照我国加入世界贸易组织的承诺，大力推进对外开放，加强与国际物流业的合作交流。加大招商引资力度，积极引进资金、技术和人才，促进我市物流企业与境外物流企业的合资、合作，引进先进的物流组织形式、经营理念和管理模式。鼓励国外物流企业根据我国法律、法规的有关规定到杭州设立物流企业。鼓励利用国外的资金、设备、技术，参与市内物流项目的建设或经营。大力引进国际知名物流企业，尤其是第三方物流企业和物流采购、配送中心。大力支持杭州物流企业"走出去"拓展国际市场，提高我市现代物流业的国际化水平。

加强与港澳台地区的物流合作。进一步贯彻实施 CEPA，加强与港澳台地区及日本、台湾、新加坡在物流领域的交流与合作，共同培养物流专业人才。引导各类资本尤其是民间资本与港澳台资本相结合，充分利用港澳台的市场和资源开拓国内外物流业市场。

17. 推进长三角物流合作。加强长三角区域间的物流合作，优化资源配置，实现资源共享、要素集聚、信息互通、共同发展。大力发展水水联运、水陆联运、公铁联运、空陆联运等多式联运方式，构筑高效、便捷的综合交通运输网络。加强长三角地区物流安全管理联动，营造物流行业诚信经营环境。在人才培养、引进、使用等环节加强协同合作。

18. 加快"大通关"建设。加快电子口岸等平台建设，推动 B 类保税物流中心的申报审批，及早发挥 B 类保税物流中心的作用；推进杭州空港物流中心建设，加快与联邦快递的合作，力争把杭州空港物流中心建设成长三角货物分拨中心。口岸管理等部门应加大区域一体化改革力度，切实出台相关举措弱化行政管辖划分对物流自由流动的影响，改变企业在内地海关、商检部门完成报关后再次到口岸转关的现状，促进物流自由流动。

（六）统筹城乡物流业协调发展

19. 推进城乡物流配送体系建设。研究制定我市城市物流配送管理办法，并在市区试点。结合"千镇连锁、万村放心店"工程，积极配套建设村、镇配送网络体系，除专业物流公司配送外，要发挥农村班车小件快运和农村客货运的作用，多层次保证城乡物流配送，确保城乡物流配送的货物安全、环保、节约和通畅。

（七）加大政策扶持力度

20. 进一步加大财政扶持力度。每年从市物流发展引导资金中安排一部分用于重点物流项目建设、物流人才培训、物流标准化推进和物流新技术、新工艺、新材料的应用推广；从市级交通规费资金中安排一定数量的资金用于鼓励发展节能减排车辆、船舶以及大吨位和特种（专用）车辆、船舶，并支持物流基地建设和信息化建设。各区、县（市）应安排相应的财政专项资金扶持现代物流业发展。对企业采用物流信息管理系统、自动分拣系统等先进物流技术和设备的，列入市政府科技项目经费和技术改造项目计划。对在物流领域推广使用国际通用标准、不易损坏且可循环利用托盘的企业和开展物流标准化设备改造的试点企业，给予重点支持。

21. 提供税收优惠。根据国家物流企业税收试点工作办法，在符合条件的企业中落实试点物流企业税收政策。落实国家有关企业购置用于环境保护、节能节水、安全生产等专用设备投资抵免的企业所得税政策。对占地面积较大的现代物流企业，如按规定纳税确有困难的，报经地税部门批准，可减免城镇土地使用税。对在我市设立总部的大型物流企业缴纳水利建设专项资金确有困难的，可按管理权限报经批准，给予减免水利建设专项资金。新引进的国际知名物流公司地区总部和市外物流公司总部，报经地税部门批准，可给予三年免征房产税、城镇土地使用税和水利建设专项资金。

22. 进一步拓宽融资渠道。鼓励金融机构对信用等级资质较高的物流企业给予重点支持。推动政策性担保公司为中小物流企业提供短期资金贷款担保，鼓励民营担保公司为物流企业提供信贷担保。支持物流企业利用境内外资本市场融资。鼓励民间资本参与物流项目建设。

（八）加强组织领导

23. 加强综合协调管理。进一步理顺物流业相关管理部门之间的职责关系，建立和完善统分结合的工作机制，加强对现代物流业发展的组织协调、统筹规划和政策指导。

24. 建立物流统计制度。加强物流统计，继续开展社会物流企业联网直报工作，扩大社会物流企业统计调查范围，建立和完善我市物流统计直报制度，加强物流统计信息的预测和分析。

杭州市人民政府

二〇〇八年十二月二十五日

附录6　重庆市促进现代物流业发展政策实施意见

重庆市人民政府办公厅

渝办发〔2007〕283号

为了进一步落实《重庆市人民政府关于加快现代物流业发展的意见》（渝府发〔2005〕70号），培育现代物流企业，推进重点物流项目建设，促进我市现代物流业发展，特制定本实施意见。

一、土地政策

按照渝府发〔2005〕70号文件精神，对符合全市"十一五"现代物流业发展专项规划，并经市政府现代物流联席会议认定的重点现代物流项目和重点现代物流企业用地，按照工业园区用地的相关政策执行。

（一）在符合土地利用总体规划、城市建设总体规划、物流发展专项规划、土地利用年度计划的前提下，对重点现代物流项目用地优先予以保障。

（二）重点现代物流项目建设用地，涉及农村集体土地的，应依法按实际用途办理农用地转用和土地征收手续，耕地开垦费和征地管理费按用地项目所在区县（自治县）规定标准的下限收取。

（三）重点现代物流项目非经营性用地（即不含项目配套的商业、旅游、住房、加油站等经营性用地），按工业用途和工业出让最低价标准实行招拍挂有偿使用。

（四）入驻重庆市"十一五"现代物流业发展专项规划的物流基地的重点现代物流项目非经营性出让用地缴纳的土地出让金和新增建设用地有偿使用费实行"收支两条线"，先征后返。缴纳的土地出让金和新增建设用地有偿使用费地方分成部分（存量分成），由市财政扣除政策规定的相关规费后，返还物流基地所在地区县（自治县）政府，按规定用于土地开发整理和物流基地基础设施建设等。

列入重庆市"十一五"现代物流业发展专项规划或新增的重点现代物流项目，未进入规划的物流基地的，经市政府现代物流联席会议批准，可参照执行上述政策，享受土地出让金和新增建设用地有偿使用费返还优惠。

（五）重点现代物流企业以土地为条件引进资金和设备建设物流配送中心，企业原土地使用权属划拨用地的，可按工业用地补交土地出让金后，办理出让手续。

（六）重点现代物流企业对影响周边居民生活的设施进行易地搬迁，原企业使用的土地，由国土部门按照城市规划确定的用途依法收回后重新供应。相关企业经市政府批准纳入环保搬迁范围，原企业用地出让所得土地出让金可返还用于搬迁安置。

（七）经出让的物流发展用地，必须依法按出让合同约定的开工日期执行。严禁擅自改变土地用途用作房地产开发等其他经营性项目；对经市政府现代物流联席会议审批后，根据城市建设总体规划改变用途的土地，由国土部门依法收回后，按新的用途重新招拍挂出让，并依法办理相关手续。

二、税收政策

用好现有税收优惠政策，开展物流企业税收改革试点，完善征收管理，扶持第三方物流企业及现代物流业整体发展。

（一）凡在我市设立的物流企业，符合西部大开发国家鼓励类产业目录，经批准可享受西部大开发税收优惠政策，在 2010 年前按 15% 的税率征收企业所得税；少数民族地区的物流企业，经批准可减按 7.5% 的税率征收企业所得税。

（二）新办的独立核算的物流企业，自开业之日起，经批准可享受国家支持新办第三产业企业的企业所得税优惠政策。

（三）在国家确定的"老、少、边、穷"地区新办的物流企业，经批准可减征或免征企业所得税三年。

（四）物流企业在我市范围内设立的跨区域分支机构（包括场所、网点），凡在总部领导下统一经营、统一核算，不设银行结算账户、不编制财务报表和账簿，并与总部微机联网、实行统一规范管理的企业，经税务机关审核认定后，其企业所得税可由总部统一缴纳。

（五）物流企业实施技术改造项目所购置的国产设备，按相关政策规定，经审查批准，享受国产设备投资抵免企业所得税的优惠政策。

（六）物流企业在保税园区、保税物流中心、出口加工区投资用于自营物流设施建设和技术改造购置的进口设备，按相关政策规定，经审查批准，可享受免征关税和进口环节增值税的优惠政策。

（七）对经认定的重点现代物流企业，经市级税务部门审查批准，参照国家物流税收改革试点政策，执行相应的营业税计征管理办法和货物运输发票抵扣增值税的规定。

（八）经市高新技术产业化工作领导小组认定的物流电子商务、信息平台、软件开发和关键装备制造等高新技术产业化项目所需新建或购置生产经营场所，自建成或购置之日起，经批准五年内免征房产税。

若国家出台新的税收政策，上述优惠政策与新政策不相一致的，按新的税收政策规定执行。

三、规费政策

减免重点现代物流企业和重点现代物流项目相关规费，降低物流企业和物流项目建设、经营成本，推进重大物流基础设施项目建设，扶持集装箱运输和规模运输。

（一）对列入"十一五"现代物流业发展专项规划的大型物流项目和新增的市级重点现代物流项目，免征城市建设配套费。

（二）新建、改建、扩建重点现代物流项目，确因地质、地形等条件限制，不能配套建设防空地下室的，减半征收人防易地建设费。

（三）国际标准集装箱运输车享受高速公路收费优惠政策。

（四）凡在重庆登记注册的核载吨位在 20 吨以上的单车、国际标准集装箱运输车享受运管费缴纳优惠政策。牵引汽车列车的半挂牵引车按其整备质量的 50% 核定运管费计征吨位。核载吨位超过 20 吨的国际标准集装箱运输车（整车形式）、承载国际标准集装箱的半挂车、其他载货汽车按 20 吨计征运管费，其超出部分免于计征。

（五）重点现代物流企业在缴纳公路运输管理费时，按企业营业车辆总吨位大小，可分别按 75% ~ 89% 的比例包缴。重点现代物流企业新增的车辆，按企业当年享受的包缴比例缴纳公路运输管理费。

四、其他

全市各级各部门要各司其职，把现代物流发展工作落到实处，为现代物流企业发展和重点物流项目建设提供优质服务，形成推进我市现代物流业发展的合力。

（一）市现代物流联席会议办公室统筹全市物流工作，统一协调重大问题，组织实施《重庆市重点现代物流企业和重点现代物流项目认定办法》，把好准入关，提高政策扶持的质量和效益。

（二）各级各部门要简化办事程序，加快政策落实，加强政策实施的监督和检查，及时纠正企业违规骗取优惠政策的行为并收回政策优惠。

（三）实施大通关，推行跨关区属地申报、口岸放行监管模式，减少货物中转，加快通关流程。

（四）本意见中所称新办物流企业，指本实施意见印发日期以后设立的物流企业。

附录7 湖北省现代物流业发展"十二五"规划

为推动全省现代物流业持续、快速、健康发展，培育新的经济增长点，增强经济综合竞争力，把湖北建设成为全国重要的现代物流基地，加快构建促进中部地区崛起重要战略支点，依据《湖北省经济和社会发展第十二个五年规划纲要》和《湖北省服务业发展"十二五"规划》，特制定本规划，作为指导全省"十二五"时期现代物流业发展的行动纲领。

一、产业现状与发展趋势

（一）"十一五"物流业发展现状。

"十一五"期间，全省物流业发展势头强劲，由起步阶段向快速发展阶段过渡，逐步成为服务业的重要支柱，为全省经济社会发展作出了重要贡献。但是，全省物流业总体发展水平仍然偏低，与东部沿海发达省份相比差距较大，还存在着增长方式比较粗放、服务体系不够完善、服务水平和质量有待提高等问题。

1. 物流业规模和效益逐步提高，但物流运行效率仍然较低，与沿海省份的差距较大。"十一五"期间，全省社会物流总额和物流业增加值保持平稳较快增长，物流产业已初具规模。2006年至2010年，社会物流总额从17586亿元增加到35275亿元，年均增长14.2%；物流业增加值从542亿元增加到1100亿元，年均增长14.6%，占全省地区生产总值（GDP）的比重保持在7%左右。物流货运量持续扩大，2006年至2010年，货物运输量从5.29亿吨增加到9.69亿吨，年均增长16.3%；货物运输周转量从1730亿吨公里增加到3367亿吨公里，年均增长18.1%。2010年，物流总费用占GDP比重为17.6%，比2006年下z降0.6个百分点，略优于全国平均水平，但与东部沿海地区14%左右的水平相比仍有差距。

专栏 1：		湖北省 2006—2010 年物流指标表				
指　　标	单　位	2006	2007	2008	2009	2010
社会物流总额	亿元	17586	21158	24813	27309	35275
物流业增加值	亿元	542	660	799	903	1100
物流业总费用占GDP 比重	%	18.2	18.1	18.1	17.7	17.6
货物运输量	亿吨	5.29	5.85	7.58	8.27	9.69
货物运输周转量	亿吨公里	1730	1911	2700	2808	3367

2. 物流网络基础不断完善，但物流业标准化、信息化建设相对滞后。"十一五"期间，全省加强交通运输设施建设，完善综合运输网络布局，促进多种运输方式的衔接和配套，形成以武汉、宜昌、襄阳、恩施等机场为依托的航空物流网，以武汉新港、宜昌新港、汉江干线码头等为依托的内河物流网，以京珠、沪蓉、闽乌高速及 107、318 国道等为依托的公路物流网，以京广、京九、汉渝、焦柳、武合、武广等为依托的铁路物流网。2010 年底，全省铁路营运里程 3300 公里，公路 199400公里，通航里程 8465 公里，港口吞吐能力 2.4 亿吨，机场 6 个，油气管道 3063 公里。由于全省尚未建立统一的物流行业规范和标准，物流业务衔接不够顺畅，物流信息平台建设缓慢，物流企业信息化建设相对滞后。

3. 物流市场主体快速发展，但物流企业"小、散、乱"的状况尚未改观，服务能力和质量有待提高。"十一五"期间，全省物流业已基本形成多种所有制市场主体，"大、中、小、特"多类物流企业共同发展的格局，第三方物流企业得到了较快发展。联邦快递、DHL、TNT、嘉里大通等国际知名物流企业纷纷进驻我省，中远物流、中邮物流、中外运、中铁物流、招商局物流、长航集团等中央企业也在我省设立分支机构，参与全省物流市场的竞争和发展。华中航运、武汉商贸控股、九州通、武汉捷利、武汉世通等省内传统的运输、仓储、货代企业加快向现代物流企业转型。目前，全省各类物流企业达 7000 多家，其中 5A 级企业 3 家，4A 级企业 19 家，3A 级企业

18 家。但全省物流企业发展参差不齐，还未根本改变"小、散、乱"的局面，大多数物流企业的主要服务内容还是以传统的仓储、运输、配送、流通加工为主。

4. 物流基地建设稳步推进，但物流园区的发展存在一定的盲目性，区域布局不尽合理。"十一五"期间，全省稳步推进物流基地建设，基本形成物流圈—物流节点城市—物流基地（园区）—物流中心的现代物流网络体系。武汉新港阳逻物流园、东西湖保税物流园、宜昌金东山商贸物流园、襄阳国邦物流园等相继投入运营并取得初步成效。但部分物流园区在前期市场调查、研究分析上不够充分，缺乏明晰的商业模式和准确的目标、功能及客户定位，导致物流资源不同程度的浪费，园区运营率明显低于东部沿海地区。

5. 物流业发展环境明显好转，但物流业发展的政策法规、体制机制、人才队伍建设有待加强和完善。"十一五"期间，国家和全省相继出台《物流业调整和振兴规划》、《物流业调整和振兴实施方案》。物流统计核算、物流标准化、物流人才培养和技术创新等行业基础性工作取得明显成效。全省电信网、电子政务网实现全面覆盖，综合信息处理能力明显增强。电子数据交换技术（EDI）和地理信息系统（GIS）研发走在全国前列，为现代物流业信息化建设提供了有力支撑。但是，全省促进现代物流业发展的相关政策有待进一步完善。省内部分院校开设了物流专业，但是以物流科技创新和知识型物流人才为核心的物流教育目标体系还未形成。物流人才培养、引进、激励机制尚不健全，物流人才尤其是中高级人才短缺。

（二）"十二五"物流业发展趋势。

"十二五"时期是深入贯彻落实科学发展观、加快转变经济发展方式的关键时期。加快发展现代物流业，不仅是物流业自身结构调整和产业升级的需要，也是推动全省经济社会科学发展、跨越式发展的必然要求。

1. 加快发展的机遇期。一是国家政策扶持力度加大。近年来，国务院先后出台《物流业调整和振兴规划》、《关于促进物流业健康发展政策措施的意见》，进一步加大对物流业的扶持力度。二是全省经济呈现跨越式发展新态势。汽车、钢铁、石化、电子信息、纺织、食品、装备制造等7个产业先后跨过千亿元规模，"十二五"时期全省地区生产总值将实现从1.5万亿到2.5万亿的跨越，产业规模和经济总量的大幅提升必将带动物流业跨越式发展。三是物流业自身加快发展趋势显现。"十一五"期间，全省物流业增加值年均增长14.6%，2010年达到15.6%，呈现出加快发展的态势。

2. 产业水平的提升期。一是发展方式的转变和产业结构的升级对提升物流水平提出了新要求。随着我省工业化的逐步推进，加快发展以物流业为骨干的服务业是大势所趋。二是物流新技术的应用为提升物流水平创造了条件。物联网技术引领的新一轮物流技术革命，运输、配送、装卸搬运、自动化、库存控制、包装等物流装备技术的加快应用，将有效提升物流产业发展水平。

3. 网络布局的形成期。一是"两圈一带"战略的推进实施将促进物流网络的完善，全省物流业发展的区域聚集和辐射态势将进一步形成。二是区位交通的新变化将促进物流网络的完善。武汉将向中部中心城市的建设目标迈进，全省可望实现由区域性的"九省通衢"向全局性的"九州通衢"的跨越，必将促进全省物流网络骨架的完善。三是国家和全省物流园区专项规划出台将促进物流网络布局的形成。

4. 开放协作的扩大期。一是经济全球化趋势要求物流业扩大对外开放。经济全球化的发展和我国融入世界经济的步伐加快，要求全省物流企业加强同国际国内先进物流企业的合作与交流。二是承接产业转移将促进物流业的合作与竞争。随着国际、东部发达地区的产业向中西部地区梯次转移，省际经济合作日趋紧密，区域经济协作不断加强，客观上要求全省物流业进一步加强省际联动和区域协作。

5. 体制机制的创新期。"十二五"时期，现代物流管理体制机制创新将进入攻坚阶段，全省将按照精简、统一、高效的原则和决策、执行、监督相协调的要求，建立政企分开、决策科学、权责对等、分工合理、执行顺畅、监督有力的物流综合管理体系，逐步建立统一开放、竞争有序的物流服务市场。

二、指导思想与发展目标

（一）指导思想和基本原则。

以科学发展观为指导，认真贯彻落实国家物流业调整和振兴规划，抢抓促进中部地区崛起和"两圈一带"战略实施的重大机遇，紧紧围绕把湖北建设成为中部乃至全国重要现代物流基地的战略目标，以市场为导向，以企业为主体，以现代信息技术为支撑，积极营造有利于物流业发展的政策环境，促进物流资源的合理配置，提升物流业的社会化、专业化、信息化和标准化水平，建立快捷、高效、通畅、安全的现代物流服务体系，以物流服务促进其他产业发展，为实现全省经济社会跨越式发展提供坚实的物流体系保障。

——市场配置资源，政府营造环境。充分发挥市场配置资源的基础性作用，注重投资经济效益，政府营造良好的政策环境，扶持物流基础设施建设，支持现代物流业的发展。

——加强统筹规划，注重协调发展。坚持规划引导，加强物流基础设施建设的有效衔接，合理布局重大物流项目，促进现代物流业与其他产业的协调、联动发展。

——突出科技引领，促进转型升级。适应物流业与互联网融合发展的趋势，加快物联网的研发应用，推动电子商务与物流服务的有效集成，加强技术标准体系建设，大力培育高端物流功能及延伸服务，促进全省物流业转型升级。

——整合物流资源，提高物流效率。完善现代物流业管理机制，打破部门和地区分割，促进物流服务市场化和资源社会化，优化整合现有物流资源，提升物流设施服务功能，提高物流运行效率。

——突出发展重点，坚持分步实施。在总体规划基础上，围绕全省现代物流业发展的重点领域和重点工程，优先发展重要节点城市的物流基础设施，分步实施"十二五"现代物流项目。

（二）发展目标和主要任务。

到 2015 年，充分依托湖北的区位优势、交通条件、产业基础和物流需求，逐步构建物流圈（带）—物流节点城市—物流园区—专业化物流中心为骨干的现代物流服务网络体系，发展辐射全国的中部物资集散中心、商贸流通中心和物流信息中心，建设南北物流通道中心枢纽和长江物流通道中心枢纽，力争建成以"一主两副"中心城市为核心，立足湖北、面向全国、连接国际的中部物流核心区域，确立现代物流业作为全省支柱产业之一的重要地位。

——物流业规模平稳较快增长。全省社会物流总额年均增长 12%；到 2015 年，物流业增加值超过 2000 亿元，年均增长 13% 以上。

——物流整体运行效率显著提高。供应链管理能力明显增强，物流一体化运作水平显著提高，社会综合物流成本持续降低，社会物流总费用占 GDP 的比重下降 1 个百分点以上。

——物流市场主体进一步壮大。重点培育大型第三方物流企业和企业集团，引导物流市场需求进一步扩大。第三方物流的比重有所增加，培育 5—6 个国家级物流示范园区，发展 5 家以上 5A 级物流企业、10 家以上 4A 级物流企业和 25 家以上 3A 级物流企业。

——物流网络布局进一步完善。根据市场需求、产业布局、商品流向、资源环境、交通条件、区域规划等因素，重点发展武汉（城市圈）物流圈、鄂西物流圈、长江物流带等三大物流圈（带），建设长江、汉江物流通道和一批地区性物流节点城市，优化物流业的区域布局。

——物流科技应用水平进一步提高。加大无线射频识别、物流信息平台、智能交通、物流管理软件等关键技术的研发应用，启动物联网在物流领域的应用示范，推动智慧物流发展。加强物流标准的制定和推广，引导物流企业实施物流分类标准，加快推进全省物流标准化。大力推广绿色物流方式，加大绿色物流装备、设施和节能仓库的推广使用力度。

三、空间布局与功能配置

"十二五"时期，全省将着力构建物流圈（带）——物流节点城市——

物流园区——专业化物流中心的现代物流网络体系。物流圈（带）包括以武汉为核心，辐射武汉城市圈及周边地区的武汉（城市圈）物流圈；依托鄂西生态文化旅游圈，以宜昌、襄阳两个省域副中心城市为支撑，辐射湖北西部及周边地区的鄂西物流圈；依托长江经济带，辐射带动长江沿岸及周边地区的长江物流带。物流节点城市围绕全省"一主两副"规划布局，武汉为全国性物流节点城市，襄阳、宜昌规划为区域性物流节点城市，其他14个市（州）规划为重点物流节点城市。

（一）武汉（城市圈）物流圈。

充分发挥武汉城市圈的区位、交通、经济优势，以武汉为核心，依托100公里半径内的黄石、孝感、鄂州、黄冈、咸宁、仙桃、潜江、天门等8个重点物流节点城市，建设以服务武汉城市圈经济发展为目标的"点—轴"式区域物流网络体系。重点服务武汉城市圈的产业发展，构建现代物流信息平台和基础设施平台，合理布局物流节点和物流网络；积极培育一批有国际竞争力的物流企业，加快形成物流产业集群，满足城市圈内物流需求。以武汉物流圈为中心，依托长江航道，沪蓉、京珠、福银高速公路，京广、京九铁路和武汉天河机场，对内连接鄂西生态文化旅游圈，对外辐射河南、安徽、江西和湖南等省份，将武汉物流圈打造成为服务中部地区产业链和连接区域间货物中转的物流枢纽区域，形成辐射国内乃至国际的现代物流中心。

——武汉市。进一步发挥和提升全国性物流节点城市功能，围绕服务武汉市及武汉城市圈现代制造业、商贸、旅游等产业，完善物流服务体系，积极推进武汉东湖综合保税区建设，提高物流服务水平，推进铁、水、公、空等多种运输方式高效衔接，加快重点物流园区和物流中心建设，建设全国物流产业示范区，建成全国重要的现代物流中心和中部地区重要的综合保税物流基地。重点建设东西湖保税物流园、武汉新港阳逻物流园、武汉天河空港物流园、东湖开发区物流园、武汉经济技术开发区物流园等物流园区。

专栏2：　　　　　　　　武汉物流圈其他物流节点城市

——黄石市。服务冶金、建材、新能源、煤炭、农产品加工、食品及旅游等产业，重点建设黄石新港物流园区、花湖综合物流园区和罗桥综合物流园区。

——孝感市。服务农业、工业相关支柱产业、有机化工和商贸等产业，重点建设华中锦龙物流园、临空经济区凤凰物流园、云梦城北物流园和汉川金鼓城中部家居产业物流园。

——鄂州市。服务现代农业、机械、医药化工、建材、食品加工、服装业等产业，重点建设鄂东综合物流园区、三江港口物流园区、鄂州经济开发区物流园区和葛店高新物流园区。

——黄冈市。服务农业、农林产品加工、造船、钢构、医药化工、机械制造、电子等重点产业集群，重点建设黄冈楚江物流产业园和黄梅中部物流园。

——咸宁市。服务特色农业、电力、纺织、森工、机电、汽配、冶金、建材等产业，重点建设咸宁经济开发区物流产业园区、咸宁临江港口物流园区和咸宁永安商贸物流园区。

——仙桃市。服务纺织、服装、精细化工、机械电子、无纺布及医用卫材、食品加工等产业，重点建设江汉物流产业园、仙桃农产品暨水产品大市场和富迪物流园。

——潜江市。服务石油开采加工、化工医药、冶金机械及汽车零部件制造、纺织服装、农副产品深加工等产业，重点建设潜江市园林物流园和泽口物流园。

——天门市。服务农业及农产品加工、纺织服装、汽车零部件制造、机械电子、医药化工和商贸等产业，重点建设竟陵物流园区和仙北物流园区。

　　——黄石市。服务冶金、建材、新能源、煤炭、农产品加工、食品及旅游等产业，重点建设黄石新港物流园区、花湖综合物流园区和罗桥综合物流园区。

　　——孝感市。服务农业、工业相关支柱产业、有机化工和商贸等产业，重点建设华中锦龙物流园、临空经济区凤凰物流园、云梦城北物流园和汉川金鼓城中部家居产业物流园。

　　——鄂州市。服务现代农业、机械、医药化工、建材、食品加工、服装业等产业，重点建设鄂东综合物流园区、三江港口物流园区、鄂州经济开发区物流园区和葛店高新物流园区。

　　——黄冈市。服务农业、农林产品加工、造船、钢构、医药化工、机械制造、电子等重点产业集群，重点建设黄冈楚江物流产业园和黄梅中部物流园。

——咸宁市。服务特色农业、电力、纺织、森工、机电、汽配、冶金、建材等产业，重点建设咸宁经济开发区物流产业园区、咸宁临江港口物流园区和咸宁永安商贸物流园区。

——仙桃市。服务纺织、服装、精细化工、机械电子、无纺布及医用卫材、食品加工等产业，重点建设江汉物流产业园、仙桃农产品暨水产品大市场和富迪物流园。

——潜江市。服务石油开采加工、化工医药、冶金机械及汽车零部件制造、纺织服装、农副产品深加工等产业，重点建设潜江市园林物流园和泽口物流园。

——天门市。服务农业及农产品加工、纺织服装、汽车零部件制造、机械电子、医药化工和商贸等产业，重点建设竟陵物流园区和仙北物流园区。

（二）鄂西物流圈。

以省域副中心城市襄阳、宜昌为两核，依托200公里半径内的荆州、十堰、荆门、随州、恩施、神农架等6个重点物流节点城市，建设服务鄂西生态文化旅游圈经济发展的区域物流网络体系。立足圈内丰富的农林、矿产、生态文化和旅游资源，较好的汽车、化工、电力等产业基础，提升各类资源要素的流通速度，促进物流产业迅速发展，降低物流成本，构建一体化的物流网络体系。依托鄂西圈与河南、陕西、湖南及重庆接壤的区位交通优势，承担服务周边省市货物中转流通的功能，将鄂西物流圈打造成为中西部地区重要的现代物流枢纽。

——襄阳市。充分利用襄阳市作为国家煤炭转运中心和国家粮食储备中心的战略条件，发挥襄阳的铁、水、公、空交通优势，围绕服务农副产品、汽车及零部件、纺织服装、食品工业、电子电器、装备制造、冶金建材等产业，构建具有综合运输、仓储配送、信息服务、物流金融等集成功能的现代新型物流体系，建成鄂豫陕渝毗邻地区物流中心和全国区域性物流节点城市。重点建设襄阳现代综合物流园、襄阳汽车产业物流园、余家湖能源化工物流园和襄阳经济开发区（空港）物流园等。

——宜昌市。紧紧抓住长江"黄金水道"开发的战略机遇，充分发挥宜昌市位于三峡航运枢纽坝首的航运、物流资源优势，以及处于长江中上游和中西部地区物流组织结合部的区位优势，围绕服务农副产品加工、电力、化工、食品、医药、装备制造、旅游等产业，创新三峡区域通航货物分段和直航运输相结合的物流运作模式，有效提高过坝货物和区域货物运输的组织化率，着力打造铁、水、公、空多式联运格局，建成全国区域性物流节点城市和长江中上游重要的区域性物流中心。重点建设三峡现代物流中心的花艳综合物流园区、太平溪港物流园区、茅坪港物流园区、云池物流园区。

专栏3： **鄂西物流圈其他物流节点城市**

——荆州市。服务农副产品及加工、汽车、石油机械、纺织、造纸、精细化工、食品加工、旅游等产业，重点建设浩然楚都物流园区、两湖平原农产品交易物流中心和长江物流园区。

——十堰市。服务汽车、水电、旅游、生物医药、绿色食品等产业，重点建设汉江物流园区和白浪汽车零部件现代物流中心。

——荆门市。服务农业、农副产品加工、化工、建材、食品、机电、纺织、汽车、体育用品等产业，重点建设荆门港物流园、李宁物流园、仪邦农贸物流城和京山粮食物流工业园。

——随州市。服务特色农业、农产品加工业、改装汽车及零部件制造、医药化工、纺织服装、轻工、食品、电子信息产品制造业、旅游等产业，重点建设三友香菇冷链物流园和随州市天立汽车钢铁物流园。

——恩施州。服务农业、工业、生态文化旅游等产业，重点建设恩施市火车站物流园区和利川市商贸物流园区。

——神农架林区。服务林业、绿色产品加工、矿山、化工、生态旅游等产业，重点建设神农架林区松柏综合物流园区和神农架阳日物流中心。

——荆州市。服务农副产品及加工、汽车、石油机械、纺织、造纸、精细化工、食品加工、旅游等产业，重点建设浩然楚都物流园区、两湖平原农产品交易物流中心和长江物流园区。

——十堰市。服务汽车、水电、旅游、生物医药、绿色食品等产业，重点建设汉江物流园区和白浪汽车零部件现代物流中心。

——荆门市。服务农业、农副产品加工、化工、建材、食品、机电、纺织、汽车、体育用品等产业，重点建设荆门港物流园、李宁物流园、仪邦农贸物流城和京山粮食物流工业园。

——随州市。服务特色农业、农产品加工业、改装汽车及零部件制造、医药化工、纺织服装、轻工、食品、电子信息产品制造业、旅游等产业，重点建设三友香菇冷链物流园和随州市天立汽车钢铁物流园。

——恩施州。服务农业、工业、生态文化旅游等产业，重点建设恩施市火车站物流园区和利川市商贸物流园区。

——神农架林区。服务林业、绿色产品加工、矿山、化工、生态旅游等产业，重点建设神农架林区松柏综合物流园区和神农架阳日物流中心。

（三）长江物流带。

以湖北长江经济带为依托，充分发挥长江"黄金水道"和区域综合交通运输体系优势，大力发展沿江现代物流业，建设辐射长江沿岸及周边省市的长江物流带。以武汉为龙头，宜昌、荆州等为支撑，加快长江、汉江沿岸地区物流园区（中心）建设，加快武汉新港建设，加强长江沿线物流企业的合作与联盟，建成服务湖北、衔接东西的水运物流带，形成辐射长江上下游、面向全国乃至世界的现代物流区域。

专栏4： **长江物流带主要物流基地**

——武汉枢纽物流基地。包括武汉新港阳逻物流园及钢铁和冶金产品专业化物流中心、郑店—大桥综合物流中心、常福汽车及机电产品专业化物流中心、后湖—丹水池生产资料及日用品专业化物流中心、白浒山石油化工产品及危险品专业化物流中心和白沙洲农产品及装饰建材专业化物流中心等。

——宜昌枢纽物流基地。包括花艳综合物流园区、太平溪港物流园区、茅坪港物流园区、云池物流园区、红花套物流园区、枝城港物流园区、三峡机场空港物流园区等。

——荆州枢纽物流基地。包括大宗农产品（粮、棉、油、蔬菜、水产品）产地交易中心及地区性工业品和生活用品物流配送基地等。

——黄石枢纽物流基地。包括辐射鄂东、赣北的生产资料转运型物流基地。

——鄂黄枢纽综合物流基地。包括白浒山—三江港区保税物流中心、黄冈唐家渡港区物流基地、鄂东农产品配送及加工型物流基地。

——咸宁枢纽特色农产品物流基地。包括辐射鄂南、湘北、赣西的特色农产品区域物流中心。

——武汉枢纽物流基地。包括武汉新港阳逻物流园及钢铁和冶金产品专业化物流中心、郑店—大桥综合物流中心、常福汽车及机电产品专业化物流中心、后湖—丹水池生产资料及日用品专业化物流中心、白浒山石油化工产品及危险品专业化物流中心和白沙洲农产品及装饰建材专业化物流中心等。

——宜昌枢纽物流基地。包括花艳综合物流园区、太平溪港物流园区、茅坪港物流园区、云池物流园区、红花套物流园区、枝城港物流园区、三峡机场空港物流园区等。

——荆州枢纽物流基地。包括大宗农产品（粮、棉、油、蔬菜、水产品）产地交易中心及地区性工业品和生活用品物流配送基地等。

——黄石枢纽物流基地。包括辐射鄂东、赣北的生产资料转运型物流基地。

——鄂黄枢纽综合物流基地。包括白浒山—三江港区保税物流中心、黄冈唐家渡港区物流基地、鄂东农产品配送及加工型物流基地。

——咸宁枢纽特色农产品物流基地。包括辐射鄂南、湘北、赣西的特色农产品区域物流中心。

四、重点行业与重点领域

（一）重点行业。

1. 工业物流。结合工业行业发展规划，促进工业企业的物流系统与生产制造系统分离，实现工业物流服务机构规范化、市场化运作。对工业供应物流、生产物流和销售物流实行一体化管理，实现工业物流跨区域管理，建设支撑工业发展的现代物流体系。形成"一核五带"的现代工业物流服务网络，即以武汉为核心向鄂东南辐射的武汉—鄂州—黄石冶金建材物流服务带，向鄂西北延伸的武汉—随州—襄阳—十堰汽车及零部件物流服务带，向江汉平原延伸的武汉—潜江—荆门石油化工及盐化工物流服务带，向东西辐射的襄阳—荆州—荆门—武汉—鄂州—黄石纺织服装和家用电器物流服务带，向鄂西辐射的武汉—宜昌食品医药及磷化工产业物流服务带。大力发展化学危险品、煤炭、石油及制品、特大件、药品、回收物、废弃物等特种物流。

2. 农业物流。加快农村物流配送体系建设，加强农产品批发市场和农贸市场建设，鼓励发展农产品冷链物流和农产品电子商务，推动农产品物流标准化建设，构建符合区域经济发展和农村居民消费需求的城乡物流配送体系。整合现有农业物流资源，推动传统农业物流向现代农业物流转型，建设农业物流配送中心，构建农业物流服务的网络节点以及涉农物流通道，充分发挥交通物流节点功能，以农村客运站为依托，新改、扩建为农村综合运输服务站，推进县乡村三级农村交通物流节点建设，全面完善农副产品配送网络；培育现代化的农业物流服务企业，每县引导1—2家专业交通运输企业利用农村综合运输服务站和农村客运网络开展物流配送，并在运输管理、信息服务和节点配货等方面提供便利，积极引导物流企业深入农村市场，构建以农产品、畜牧产品、农产品加工、农业生产资料和农机为重点的涉农物流体系，加快农产品物流服务示范工程和农业物流园区的建设。服务以武汉、襄阳、荆州、荆门、潜江等地为主的江汉平原粮油产区，以荆州、潜江、天门等地为主的优质棉主产区，以黄冈、鄂州、荆州、宜昌等地为主的沿江淡水产品产区，以仙桃、天门、安陆等地为主的江汉平原腹地禽类养殖区，以宜昌、荆州、武汉等地为主的宜昌至武汉沿线畜类饲养区，以武汉、宜昌、黄冈等地为主的牛奶及乳制品、果蔬饮品、罐头食品加工区，鄂西、鄂西北、鄂东南薇菜、莼菜、魔芋、银杏、竹笋、板栗等特色农副产品深加工区，形成全省优势特色农产品物流服务体系。

3. 商贸物流。以武商、中百、中商、富迪等骨干流通企业集团为主导，提升商贸配送物流服务水平，提高商贸企业物流统一配送率，扩大商贸物流配送规模，搭建高效的商贸物流信息平台，为大市场、大流通提供完善的商贸物流服务。发展与各商业网点相匹配的物流网络，完善商贸物流服务基地建设，形成企业内部物流配送中心、专业加工配送中心、综合物流园区三个层次的商贸物流服务基地节点。建立多层次、覆盖全省和周边地区的商贸物流配送网络体系，以武汉为商贸物流核心，重点发展武汉城市圈商贸物流，宜（昌）荆（州）荆（门）和襄（阳）十（堰）随（州）商贸物流，重点建设城区2小时快速商贸物流配送网络和城市社区配送体系，加快建设省内8小时商贸配送网络。以武汉城市圈为基点，建设国家级商贸物流服务基地，形成中部地区重要的商贸物流和交易中心。

（二）重点领域。

1. 保税物流。加快全省综合保税区的建设和资源整合，建立高度信息化、智能化和网络化的高效联动口岸综合物流信息系统。提高口岸效率和竞争力，简化通关程序，鼓励扩大关关合作、关企合作，实行通关"一站式"服务，进一步加强区域通关协作。完善保税物流功能，拓展保税物流服务腹地，提升保税物流服务能级，扩大保税物流规模，形成包括国际中转、国际采购、国际配送和国际转口贸易的综合保税物流服务。完善东西湖保税物流中心（B型）、阳逻港保税仓库、沌口出口加工区的功能，加快建设武汉东湖综合保税区，争取建立襄阳、宜昌、黄石保税物流中心，推进口岸物流发展，建立综合协调机制，推动保税区、保税物流园区、物流加工区等特殊监管区域进行"功能整合、政策叠加"的试点，把湖北建成以武汉为核心的、中部地区重要的保税物流基地。

2. 中转物流。优化航空、航运、铁路、公路等运输集散方式，提高各式运输的装卸和中转能力，完善各式运输的配套服务，在物流中转节点建设物流服务基地，提供中转物流的分拣调拨、加工包装等高附加值服务。实现各类交通方式的有效衔接和便捷转换，简化路桥过关的检查程序，逐步降低相关收费标准，提高一站式物流服务水准，整合港口、仓储、运输、货代、包装、加工、集装箱服务、金融结算等环节，吸引中转货源物流，发展国内国际中转物流。充分发挥区位优势，完善各种运输方式的站场设施布局，形成多式联运物流基础设施网络，构建全省中转物流体系，使我省成为铁、水、公、空功能齐备的中转物流中心，辐射中西部的商品物资集散中心。

3. 快递物流。充分利用邮政物流设施，加快快递物流配送网络的建设。推进民营快递物流的发展，发挥社会快递物流资源和第三方物流网络的作用，提高快递企业机械化、自动化水平，加强快递物流服务网络建设，建立区域快递服务协调和监管机制，实现快递物流网络规范化运行。依托"大交通"平台，整合快递服务资源，拓展全省的国际快递业务，建设国际快递物流在我省的分拨中心。依托电子商务，培育快递服务新增长点。根据全省高技术产业和商贸业的需求，发展快速、安全、高效的原材料、产品以及社会小件商品快递物流配送网络。

4. 应急物流。建立和完善应急指挥调度系统和处置实施系统，完善应急物资的筹措、采购、储备、运输、配送及信息管理系统。建立快捷高效的应急反应机制，制定并落实完善的应急管理预案体系，提高政府保障公共安全和处置突发事件的能力。依托全省在救灾物资储备体系中的战略地位和区位优势，以国家战略物资储备华中地区应急物流基地为支撑，发挥武汉作为中央级救灾物资储备库点的作用，建设应对全省突发事件的物流系统，使湖北成为全国应急重要储运和调配中心。

五、重点工程与重大项目

（一）重点工程。

1. 物流业信息化建设和物流技术应用工程。适应物流业与互联网融合发展的趋势，加快物联网的应用示范，通过传感器、射频识别技术、全球定位系统等技术，将物体接入信息网络，随时随地进行可靠的信息交互和共享。利用云计算、模式识别等各种智能计算技术，适时启动智慧物流的前瞻性研究工作，实现对物品和过程的智能化感知、识别和管理。加快建设全省物流公共信息平台，建立开放的物流公共信息查询系统、物流电子政务信息系统和物流电子商务信息系统，实现信息资源共享和物流在线跟踪与过程控制，提高政府监管服务水平、货物通关效率和物流处理效率。鼓励省内物流企业开展信息发布和信息系统外包等服务业务。支持高等院校、科研院所、重点企业加强物流新技术的自主研发，重点支持货物跟踪定位、智能交通、物流管理软件、移动物流信息服务等关键技术攻关，提高物流技术的自主创新能力。加快先进物流设备的研制，提高物流装备的现代化水平。引导企业推广应用国家标准化托盘，在重点领域鼓励开展托盘的租赁回收业务。鼓励企业采用集装单元、射频识别、货物跟踪、自动分拣、立体仓库、配送中心信息系统、冷链等物流新技术，提高物流运作管理水平。实施物流标准化服务示范工程，选择大型物流企业、物流园区开展物流标准化试点工作并逐步推广。

2. 多式联运、转运设施工程。依托武汉、襄阳、宜昌等重要港口，京广、京九等铁路动脉，京珠、沪蓉等高速路网，武汉机场、襄阳机场、宜昌机场等航空枢纽，统筹规划，全面推进多式联运中转设施和连接两种以上运输方式的转运设施建设。积极支持武汉新港、宜昌三峡物流中心、襄阳现代综合物流园、黄石新港物流园等重点物流项目建设，充分发挥道路运输网络和长江、汉江"黄金水道"作用，提高公路、铁路集装箱运输能力，重点解决各种交通方式衔接不畅以及交通枢纽相互分离带来的货物在运输过程中多次落地、拆装等问题，促进物流基础设施协调配套运行，实现多种运输方式"无缝衔接"，逐步形成以武汉为龙头，以沿江、沿线为轴线，以全国性、区域性和地区性物流中心城市为节点的物流基础设施网络，提高综合运输效率。

3. 物流园区工程。按照全省城市发展规划和土地利用总体规划的要求，结合各地产业布局的特点，充分利用已有运输站场、仓储基地等基础设施，统筹规划建设物流园区工程。积极推进海关特殊监管区域整合发展和保税监管场所建设，加快发展武汉东西湖保税物流园，争取建立襄阳、宜昌、黄石保税物流园区。通过统筹规划，重点建设武汉新港阳逻物流园、武汉天河空港物流园、襄阳现代综合物流园、襄阳余家湖能源化工物流园、宜昌花艳综合物流园、云池物流园等一批布局集中、用地节约、产业集聚、功能集成、经营集约的物流园区，完善专业化物流组织服务，实现长途运输与短途运输的合理衔接，提高物流运作的规模效益。物流园区建设要严格按规划进行，充分发挥交通运输优势，综合利用已有、规划和在建的物流基础设施，完善配套设施，防止盲目投资和重复建设。

4. 城市配送工程。积极鼓励武汉中百集团、武商集团、九州通集团等重点物流企业应用现代物流管理技术，适应电子商务和连锁经营发展的需要，发展面向流通企业和消费者的城市配送工程。加快建设招商物流武汉阳逻分发中心、中百集团 8+1 城市圈物流配送等重点城市物流配送项目，鼓励专业运输企业开展城市配送，提高城市配送的专业化水平，解决城市快递、配送车辆进城通行、停靠和装卸作业等问题，完善城市物流配送网络，缓解城市交通压力。

5. 大宗商品和农村物流工程。加快钢铁、汽车及零部件等大宗商品物流通道建设，完善大宗商品物流服务体系。加强武汉、宜昌等重要商品港口物流设施建设，改善大型物流装备设施条件。加快国家粮食物流（武汉）基地和荆州、襄阳、荆门、宜昌粮食物流中心等项目建设，建设全省重要粮食物流节点。加强城乡统筹，推进农村物流工程。进一步加强武汉白沙洲、汉口北四季美、孝感南大、荆州两湖平原、荆门通源、襄阳庞公、襄阳洪沟、宜昌茶城、十堰堰中、鄂州蟠龙、咸宁温泉、仙桃农产品暨水产品、随州香菇、恩施特色农产品等大型农副产品市场建设。加快以银丰集团为主体的棉花仓储物流中心建设。加快武汉山绿集团冷链物流、黄石鄂东农产品冷链物流、襄阳鄂西北冷链物流、宜昌鄂西冷链物流、荆门众诚冷链物流等冷链物流项目建设，完善鲜活农产品储藏、加工、运输和配送等冷链物流设施，提高鲜活农产品冷藏运输比例。积极支持省农资公司、富迪集团、湖北新合作、荆门东方百货、十堰新合作、黄冈黄商、襄阳鼓商等企业及"万村千乡市场工程"承办企业开展农资和农村消费品物流配送。

6. 制造业与物流业联动发展工程。加强对制造业物流分离外包的指导，围绕工业产业集群发展物流业，支持武钢、武石化、荆门石化、东风、宜化、全通涂镀板、江钻股份等制造企业改造现有业务流程，促进物流业务分离外包，提高核心竞争力。加快传统运输、仓储、货代企业向现代物流企业转型，培育一批适应现代制造业物流需求的第三方物流企业，提升物流业为制造业服务的能力和水平。制定鼓励制造业与物流业联动发展的相关政策，组织实施中烟湖北公司物流中心、东风自主品牌整车及备品配送中心、华中钢铁物流基地、华中钢铁大市场、长江金属交易中心、黄石新兴现代钢铁物流项目、十堰汽配物流中心、荆门化工产品物流园、仙桃无纺布物流中心、东风十堰和襄阳风神物流项目等一批制造业与物流业联动发展的示范工程和重点项目，促进现代制造业与物流业有机融合、联动发展。

（二）重大项目。

"十二五"期间，全省规划投资额 1 亿元以上的现代物流业重大项目 563 个，总投资 2815 亿元，占全省"十二五"规划重大项目库总投资 8.52 万亿元的 3.3%，占全省"十二五"服务业重大项目总投资 1.77 万亿元的 15.9%。其中："十一五"结转在建项目 241 个，新开工项目 259 个，前期和策划储备项目 63 个；物流业信息化建设和物流技术应用项目 21 个，多式联运、转运设施项目 44 个，物流园区项目 125 个，城市配送项目 66 个，大宗商品和农村物流项目 176 个，制造业与物流业联动发展项目 61 个，农产品冷链项目 70 个。

六、保障措施与实施路径

（一）保障措施。

1. 加强组织领导和协调。在相关部门各司其职、各负其责的基础上，充分发挥全省现代物流工作联席会议制度的作用，定期或不定期召开会议，集中研究解决区域物流发展中的重大问题，推进重点物流园区和项目建设；加强部门之间的协调合作，研究制订符合全省实际的政策措施，推进全省现代物流业快速健康发展。各地也要建立相应的协调机制，加强对现代物流业发展有关问题的研究和协调。

2. 完善物流政策法规体系。健全市场监管体系，明确各部门职责分工，规范物流行业秩序；进一步加大税收试点物流企业资格认定工作力度，合理确定物流企业营业税计征基数，认真落实国家有关税收优惠政策。对符合城市发展规划和土地利用总体规划的重点物流园区、物流中心、配送中心以及重点物流企业项目建设所需用地，要在提高土地集约利用率的基础上，优先安排年度用地计划指标，比照工业用地价格和程序依法保障物流用地。简化物流企业设立时的前置审批手续，依法进一步放宽对使用统一标识的城市配送车辆的交通管制；继续建设好农产品"绿色通道"，切实保障鲜活农产品运输畅通。在现有"大通关"政策的基础上，简化口岸手续，提高工作效率，逐步实现全天候通关和一站式通关。比照工业用水、用电、用气价格，制订促进物流业发展的优惠价格政策。建立物流企业综合信用评价制度，加快物流市场诚信和服务规范建设，强化物流环节质量安全管理，构建物流市场诚信体系。加强物流业政策法规体系建设，促进物流业健康发展。

3. 制订落实物流专项规划。按照国家物流业调整和振兴规划，结合全省城市发展规划、土地利用总体规划及产业布局特点，制订相关专项规划，积极引导、推动重点领域和区域物流业的发展。加快制订粮食物流、商贸物流、农产品批发市场、农产品冷链、物流园区、应急物流等专项规划。各地也要制订本地区物流业规划，指导本地区物流业的发展。

4. 增加对物流业发展的投入。加大物流基础设施投资项目扶持力度，对符合条件的重点物流企业运输、仓储、配送、信息设施和物流园区基础设施建设项目，积极争取中央和省级财政资金支持。加大对物流企业的信贷支持力度，创新金融产品和服务方式，满足物流企业个性化资金需求。完善物流企业融资机制，支持物流企业上市融资，鼓励物流企业发行企业债券融资，加强银行间市场债务融资工具产品及政策的宣传和推广，指导物流企业结合自身情况灵活选择融资工具，不断拓宽融资渠道。

5. 推进全省物流业对外开放与合作。积极推进全省物流业对外开放与合作，加大物流业招商引资力度，大力引进国际国内知名物流企业来鄂投资，参与省内传统物流企业的重组和改造，引进资金、先进技术和管理经验，提高全省物流业现代化水平。积极支持有条件的物流企业实施"走出去"战略，提高我省物流企业竞争实力。

6. 加快物流人才培养和引进。采取多种形式，加快物流人才的培养。采取长期培养和短期培训相结合，正规教育和在职培训相结合的方式，培养物流市场急需人才。加强物流人才需求预测和调查，制订科学的培养目标和规划。发挥省内大专院校科研优势，加强与国内外物流教育与培训机构的联合与合作，鼓励企业与大学、科研机构合作，编写精品教材，提高实际操作能力，强化职业技能教育，开展物流领域的职业资质培训与认证工作。积极面向国内外引进高素质物流人才，加快全省物流企业技术更新和管理创新。

7. 加强物流统计核算工作。进一步完善物流业统计调查和信息管理制度，建立科学的物流业统计调查方法和指标体系，对全省物流统计工作给予必要的经费保障。继续组织实施社会物流统计核算与报表制度，加强社会物流统计核算和重点企业物流统计调查工作，提高统计数据的准确性和时效性。

8. 发挥物流行业组织的作用。加强物流行业协会建设，明确物流协会在服务、协调、自律等方面的职能，积极支持物流协会制定行业规范，维护行业合法权益，开展行业宣传、咨询、调研、统计、培训等工作。充分发挥物流协会在规范市场竞争秩序、加强行业自律、物流技术引进与合作、人才培养等方面的重要作用。物流行业协会要协助政府有关部门加强行业监管和服务，为政府提供促进行业发展的政策建议，成为政府与企业联系的桥梁和纽带。

专栏5：	规划实施重点工作责任分工	
重点工作	牵头单位	参加单位
1.加强组织领导和协调	省发展改革委	省现代物流联席会议成员单位
2.完善物流政策法规体系	省发展改革委	省现代物流联席会议成员单位
完善物流企业税收管理	省财政厅	省国税局、省地税局等
制订物流业用地优惠政策	省国土资源厅	省发展改革委等
加强道路交通安全管理及农产品"绿色通道"建设	省公安厅	省交通运输厅、省农业厅、省商务厅等
制订促进物流业发展的用水用电用气价格政策	省物价局	省发展改革委等
推进国有物流企业改制重组	省国资委	省发展改革委、省经信委、省交通厅、省商务厅、省粮食局、省供销社等
3.制订落实物流专项规划	省发展改革委	省现代物流联席会议成员单位及相关单位
4.增加对物流业发展的投入	省发展改革委	省财政厅、人行武汉分行、湖北银监局、湖北证监局、湖北保监局等
5.推进物流业对外开放和合作	省商务厅	省发展改革委、省物流协会等
6.加快物流人才培养和引进	省发展改革委	省现代物流联席会议成员单位及省人社厅、省教育厅等
7.完善物流统计制度和指标体系	省统计局	省发展改革委、省物流协会等
8.发挥行业组织作用	省发展改革委	省商务厅、省物流协会

（二）实施路径。

围绕"十二五"全省现代物流业总体发展目标，以物流企业培育为核心，以物流业集群化发展为方向，以物流园区（中心）规划建设及运营为抓手，按照全省城市发展规划布局，结合各地产业特色，着力打造国家级和省级物流示范园区；制定和发布重点物流企业认定办法，开展重点物流企业认定工作，培育重点物流企业；认真实施物流业重大项目，加快推进物流业重点工程建设。通过建设示范物流园区、发展重点物流企业、实施重大物流项目，发挥示范和带动作用，实现物流园区支撑物流节点城市，进而形成物流圈（带）一体化发展路径。实施规划中期评估制度，在规划实施的中期阶段对规划实施情况进行中期评估，并根据评估情况适时对规划进行修订和调整。

参 考 文 献

［1］广州市发展计划委员会:《构筑南方国际物流中心》,广东经济出版社 2003 年版。

［2］陶良虎:《湖北产业结构优化与重点产业竞争力研究》,武汉出版社 2006 年版。

［3］鲍海春、夏焕新:《黑龙江省建设国际物流园区的对策与建议》,首届东北亚区域合作发展国际论坛文集,2008 年。

［4］邱阳、严伟:《对武汉城市圈物流园区运营模式的探讨》,《物流技术》2006 年。

［5］汪灏:《"十一五"期间大力发展武汉物流业的对策思考》,《城区研究》2006 年。

［6］中共湖北省委政策研究室课题组:《推进武汉城市圈产业一体化的研究报告》,《决策与信息》2007 年。

［7］杨晶:《武汉城市圈发展物流业 SWOT 分析》,《中国物流与采购》2008 年。

［8］中共湖北省委政策研究室课题组:《推进武汉城市圈产业一体化的研究报告》,《决策与信息》,2007 年。

［9］陶贤峰:《我国物流产业发展的 SWOT 分析》,《财经界》2007 年。

［10］武汉现代物流发展研究课题组:《武汉发展现代物流的现状分析与对策建议》,《交通企业管理》2003 年。

［11］王斌:《武汉现代物流"十一五"发展政策研究报告》,《武汉学刊》

2006 年。

[12] 岳正华、黎明:《现代物流学概论》,中国财经出版社 2003 年版。

[13] 丁俊发:《中国物流》,中国物资出版社 2002 年版。

[14] 王之泰:《新编现代物流学》,首都经贸大学出版社 2005 年版。

[15] 中国物流与采购联合会:《中国物流年鉴》,中国社会出版社 2003 年版。

[16] 王国华:《中国现代物流大全》,中国铁道出版社 2004 年版。

[17] 王之泰:《新编现代物流学》,首都经济贸易大学出版社 2005 年版。

[18]《马克思恩格斯全集》第 46 卷,人民出版社 1972 年版。

[19][日] 西泽修:《物流成本》,白桃书房 1999 年版。

[20] 王之泰:《"第三个利润源泉"及其对我国经济发展的意义》,《中国经贸导刊》2001 年第 6 期。

[21] 桂寿平:《物流学基础理论》,华南理工大学出版社 2004 年版。

[22] P.Kraljic, "Purchasing Must Become Supply Management", *Harvard Business Review*, 1983.

[23] R.D.Shapiro, "Get Leverage From Logistic", *Harvard Business Review*, 1984.

[24] 马士华、林勇、陈志祥:《供应链管理》,机械工业出版社 2000 年版。

[25] 中华人民共和国国家标准物流术语,GB/18354—2001。

[26] 王长琼:《绿色物流》,化学工业出版社 2004 年版。

[27] 桂虹丽:《湖北省物流发展战略研究》,武汉理工大学硕士论文,2004 年。

[28] 邹跃飞:《武汉城市圈区域物流协调发展的政策支持研究》,华中科技大学硕士论文,2007 年。

[29] 海峰、程志、江琪斌:《物流产业政策体系研究》,《中国储运》2005 年。

[30] 陈晓玥:《福建省区域经济环境下的区域物流体系研究》,华侨大学硕士论文,2009 年。

［31］卢锐、许彩国:《中外物流理论的演变》,《财贸经济》2006年第 3 期。

［32］刘永清:《逆向物流系统研究评述》,《经济学动态》2009 年第 5 期。

［33］李向文:《现代物流发展战略》,清华大学出版社 2010 年版。

［34］李毅学、汪寿阳、冯耕中:《一个新的学科方向——物流金融的实践发展与理论综述》,《系统工程理论与实践》2010 年第 1 期。

［35］蔺栋华、孙晔、张俊:《国际现代物流发展趋势及对我国的启示》,《烟台职业学院学报》2008 年第 2 期。

［36］杜敏:《珠三角港口群发展现代物流业的 SWOT 分析》,《中国港口》2006 年第 7 期。

［37］李延松:《日本国际物流发展的成功经验及对我国物流业的启示》,《中国港口》2007 年第 6 期。

［38］国家发展和改革委员会经济运行调节局:《中国现代物流发展报告（2009）》,中国物资出版社 2009 年版。

［39］国家发展和改革委员会经济运行调节局:《中国现代物流发展报告（2010）》,中国物资出版社 2010 年版。

责任编辑：张文勇

封面设计：肖　辉

图书在版编目（CIP）数据

现代物流业发展战略研究——以湖北为例／陶良虎 著．
　－北京：人民出版社，2012.6
ISBN 978－7－01－010970－1

I.①现…　II.①陶…　III.①物流－经济发展－研究－湖北省
　IV.① F259.22

中国版本图书馆 CIP 数据核字（2012）第 126084 号

现代物流业发展战略研究

XIANDAI WULIUYE FAZHAN ZHANLUE YANJIU

——以湖北为例

陶良虎 著

人民出版社 出版发行

（100706　北京朝阳门内大街 166 号）

北京中科印刷有限公司印刷　新华书店经销

2012 年 6 月第 1 版　2012 年 6 月北京第 1 次印刷

开本：710 毫米 ×1000 毫米 1/16　印张：15

字数：230 千字

ISBN 978－7－01－010970－1　定价：30.00 元

邮购地址 100706　北京朝阳门内大街 166 号

人民东方图书销售中心　电话（010）65250042　65289539